世界历史17大谜

【法】阿兰·德科 /著　孙昆山　林学芬/译

江西人民出版社

目录

01 世界第八大洲(大西洲)在哪里? /001

柏拉图曾提出这样一个问题:"即使成为一切文明的发源地的一个洲也会消失吗?"

可以毫不过分地说,没有柏拉图,没有他暗指大西洲的两篇文章《蒂迈乌斯篇》和《克利梯阿斯篇》,就没有大西洲。

02 诺亚方舟今何在? /016

法国人费尔南·纳瓦拉父子历尽艰辛,1955年7月6日在格陵兰发现的那块木头真是"人间最古老的沉船"——诺亚方舟的残骸吗?

03 大金字塔的秘密 /034

40个世纪以来,人们在金字塔面前顶礼膜拜;40个世纪以来,人们心中的疑团始终未解。金字塔中究竟藏有什么秘密?

04 圣彼得的陵墓在这里吗? /046

1939年的一天,教皇庇护十二世做出一个异乎寻常的决定:寻找圣彼得的遗骸。挖掘工作因此在"梵蒂冈洞窟"中小心翼翼地展开。遗骸最终找到了吗?

05 它是否是耶稣的裹尸布? /061

据记载,基督耶稣被人从十字架上取下后,其尸体被其门徒用一块麻布裹好后入殓。那么,1898年5月1日在都灵展出的那块长4.36米、宽1.1米的布料是否真的曾经裹过耶稣的身体呢?

06 被追认的让一世 /078

按历史书正式说法,让一世在位时间是在法国的历史上最短的:5天。但是,难道历史就一点也不会被人欺骗?

07 莎士比亚真是伟大的戏剧家吗? /091

创作《奥赛罗》、《哈姆雷特》、《李尔王》的人毫无疑义地是人类历史上伟大的作家。但是,真正的作者是那位出身贫寒、后来做过演员的威廉·莎士比亚吗?还是那位风格新颖、思想伟大的哲学家弗朗西斯·培根呢?或又是别的作家?

08 铁面人 /105

如果说厄斯塔什·多热尔是历史上最有名的人物之一,即铁面人的话,那么,他被监禁的原因仍是一个谜。这一名字是否掩盖了另外一个人?不得而知。

09 伯爵真的活了800岁吗？ /131

圣日尔曼伯爵是何许人也？一个陌生人？一个18世纪突然冒出的人？

一个冒险分子？一个江湖骗子？

还有，他真的活了800岁吗？

10 骑士究竟是男身还是女身？ /144

德翁小姐，龙骑兵上尉！这是一个可爱的矛盾体。他是男人？她是女人？这个谜使伏尔泰困惑不解。

11 可怜的王子路易·夏尔 /157

公元1793年1月21日，法国国王路易十六被推上了断头台。年仅7岁的王子路易·夏尔被监禁在卢森堡宫圣殿塔里。他的命运和结局因此变得扑朔迷离，并成为千古悬案。

12 沙皇亚历山大一世为何放弃皇位？ /182

历史书是这样记载的：1825年12月1日，领导打败拿破仑的亚历山大大帝因病辞世。然而又有记载：若干年后，一个可怜的隐士在西伯利亚会见主教和大公时称："我是库斯米奇。"对方却称："你是我们原来的沙皇。"真相何在？

13 欧洲的孤儿豪泽尔 /194

本篇要叙述的故事具有双重特点：一方面它是神话，另一方面它又是情节剧。

14 "天玛丽号"帆船漂流记 /213

在汪洋大海之中，有一艘完好无损的帆船，它载着价值昂贵的货物，却在无人驾驶的情况下漂流。这便是海上最神奇的冒险故事的开端。

15 梅耶林惨案 /227

梅耶林是奥地利一座乡村风格的城堡，本没有什么特色，却因1898年1月这里发生了一起震动世界的惨案而名闻天下。

16 神秘失踪的大公 /250

约翰·萨尔瓦多·托斯卡纳的亲王即奥地利大公是比利时国王利奥波德二世和双西西里的玛格丽特公主的儿子。然而他的经历和命运却怪异荒诞，让人扑朔迷离。

17 末代沙俄公主的悲惨岁月 /262

1920年2月17日的柏林，一个潮湿寒冷的黑夜。突然，边界运河上本德勒桥附近发生一声惨叫，原来是有人跳水"自尽"。她是谁？

01 世界第八大洲(大西洲)在哪里?

> 柏拉图[①]提出这样一个问题:即使成为一切文明发源地的一个洲也会消失吗?

巴黎大学被闹得天翻地覆。那个令人震惊的事件发生在1929年的某一天下午,就在该大学的某一梯形教室里。在办事员、传达工和勤杂工的记忆里,那简直是作孽。

那一天,由各种年龄的人组成的听众正在各台阶的椅子上入座,会议主席也刚刚在讲台上就位。

"现在开会。"他宣布说。

大家静下来。这是"大西洲研究协会"在举行会议。该协会成立于1926年,会员们的宗旨是研究最神秘的大陆——大西洲可能存在而带来的种种棘手问题。

报告人已经走上通向讲台的台阶。会议的主席罗歇·德维尼先生正想把报告人介绍给听众,忽然爆炸声惊动了大家。顷刻间,所有在

[①] 柏拉图(公元前428—公元前348),古希腊伟大的哲学家,著有《柏拉图对话》。

场的人涕泪俱下。德维尼先生后来痛苦地回忆:"两名狂热的大西洲分子向大厅扔了装有催泪瓦斯的容器,严重地影响了男女听众认真地听取关于科西嘉岛古代史的报告。我们没有诉诸法律,只是把示威者扔下的容器送到本市的化验室……"

"大西洲研究协会"所遭的横祸雄辩地说明,大西洲之谜很容易使人大动肝火。大西洲的"信徒们"具有狂热的特点,有时就像新教徒那样轻信。他们诅咒与他们唱反调的人,并且直言不讳地声称只有他们才拥有真理。他们不加任何区别地引用最可靠的证据和最荒谬的论据。所以想在大西洲学家的著作中作出选择,应当十分谨慎小心。

大西洲问题具有两重性:

一、在过去某一时期,在某一具体的地方,是否存在过一个现今已经消失了的大陆?

二、如果确实存在过这样一个大陆,它是否曾是灿烂的史前文化的摇篮和史后所有文明的发源地?

1926年,由法国编纂的一册目录列举了有关大西洲的书籍2000部。有关此题目的文章已经数不胜数了。

首先,我们要指出有一点十分荒谬,那就是人们对大西洲所知的情况一点也不确切。似乎可以认真对待的唯一资料是只有几行字的两篇短文,其作者又是同一个人:柏拉图。

说句实话,有关大西洲历史的学说之所以能迅速发展,这应归功于柏拉图。可以毫不过分地说,没有柏拉图,没有他暗指大西洲的两篇文章《蒂迈乌斯篇》和《克利梯阿斯篇》,就没有大西洲。

在《蒂迈乌斯篇》里,有关大西洲的那一段文字很短。柏拉图仅仅暗示,有一种传说由埃及人传给了希腊人。据说在远古时代,埃及祭司们曾向梭伦谈到下面的秘密:"在那时,人们可以渡过这片汪洋。洋里有一岛,它位于人们称为海格立斯天柱①的前方。这个岛比利比亚加上亚洲还要大。当时的旅行家们可以从这个岛走到其他岛,从其他岛则可以到达这片名符其实的大洋对岸的整个大陆……然而,在这个大西洲岛上,曾出现过几朝国王,他们建立了一个庞大的、强盛的王朝。王朝统治了全岛,控制了许多其他岛屿以及成片的陆地。此

---

① 即直布罗陀海峡

外,王朝还把它的控制区从利比亚一直扩张到埃及,从欧洲扩张到蒂勒尼安①。然而,这个强国一旦羽翼丰满,就一鼓作气地吞并了贵国领土,我国领土和地处海峡这一方的所有领土……但是,在以后的时间里,发生了可怕的地震和地壳运动……大西洲岛沉没海中,然后消失。因为该岛下沉时在海底留下的又深又软的淤泥形成了屏障,直到今天,那一片海洋仍是危险的和不可勘测的。"

《蒂迈乌斯篇》并没有提供其他细节,只谈到大西洲人的敌手雅典人和导致大西洲消失的那次地壳运动的年份:梭伦时代前9000年,即公元前9600年,这一点是很重要的。

与此相反,柏拉图的第二篇文章《克利蒂阿斯篇》则记载了有关大西洲的许多详尽细节。柏拉图在《克利蒂阿斯篇》中一开始就提醒大家注意他所谈的有关大西洲的情况。在某种程度上讲,这等于是前面几章的摘要。之后,他用世界上最精确的手法描述了这座消失了的岛屿大西洲,"在整个岛中部离海不远的地方,曾有过一片平原。人们说,那是所有平原中最美丽、最富饶的平原。在距离平原大约50个斯塔德②的地方,有一座山脉,但是山脉的各个山峰都不高。

如果我们相信叙述者的话,大西洲由波塞冬③神分管。他同一位人间妇女生了许多孩子,然后将孩子们移居岛上。后来在大西洲先后继承王位的亲王均为他的后裔。"他们的金银珠宝堆积如山,过去任何一个国家的王宫都无法相比。凡是城市本身与全国有的东西,他们应有尽有。如果说,因为他们的帝国强大,许多资源是自外部进贡的话,那么,大部分生活必需品却是由本岛所生产。首先,可以从矿石里提炼出所有品种的硬质金属与可锻压金属,其中首称奥里查尔克④。现今我们只知道它的名字,而在当时,除了名字外,确实存在过这种物质。人们在岛上好几处开采这种金属,它是当时仅次于黄金的贵金属。"

岛上长满珍贵品种的树林,各类家禽野兽遍地都是。"此外,还有现今地球各地尚能生长的所有芳香类植物。能提炼出树脂的花朵与水果,当时在岛上都能生长,而且长势茂盛。"

大西洲人致富以后,建起了庙宇、宫殿、港口、干船坞。他们在首都四周的海上建起了桥梁,筑起了城墙。"他们将各种石块垒在一起,拼成各种不同的颜

---

① 指地中海西部地区,包括意大利半岛、科西嘉岛、撒丁岛和西西里岛。
② 斯塔德,古希腊长度,每斯塔德约180米。
③ 希腊神话中的海神。
④ 古希腊传统的一种金属,类似青铜。

图一　人们想象中的大西洲

色，令人赏心悦目。在最外面一圈的城墙的外层，贴上了一层铜箔，看上去好像是涂上去的灰浆。城墙内层涂上了一层熔化了的铅。在卫城的墙上，他们又贴上了奥里查尔克，闪烁着火焰一般的光芒。"

柏拉图又兴致勃勃地为我们描绘了波塞冬神的神庙，列举了每一眼温泉与冷泉，这些泉的泉水用来建造露天浴池或室内浴池。柏拉图还讲述了花园、体育学校、游乐场、军营以及港口的人群，他们"昼夜熙熙攘攘"。

这之后，他又向我们叙述了大西洲人的生活方式和亲王们所遵循的法律与传统，故事的结尾是：宙斯决定惩罚这个逐渐抛弃了纯朴的原始生活的民族……

对柏拉图上面两篇文章应如何估价？问题恰恰就在这里。

* * *

令人吃惊的是，当人们谈及大西洲的研究时，没有人同意这个神秘的大陆曾经存在过。一些人甚至把柏拉图的叙述看成是寓言。但是，其他人则发誓说记述十分真实。德国人冯·米拉莫维茨—默伦多天就这样写道："为什么要去寻找一开始就知道是神话的起点？柏拉图的叙述没有任何传说、任何地质与地理的假说为根据。"一位名叫莫罗的法国教士与他见解略同。这位法国人认为，大西洲是"典型的寓言，毫无历史根据的神话"。

使人迷惑不解的是，柏拉图本人多次强调他的记叙的真实性。在《蒂迈乌斯篇》里，他用明晰的语言这样写道："大西洲的记叙并不是信口雌黄编出来的传说，而是一部真实的历史。"他在另一处又这样写道："这是一部十分奇特但又真实的历史。"他在谈及雅典人反抗大西洲人的入侵时，也谈到了雅典城的"悲壮而真实的英雄业绩"。当柏拉图写作《克利梯阿斯篇》时，他特别说明他的叙述是以梭伦目睹的埃及铭文和纸莎草纸手稿为根据的。

伟大哲学家反复强调这一事实，促使许多世纪以来整整一派历史学家与诗人坚决地去捍卫大西洲曾经存在过的这一理论。可惜的是，这些作家们自己的说法也远不是一致的。

因为柏拉图在大西洲的地理位置这一问题上是含糊其辞的，所以，"第六大洲"的支持者们由此而产生了严重分歧。有人甚至提出一些十分古怪的论点。1533年，西班牙人戈莫拉声称，大西洲就是美洲。瑞典人卢德贝克为了证明大西洲地处斯堪的那维亚半岛，曾出版了四部书，而这四部书只是以后他陆续出版的一部卷帙浩繁的巨作的前言而已。不幸的是，1709年，在一场大火中，他的手稿被全部烧毁。作者因此悲伤过度，不久就去世了。

德国人博克认为，大西洲是后来在南非发现的。德利尔·德萨勒①则到高加索去寻找大西洲。1779年，法国天文学家巴伊认为大西洲在斯匹次卑尔根群岛一带。后来巴伊在法国大革命时出任巴黎市长。40年之后，巴尔托尔迪②和拉特莱伊③重申他们的信念：大西洲在希腊一带。

1855年，雅各布·克鲁格重申大西洲就是美洲的假说。他同他的前辈一样，置下列事实于不顾：大西洲已沉入海底，而美洲、瑞典、希腊、南非和斯匹次卑尔根群岛都是实实在在的陆地。

1874年，贝利乌在其著作《大西洲人》里作出了更为巧妙、更为严肃的解释：大西洲就是北非，由于地震，阿特拉斯④的脚被淹没了。传说从埃及祭司传到梭伦时，就把这次地震说成是造成大西洲沉没的地壳运动了。

1893年，德国人克诺特尔又重新提出这一诱人的假说。另外两位德国人，博克查特在1926年和赫尔曼在1927年至1931年也提出，应在突尼斯的盐沼地区去寻找大西洲。

如果人们去翻一翻亚历山大·贝斯迈尔特尼那本列举了有关大西洲无数个假说的巨著，人们定会茫然不知所措。其他的研究家们不正是大胆地试图把这个神奇的大岛划在西班牙南部，非洲西海岸锡尔特一带，甚至划在大洋洲？

对此你有何感想？

＊　　　　＊　　　　＊

人们当然可以全盘否定上述所有说法。但是，这种态度不免失之轻率。

人们也可以重新研究柏拉图的著作，仔细地进行分析，以从中找出问题的梗概。一旦问题的梗概明确之后，就有可能将其与史前史、上古史、历史、考古学、地质学和自然科学向我们讲述的情况进行比较。

首先，有一个简单的逻辑思维问题：如果承认柏拉图的话是真实的，那么，怎么能够否定他所叙述的基本论点即大西洲曾经在大西洋中存在过、"它的前

---

① 德利尔·德萨勒(1741—1861)，法国哲学家。
② 巴尔托尔迪(1834—1904)，法国雕塑家、作家。
③ 拉特莱伊(1762—1833)，法国博物学家。
④ 阿特拉斯，希腊神话中的顶天巨神。

方是海格立斯天柱"?从逻辑上讲,这就是直布罗陀海峡朝西的延续地带。

在这片汪洋之中的这一确切位置上,一个大洲沉没了,这种可能性是否存在?某些人,包括最近的德国大西洲学者尤尔根·施帕努特牧师,均拒绝承认这一点。他们认为,大西洋的最后几次地陷也是好几百万年前的事了,这就排除了上面有人居住的可能性。然而,没有大西洲人,就绝不会有大西洲。

这种说法似乎很不精确,因为它置法国史前学学会前会长乔治·普瓦松先生几年前取得的研究结果于不顾。上述研究谈到一位很有学问的地质学家皮埃尔·特尔米埃的实验成果。这位先生曾透露,1898年在铺设布雷斯特到科德角的海底电缆时,电缆铁钩曾在亚速尔群岛北面500海里即北纬47度、西经29度40分处"带上来一些矿石碎片。从碎片的外表看,它们似乎是刚刚被弄碎不久"。

皮埃尔·特尔米埃作了精彩的具体的描写:"从大西洋海底这样刮上来的岩石碎片是一种玻璃状的熔岩……只有在大气压力下,这种完全成玻璃状的熔岩才能凝固得如此坚硬。"

图二　摩洛哥丹吉尔城,对面是直布罗托海峡,传说中的大西洲距此500公里

更有甚者,这些山峰是突然沉没的,而且沉没时期并不遥远,"否则,大气的侵蚀和海浪的冲刷早就把表面弄平了"。

皮埃尔·特尔米埃的下列结论值得深思:亚速尔群岛北方的整个地区,也许包括亚速尔岛本身不久前沉没了,在这种情况下,这些岛屿就成了名符其实的废墟。也许沉没的时期太近了,地质学家把这一时期叫做现代时期,但对于我们说来,今天存在的生物已经是昨日的遗迹了。

乔治·普瓦松则认为,大西洋的最后的几次地陷应一直延续到冰川后退时期,即公元前18500年到公元前6500年。还要说明的是,柏拉图认为这一地壳运动发生在公元前9600年。这两个假设时期是可以并行不悖的。

对目前大西洋海底地形的研究告诉我们,海底有一山脉通过,这一山脉大体上与东西海岸平行。北大西洋海底山脉是从斯匹次卑尔根群岛脚下伸出,首先沿着格陵兰海岸伸展,然后在冰岛周围扩大,在亚速尔群岛的穹顶进一步扩大,未到达赤道就中断了。在那里,人们可以发现一个孤零零的高原:赤道高原。接着再次中断。再往南,就出现南大西洋山脉,一直朝特里斯坦达库尼亚群岛蜿蜒而去,朝东一直到达布维岛。

但是,还有一个极端重要的事实,即上述南北走向的山脉总是很规则地将一些东西走向的横断山脉截断,这些山脉将格陵兰和冰岛,将冰岛和英国,将科德角同圣文森角,将波多黎各与直布罗陀海峡,将巴西的圣卢克角与非洲的几内亚海岸联系起来。在南半球,还可以发现轮廓不是那么分明的另外两组横断山脉。上述海底横断山脉的存在使地质学家们提出了所谓"桥梁论"。人们承认,这些山脉大概就是过去连接大洋两岸的陆地的残骸。大洋两岸在我们前面提到的那个时期,即第四纪倾覆海底,也就是说,是人类已经存在的时期。为此,皮埃尔·特尔米埃作出以下结论:"所有那些醉心于美好传说的人相信大西洲的存在,这是他们的自由,而现在是科学、最现代的科学通过我的声音要求他们相信这一点。"

*   *   *

地质学逐渐揭示了上述"桥梁"的存在,而生物学又进一步证实了这一现实。否则,怎么解释大西洋两岸的动物、植物相似,而在其他洲又不存在这一现象?

这种相似现象是不容争议的,无论是对于第三纪或第四纪的动植物,均是如此:三趾马、现代马、长鼻目、犀牛、乳齿象、现代象等等。

使人迷惑不解的另一生物现象也说明,在大西洋中心曾经存在过的一个大岛上,曾经有过鳗鱼的繁殖现象。亚里士多德首先对此发生了兴趣。不言而喻,他没有能够解释这一个谜。只是到了1922年,丹麦科学家施密特才成功地解释了鳗鱼是在什么地方和如何受精的。他通过长时间的耐心的研究,才得出结论:只有雌性鳗鱼才生活在欧洲的河流湖泊里。但是它们只呆两年,之后就向河流入海口游去,雄性鳗鱼就在那里等待他们。雌性和雄性鳗鱼组成密集队形通过深水共同朝西方游去,它们每24小时游30公里,旅行持续140天。最后,鳗鱼到达百慕大群岛附近的萨尔戈萨海。

萨尔戈萨海是什么样子?那是一片充满杂生水草、小船无法航行的巨大水域。

鳗鱼在萨尔戈萨海水下300米处产卵,然后雌性鳗鱼就死去了。不久之后,小鳗鱼就出发去欧洲。它们旅行时,组成厚25米,宽90米的巨大群体。远游到达河口后,群体分开,雄性鳗鱼留在海上,雌性鳗鱼则顺河溯游而上,开始了它们在淡水中的两年实习。

两年后,又周而复始……

这一现象发生在北大西洋的所有海岸。两大洲的鳗鱼均到萨尔戈萨海来进行交配。

*　　　　*　　　　*

某些"大西洲分子"执意要说明两大洲之间存在更为具体的互相关系(语言、宗教和考古等)。一名取了法国名字的美国科学家奥古斯特·勒普隆试图证明,玛雅语中的某些字与古希腊文字酷似;同样,在玛雅人的文字与古代埃及的象形文字之间,也存在相似之处。更有甚者,中美洲印第安人的一个部落所说的夏波奈克语有一些希伯来语的词汇。保尔·勒库尔和他的那些法国杂志《大西洋者》的同仁曾作出努力以系统地阐述两种语言的词源相似之处。"未知文明"专家塞尔日·于坦先生在谈到他们时认为,"上述尝试绝不应遭到科学界的藐视"。

于坦先生还指出另外一些事实:"一些传统的符篆象征,如十字,圆圈,蛇,日轮和卍字等,不但在哥伦比亚前期的美洲文明中存在,也在老大陆[①]的主要文化中存在。"玛雅人和阿兹特克人的金字塔,"就其宗教思想来说,与尼罗河

---

① 指欧洲。

谷的金字塔如出一辙"。

说实话，上述相近之处确实能使人浮想联翩，但绝不能因此证明大西洲的存在。即使上述共同细节属实，比较文明的出现却是大西洲消失以后的事情。大家已经得知，大西洲是青铜时代以前沉没的。

这么一来，又如何解释上述关系呢？首先应该说明，许多科学家根本否认这些关系的存在。就算这些关系存在，也应该考虑玛雅人和古埃及人通过大洋进行联系。事情并不是绝对不可能的。长时间以来，人们认为，古代船只太小，无法渡过像大西洋这样大的海面。邦巴尔博士和多尔·赫伊达尔证明，情况恰恰与此相反。如果顺风，一只帆船只用15天就可以从非洲海岸到达美洲海岸。中世纪初，费里斯①的船只就经常去冰岛以外的"黑暗海洋"游弋。在公元680年至700年间，威金人到过格陵兰和北美的某些海岸。为什么古代人就不能这样做呢？人们发现，美洲印第安人一直保留了某些传说，这些传说暗示白人从海上到达，同时带来了科学与法律。

只靠象形文字、古迹、词源学，我们是不能找到解开大西洲谜的钥匙的。相反，地质学与生物学倒是给我们带来了关于"传说"的准确论据。

那么，史前史呢？

*　　　　　　*　　　　　　*

事实上，我们正要向史前史提出问题。我们应询问史前史：12000年前，生活在欧洲的人是什么样子？答案是毋庸置疑的。挖掘工作证明，在被人们称为上旧石器时期的年代里，即武尔姆冰川时期之后，欧洲出现了一种新型的人。那个时期大约是公元前11500年至公元前6400年。这一时期与传说中的大西洲发生灾害的时期相吻合。

人们把这些人称为"克罗马农人"②。然而，人们并不知道他们从何而来，也许他们的籍贯在欧洲之外。究竟在何处？不得而知。

克罗马农人的后裔依然在世。我们这些芸芸众生均是各国人民长期通婚的结果，而且在我们的血管里，命中注定地多少流着"克罗马农人"的血液。克罗马农人的典型后裔只生活在两个地方：欧洲的巴斯克地区和北美的某些地方，因为那里还有红种人的部落居住。

---

① 弗里斯，欧洲地区名，包括目前的荷兰与西德的一部分。
② 克罗马农，法国西南部地名。在那里，曾生活过西欧最古老的民族"克罗马农人"。

乔治·波瓦松指出,克罗马农人正是从地质学讲述大西洲存在的大约年代和如何繁衍到欧洲和非洲的。人们在大西洋四处都能找到这个种族的纯血统后裔这一事实"使人们可以设想,克罗马农人正是从过去的大西洋中心移民到西欧和北美的"。乔治·波瓦松补充说明:"从性格、籍贯、繁殖和后代来说,这都是一个特殊的种族。从各个角度看,这一种族与我们设想中的大西洲人不谋而合,这使我们可以将二者归一……"他的结论是:正如柏拉图叙述的那样,克罗马农人就是大西洲人,即离开了岛屿、征服了西欧的大西洲人。

* * *

这里我们应该考虑到前面已经提到过的德国牧师尤尔根·施帕努特提出的对于大西洲的最新解释。他的理论是最新的,已经闹得满城风雨。他是对还是错?

这位德国北部小镇博尔多吕姆的牧师,经过多年研究,得出了某些结论。首先,使他印象深刻的是,柏拉图连篇累牍地谈到了大西洲人的入侵。也就是说,大西洲的居民侵入南欧和北非,造成了巨大的破坏之后,最后才被打败了。

这样一场战争能够确定在公元前9600年左右吗?施帕努特无法相信这一点。他的理由如下,"柏拉图提到的那些事实,即希腊国、雅典国与埃及王国的存在,青铜、锡和铁器的加工、战车、战舰的使用等等,都发生在梭伦前9000年,即公元前9600年。这不符合编年史事实……一个使用青铜与锡的民族,肯定生活在青铜时期,也就是说,生活在公元前2000年到公元前1000年。然而,既然大西洲人已经使用铁器,那么,在目睹铁在地球上出现的青铜时期的末期,大西洲人的岛就一定还没有消失……"

那么,铁的出现应归于哪个时期?考古学家们,特别是史前冶金术专家西莱姆·维特尔是这样回答的:人类制造的最初铁制器皿是在公元前13世纪末,在来自北方和沿海地区的民族大规模入侵之后,在地中海盆地出现的。

所以,这里有三个基本点:一、"大规模入侵";二、来自"沿海地区的民族",三、公元前13世纪。这给尤尔根·施帕努特带来了一线光明。从那以后,他不再怀疑这样一点:柏拉图著作的译者、传抄者或者连柏拉图本人都犯了时间上的错误。如果大西洲人的入侵确实存在的话,它应该发生在公元前12世纪前后。

当然,欧洲有关这个时期的资料几乎不存在。但是,那些更靠南的地方,例如埃及,情况就不一样了。这样,牧师一下子又变成了埃及学家。他狂热地寻找有关那一时期的碑文。

他在长纳克和麦地那—哈布就发现了好几处这样的碑文。然而,所有上述碑文均暗示,在公元前1200年左右,埃及同入侵者进行了殊死的战斗。历史学家们将此现象称之为"大规模移民"、"多利安人入侵"、"爱琴海入侵"、"伊利里亚人入侵"。入侵者被称为"北方与沿海民族"。

这些与利比亚结盟的北方民族发动的攻势猛如海潮,它多次泛滥,沿路播下了死亡与恐惧。这位考古学家证明,雅典人正是在这一时期修筑了坚固的城墙,而在中亚,赫梯人国王则同埃及人勾结起来,在公元前1200年前后,北方人进攻亚占领了希腊。但雅典除外,因为雅典成功地进行了抵抗。他们摧毁了特洛伊城,占领了小亚细亚,消灭了赫梯帝国。人们曾读过麦地那—哈布的一篇碑文:"北方民族在他们的岛上图谋不轨,但是在同一时期,风暴吞噬了他们的家乡。在他们面前任何国家均不堪一击:哈梯(赫梯帝国)、科德、卡德米施、阿尔萨瓦、阿拉西亚(塞浦路斯)相继惨遭掳掠。他们在叙利亚南部的阿穆鲁城安营扎寨,使这个国家遭劫,生灵涂炭。仿佛这些国家的居民就根本没有存在过。大火之后,他们向埃及进发……事实上,他们侵占所有国家,直到大涯海角。他们心目中充满豪情壮志,因为他们对自己的计划胸有成竹。"

对埃及的总攻是在拉美西斯二世第五年(公元前1195年)发动的。利比亚人从西边攻进埃及。"北方的"舰队直捣尼罗河三角洲的河口。在东面,在叙利亚南方集结的军队也转入进攻。

拉美西斯二世率领军队迎着入侵者而上,这以后发生的战役是到那时为止的人类历史上前所未有的最大规模的战役。要说参战的士兵有好几万人,也绝不算夸张。麦地那—哈布的浮雕惊人精确地记载了这次战役的经过。攻击者与阻击者都勇猛非凡。最后胜利属于拉美西斯二世。

尤尔根·施帕努特欣喜若狂地仔细观看了麦地那—哈布的碑文与浮雕照片。他从中发现了相近之处!他对柏拉图的那句话,对那大西洲人的大国记忆犹新。它主宰了"许多其他岛屿,大陆地带和大西洋海域,它一旦聚集所有军队,就一鼓作气地把你们的国土和我们的国土和在海峡这一方的所有国土都征服了"。说句实话,埃及碑文所记载的入侵不正是说明,"北方人"通过欧洲和小亚细亚到达埃及的吗?这些"北方人"不正是像柏拉图所断言的被击溃的大西洲人那样,也被雅典人击溃了吗?

尤尔根·施帕努特逐渐地坚信下面一点："这些公元前13世纪的'北方人'同柏拉图描述的大西洲人属于同一个民族。"

可以想象，这位毫不起眼的牧师，在他的那所德国住宅里，是怎样一砖一瓦地筑起他的假说楼阁的。他相信柏拉图的论述，他认为他从中发现了一个时间上的错误。他几乎坚信不疑地将大西洲人同北极人，换句话说，同"北方人"归为同一类人。现在，他又遇到了大西洲位置这个难题。

尤尔根·施帕努特排除了公元前9000年这个时期。为了自圆其说，他不愿把大西洲的位置确定在大西洋中。

我们的这位牧师认为，柏拉图仅仅想说明，应在海格立斯天柱的那一边去寻找大西洲。"那一边"，就是说一定要通过海峡，从海上到达"第六大洲"。

这样一来，这位博尔多吕姆的牧师就只好玩弄否定的技巧了。他坚定的信念指引着他，就像灯塔为海员引路一样。他坚信大西洲人来自北方，所以应在北方去寻找大西洲。

他采用筛选法。他将那些被北极人蹂躏和占领的国家，没有海岸线的国家，不处在希腊与埃及以北的地区，通通排除在研究范围之外。这简直是一场"屠杀游戏"，施帕努特随心所欲地砍杀了西奈、叙利亚、巴勒斯坦、小亚细亚、克里特岛、希腊、南斯拉夫、匈牙利、德国中部和南部，西班牙和意大利的"资格"。

他终于有一天得出结论，认为。唯一"合适"的地区是北海的沿岸。

他再次研究柏拉图的原文，以寻找可以进一步确定位置的标记。《克利梯阿斯篇》指出，在大西洲的首府巴西莱亚附近，有一个国家，其国土"从空中伸向海里"。这个岛屿由白色、黑色和红色的岩石组成。

在北海，只有一个岛"高离和悬空于海上"，它的地面由白色、黑色和红色的岩石组成，即赫尔戈兰岛。

再看看柏拉图是怎么说的，巴西莱亚地处这个岩石岛屿与大陆之间。这个最大的岛的直径为50斯塔德，即9200米。在中央"离中心约50斯塔德的位置上，有一座山势并不雄伟的山脉"。在山上，修建了王宫，波塞冬神庙。"房屋与城墙都是用红色，白色和黑色石头修成，石头是大西洲人从作为采石场的邻岛采来的。"

尤尔根·施帕努特研究大西洲之谜已经多年了，在1948年，他绝对肯定，巴西莱亚距离赫尔戈兰岛东8公里800米，即50斯塔德。

从此，这位小牧师只有一个心眼：对他研究结果所确定的方位的海底进行探测。这就需要有一条船、船员、潜水衣。这些物品都是德国小牧师的财力所不能及的。

于是，他就同那些相信自己拼凑起来的论点的人一样，他到处举办讲座。1950年，他在慕尼黑举行某次讲座之后，终于找到了资助者。有人为他提供了"工作10天"的全部物品。可惜的是，由于风暴，船被扣在港口9天。第10天，一个英国轰炸机中队趁天气晴朗，对赫尔戈兰岛进行演习轰炸。

两年，牧师又等了两年。他终于又找到了新的资助者：汉堡某一俱乐部的成员。他于1952年7月登船，一直向赫尔戈兰岛驶去。在该岛东8公里800米处，他让船停下来，潜水员跳下海。潜水员得到的情况非同小可：他在海底发现了一座高高的石头城墙。城墙脚下放着平均一米宽二米长的巨型石块。城墙高2米，城基宽12米，是由石块拼起来的。第一道城墙里面还有第二道城墙，二者是平行的。城墙外层似乎是用红石头建成，而里层似乎是用白石头建成。

这一次，施帕努特不再有任何怀疑了。他高呼："柏拉图提出的标记与赫尔戈兰岛附近的海底废墟绝对吻合！"

应该承认，被揭示的巧合——如果真是巧合的话——确实使人扑朔迷离："城墙距（平原）中心50斯塔德，下面是一座看起来并不高的山峰……防护墙长5斯塔德，围岛而建，而且是用红色、黑色和白色石头筑成，其间有一些通道。"这跟柏拉图的说法一样。

对博尔多吕姆的牧师的结论应作何评价？

＊　　　　　　＊　　　　　　＊

当然，表演是在敲锣打鼓中进行的，而且，又加上详尽的、具有说服力与感召力的论据。因此，表演提供了严密的论证。正是如此，我才在这里加以阐述。尤尔根·施帕努特似乎确实证实了，公元前1200年前后入侵地中海区域的人，就是来自北海沿岸的民族。

但是，把这些人同大西洲的居民混为一谈，却遇到了强烈的反对意见。为了达到自己的目的，尤尔根·施帕努特似乎过分看重史料了。他抬出了荷马和《奥德赛》，声称巴西莱亚岛大约在公元前1200年沉没海底，不久之后又浮了上来，正好被旅行家皮西亚斯亲眼看见。旅行家离开后，又突然沉没海底。他还断言，大西洲使用的神秘金属古代青铜，实际上就是琥珀。之后，他胜利地欢呼："我在赫尔戈兰岛海岸拾到了琥珀。"柏拉图曾说过，大西洲人的家乡"不受北风(布洛沃斯风)袭击"。尤尔根·施帕努特对此马上作出新的解释:"那是指吹向北方的风。"

这太过分了,一些考证家也指出了这一点。

人们曾提醒说,牧师似乎没有想到还有一种可能性存在,即很有可能柏拉图在《蒂迈乌斯篇》里,只是援引了古代传说的真实记叙。与此相反,《克利蒂阿斯篇》也许只是对第一篇稿子进行"润色修饰"而已,柏拉图从一个真实的故事出发,然后就充分发挥想象力,因此在《克利蒂阿斯篇》里,阐明他对某一理想共和国的思想……

尤尔根·施帕特努的错误在于,他过分囿于《克利蒂阿斯篇》和《蒂迈乌斯篇》的文字。

布尔日天文台台长,杰出的科学普及家莫罗长老也是这样评论的:"应坚决抛弃关于大西洲人的风俗习惯,他们的城市、建筑、宫殿和机构的异想天开的描写,那是柏拉图为了说明他的哲学观点,通过想象而拼凑出来的。"

那些超人一等的、产生了许多传说与神话的大西洲人,就是超人一等的克罗米农人。对这些消失了几千年的人的艺术作品的复制品,谁能不为之惊叹倾倒?只有在我们评论的那个时代,才会产生这种"艺术感",这种"艺术感"的本身就使大西洲人名扬四海。

也许有一天,某一艘深海观察船会证实某一个大陆曾沉没海底。但是,说到在海底大陆上发现了什么王宫或建筑的废墟,就像朱尔·凡尔纳试图让他的船长内摩所看见的那样,那是绝对不可靠的。

我们有幻想的自由,我们也有重读塞内克[①]的《梅德》[②]的自由:

在未来的世纪,那一时刻终会来到,

人们将发现沉没在海底的奥妙,

人们将找到那个神奇之岛。

泰蒂斯[③]将重现那一国土,

图勒[④]也不再是天涯海角。

---

① 塞内克(约公元前2年—65年),罗马哲学家、剧作家。
② 梅德,古代亚洲某一国王的女儿,女魔法师。后人对她的传说纷纭。塞内克以她为题创作了悲剧《梅德》。
③ 泰蒂斯,希腊神话中的女海神。
④ 图勒,格陵兰西北小镇。

02 诺亚方舟今何在？

> 上帝为了惩罚人类，命令降雨四十昼夜。

那是1952年8月17日。在高纬度稀薄的空气中，两个男人艰难地前行。他们身上没有系绳子，却顽强地沿着玄武岩石和黑色的熔岩向上攀登，那些石头比纯冰块还要滑溜。当他们走到结冰区时，那些冰块时而平滑，时而尖锐锋利。

这两个人是法国人，名叫费尔南·纳瓦拉和让·德里凯尔。前者是波尔多的实业家，后者是格陵兰保尔-埃米尔·维克多探险队的前队员。他们试图攀登的山，叫亚拉腊山①。几千年的历史，也许是几千年的传说，使这一山峰具有奇特的含义。

这两个人使出的九牛二虎之力，本来只会以体育业绩而结束。但是，对让·德里凯尔和费尔南·纳瓦拉来说，此次登山意义非同一般：

---

① 亚拉腊山，土耳其火山，海拔5165米，根据《圣经》，是诺亚方舟到达之处。

02 诺亚方舟今何在？

他们攀登亚拉腊山,是为了重新找到诺亚方舟①！

费尔南·纳瓦拉看了看表,指针正标在14时。让·德里凯尔稍微落在后面一点,这位波尔多人一个人走在前面的冰帽上。有一个细节引起了他的注意：天上有一只鹰随风大幅度地缓慢地盘旋……

为了喘口气,费尔南·纳瓦拉在一个冰碛上停了下来。他有一种奇异的感觉：自己被山包围起来了。他处的位置海拔4000米,岩石与冰块光怪陆离地堆积在一起。波尔多人在山坡一侧看见一个巨大的、布满裂缝的冰块；山坡另一侧,则是一个垂直冰面。他看见"冰层深处,有一团黑物"。

令人惊讶不已、意料之外、希望之外的是,那团黑物形状十分规则,轮廓好像一个巨大的图样。后来纳瓦拉写道："它的垂直弯曲的线条相互交错,长约120米。总体形状使人想起一只船的舷缘。"

这位法国人欣喜若狂："在海拔如此高的地方,在这寒冰世界里,这能是什么呢？是任何文献、任何民间传说从未提到过、任何到达过附近地带的人从未发现过的建筑、教堂,庇护所或房屋的废墟？是飞机的残骸？即使是在飞机建造业方兴未艾的年代,也从未有人使用过这样大的横梁来建造飞机。"

一线意外的希望逐渐展现在费尔南·纳瓦拉眼前：这些残骸莫不正是诺亚方舟的残骸？这不正是他几周以来辛勤寻找的方舟吗？时间一分一分地过去,他的希望慢慢变成了坚定的概念："仅仅从这些残骸不像任何东西这一点来判断,就可肯定这是方舟的残骸。它们确确实实是《圣经》中的船的平底遗留部分,而船的上半部分则已散失他方了……"

从这一刻起,纳瓦拉的疑问一扫而光：方舟就在眼前,虽然无法接近,但确实存在。

从此,波尔多人的生活只追求一个目标：接近那无法接近的东西,说明那无法说明的东西；证明他目睹的冰下黑物正是上帝为了使人类的优秀部分从洪水中得救而命令诺亚建造的船只。

*　　　　　*　　　　　*

《圣经》中最精彩的部分之一肯定是有关洪水的那一节,它比其他任何章节都更能激起人们的想象力,因此它成为各个时代艺术家们吸取灵感的永恒主

---

① 诺亚方舟,根据《圣经》,上帝命令诺亚建造方舟,诺亚全家与各种牲畜乘方舟渡过洪水,到达亚拉腊山,后来在那里繁殖出新的人类。

题。最令人惊叹的是,关于洪水的传说,是我们星球上大部分民族都曾有过的。一些博物学家曾发现,在澳大利亚、东、西印度群岛、哥伦比亚前期的美国,在西藏甚至在立陶宛,都有类似的传说。在上述记叙后面,有一个共同的"剧情":在一次浩劫中,大地被洪水淹没。一位名叫安德烈的人种学家自1891年起,先后搜集到80种此类传说。今天还至少可以搜集到100种以上,而其中68种传说与《圣经》毫不相干。

在亚洲,我们搜集到13种不同的传说,在欧洲有4种、非洲有5种、澳大利亚和大洋洲有9种,在新大陆则有37种;其中北美16种、中美7种、南美14种。德国历史学家里夏德·亨尼希指出,"洪水持续的时间从5天到52年"。在17种传说里,是大雨造成洪水;在其他传说里,则是雪崩、冰川融化、龙卷风、暴风雨、地震、海潮等造成了洪水。中国人传说,恶神共工一气之下用头触不周山,天倾于地,降水成灾。

在这里,必须首先说明一个明确的道理:虽然关于洪水的传说几乎是普遍一致的,但这绝不意味洪水是普遍发生的。

一些头脑灵活的理论家企图证明,洪水普遍发生是可能的。其中的一位曾设想,过去中亚细亚曾有一个蒙古海。一次地震后,海水四溢,在东方和西方造成"洪水"。另外一位则推想,地球可能从轴心上倾斜了,将覆盖北半球的汪洋海水倾流到南半球去了。第三位则断言,在几百万年期间,地球就像火星那样被一条潮湿的雾带所环绕。在某一时刻,这条云雾带凝结成水,于是大雨永无休止地降落在地球上。

说句实话,没有任何材料可以证实上述假说,有可能地球在过去曾覆盖着一层浓云。但是,很难想象,这一层云雾在较近的时期,也就是说当人类已经达到某种文明时,突然撕裂。例如,人们可以相信,埃及曾幸免于任何"洪水"。不过,没有任何资料暗示这一点。怎样将这一点同天下普降大雨的说法一致起来呢?

至于地倾之说与所谓的蒙古海倾覆之说,也是同样道理。有一点是清楚的,即如果说地球曾完全被洪水淹没,人们自然会在各地找到相同的侵蚀的遗迹,就像冰川时期留下遗迹那样。然而情况并不是这样。

关于洪水的普遍传说证明,在不同的时期,每个大陆曾遭受多次严重的局部水灾,而不是只有一次水灾。

02 诺亚方舟今何在?

《圣经》浸透了我们西方人的思想,但是,它的记叙只适用于上述多次水灾中的一次,即在中东发生的那一次水灾。《圣经》说的洪水毫无疑问是局部性的。恕我直言,正是这次水灾使我们最感兴趣,我们正想知道,这一次水灾是传说还是真有其事。

关于那些著名的经文,即旧约中诺亚为主人公的那一章节,人们对其精神比对文字本身更有体会。事实上,关于宇宙起源的传说是来自于两个不同的说法,但这两个说法逐渐混淆起来了。《圣经》注释者的考证已经不可更改地证明了这一点。第一篇文字是公元前8世纪的,第二篇文字则是公元前6世纪的。第一个论点被专家们称为"耶和华论点"。其文字如下:

"耶和华看到地上的人如此卑鄙,他们心中随时都在产生恶念。于是耶和华后悔在地上造人,心情十分悲伤。耶和华说:'我要将地上的人一并灭除……因为我后悔造了他们'。而诺亚却得到了耶和华的宽容。"

图三 诺亚方舟(往方舟上运牲口)

"耶和华对诺亚说:'快上方舟吧,你本人和你的全家都上去,因为在你们这一代人中,我觉得只有你是正直的。凡洁净的畜类,你带七公七母,那些不洁净的畜类,你只带一公一母,以让它们留种活在地上。因为再过七天,我要在地上降雨四十昼夜,把我所造的各种活物从地上除灭。'诺亚完全按照耶和华的盼咐行事……"

"诺亚上了方舟……以躲避洪水……七天后,洪水到达地上……地上降雨四十昼夜……诺亚将身后的(方舟)门关闭好……洪水泛滥,将方舟托起来。方舟从地上漂起……地上一切有鼻孔出气的生物全部死去。(耶和华)就这样把地上的所有生灵除灭了……死里逃生的只有诺亚和他同舟的动物……"

"天上的雨被止住了,水渐渐从地上落下去……四十天之后,诺亚打开他事先在方舟上装修的窗户。他放出一只乌鸦,乌鸦从方舟上飞走,并不断飞回,待地面上的水完全退了方停止。同时,他又放出一只鸽子,想看看水是否从地面退了。鸽子找不到落脚之地,又回到诺亚身边。诺亚伸手把鸽子接进方舟里。他又等了七天,再次把鸽子从方舟放出去。到了晚上,鸽子回到他那里,嘴上叼着一枝新鲜的橄榄叶子。诺亚方才明白,地上的水已退。他又等了七天,再次放出鸽子,这一次,鸽子没有再飞回来。"

"……诺亚揭开了方舟的舱顶朝外看,发现地面的水已干。"

"……诺亚为耶和华筑了一座祭坛。他拿各种洁净的四蹄牲畜和各种洁净的鸟类献在祭坛上作为燔祭。耶和华嗅到了那沁人心脾的香味,就在心里说:'我再不因人类而诅咒大地了,因为从青年时代起,人的心中就产生恶念,我不再像过去那样,涂炭生灵了。只要大地存在,稼穑、寒暑、冬夏昼夜就永不停息了。'"

第二个论点被称为祭司论点。与耶和华的论点相比,它提供了某些细节,但也引起了某些争议。我们现在知道诺亚有三个儿子:闪、含和雅弗。不过这一次我们对有关方舟的一切已了如指掌。我们还得知,在某种意义上说,是上帝将计划口授给诺亚的:"为我用歌斐木造一艘方舟,将方舟分成小房间,里外均涂上沥青。你按下列尺寸建造方舟:长150米,宽75米,高15米。在方舟顶上开一洞口……门侧开在旁边,在方舟上还要建第二层、第三层、第四层。"

我们得知,诺亚只挑选了每种动物的一雄一雌。我们还知道,当地上发生洪水时,诺亚已有六百岁:"在诺亚六百岁生日二月十七日时,大渊谷的所有泉眼将喷水,所有天窗将打开……同一天,诺亚和他的妻子、他们的三个儿子闪、含和雅弗以及三个儿媳妇一起上了方舟,同时带上各种野兽、各种家畜、各种爬行动物、各种鸟类以及所有长翅膀的动物。"

此时洪水降临。方舟从水中漂起。"地上的水越涨越高,天下最高的山峰也被淹没了。水势比山高出7米,山岭都被淹没了。"

这里有一重大分歧之处:"地面的水上涨150天……也是在150天以后,水位开始下降。在第七个月的第十七天,方舟停靠在亚拉腊山上。水位一直下降到第十个月。在第十个月的第一天,山顶开始露出水面……在诺亚601岁第一个月的第一天,地面的水完全退去……第二个月第二十七天时,地面干燥了。于是上帝对诺亚说:'同你妻子、儿子们和儿媳妇们一起走出方舟吧……'"

这样一来,在耶和华论点的资料里,洪水持续了40天,在祭司论点的资料里,洪水持续了150天。在第二份资料里,没有放鸟——先放乌鸦后放鸽子——的记载,也没有宰牲燔祭之说。

《圣经》的记载就是如此。毋庸置疑,这一记载的地点为中东。当然,一旦人们合上圣书,脑子里马上会出现一个问题:除了《旧约全书》以外,是否还有其他资料能证明洪水的存在?

人们应作出肯定的回答。一个在查尔德①名叫贝罗索斯的牧师曾生活于公元前三世纪,他曾写下了关于查尔德和亚述的长篇历史著作,可惜后来散失了。但是,伏西比乌斯②在公元三世纪曾经引用过该书的某些章节。好几种资料向我们说明,这一著作确实存在过。当然,贝罗索斯的记叙同创世纪的学说有着明显的相似之处。

贝罗索斯告诉我们,希苏思罗斯国王在管辖臣民时天下太平,可是半路杀出了个克洛诺斯神③他告知国王一个可怕的消息:所有的人将在一场洪水中丧生。上帝命令希苏思罗斯国王将前人所记叙的故事的"开头,中间和结尾"都记下来,然后将记录埋在西帕拉的太阳城。这之后,他还要修建一艘船,他将同全家以及最亲密的朋友一起上船逃难。希苏思罗斯国王照办了。他的船建成了,长5斯塔德,宽2斯塔德。他在船上存放了食品,同亲人一起上了船。克洛诺斯

---

① 查尔德,地名,在伊拉克下美索不达米亚,古代称为巴比伦。
② 伏西比乌斯(265—340),该撒利亚城大主教,宗教历史学家。
③ 克洛诺斯神为希腊宗教中的男神。在文艺作品中,他被说成是天神乌拉诺斯和地神该亚的儿子。

神命令他扬起船帆"驶向天神"。洪水来到了。全部人类被淹没。之后,水才退了下去……

希苏思罗斯放出一些鸟,鸟又飞回来,因为无落脚之处。几天后,他又把鸟放出,鸟又飞了回来,但是,爪子上沾满了泥水。直到第三次,鸟才再没有飞回来。希苏思罗斯才发现他的船搁在亚美尼亚的一座山峰上。

毋庸置疑,在《圣经》的记载与贝罗索斯的记载里,人们可以发现有许多非常具体的相似之处,因此使人迷惑不解。在上世纪的后半叶,一个普通的钞票刻印技师却对洪水的历史提供了使人最感意外的证据。

* * *

乔治·史密斯先生家居伦敦。他的雕刻技术十分熟练。要刻制钞票,就得有耐心和好视力:乔治·史密斯先生二者兼备。他年方21岁,对东方研究产生了异乎寻常的兴趣。

他把所有的空余时间都用在大英博物馆里,并只对东方古董感兴趣。他回到家以后,还要拼命阅读资料以补充他对艺术现实的接触。他对亚述和查尔德地区的古代文明已经无所不知了。说句实话,在18世纪60年代,东方学的科学研究还未广泛开展,只是到了1857年,人们才发现亚述—巴比伦的谜底。再说,基本资料也十分匮乏。

从1849年到1854年,英国人却在尼尼维遗址进行了发掘,挖出了大量的陶片,上面写满了无法辨认的文字。后来,带回大英博物馆的陶片达25000块之多!应该说明,发掘者看不懂陶片上的文字,把它们仅仅看成是一种"彩陶"。人们把它们堆在筐子里,不采取任何保护措施就运回英国。其后果不难设想,这些无价之宝到达时,已摔成碎片!大英博物馆的研究人员面对这堆废砖乱瓦,只有无可奈何。他们小心翼翼地把碎瓦片放进壁橱,不让人乱动。乔治·史密斯就是在壁橱里发现它们的。

* * *

他立即强烈地感到,应对这些陶片进行整理,将它们重新拼成原样,再进行阅读,以窥视这一灿烂文明的秘密。

博物馆收藏处处长比尔奇终于发现了这个非同一般的业余爱好者,因为史密斯只对整理亚述—巴比伦的瓦片抱有兴趣。比尔奇对史密斯的显著研究成果表示关心。1863年,比尔奇雇佣了这位年轻人作为"修补员"。史密斯毫不犹豫地放弃了他的那些印钞票的铜版……人们很快就发现,他具有"惊人的天赋"……在他的手下,一堆几乎无法整理的拼木,不久就被理顺拼好。他还像尚波利翁①一样,以已经认识的符号为基础,学会认识这些新的象形文字。

9年之后,即1872年,研究工作已取得巨大进展,乔治·史密斯在"圣经考古协会"宣布一篇论文,其标题是:《查尔德的洪水记载》。他的破译工作使他能向公众宣布这样一条引起轰动的消息,尼尼韦的一块陶片上刻有楔形文字对洪水的记载!《圣经》居然从与它风马牛不相及的一篇记载里得到了证实!

这不但在科学界,在广大公众之中也同样引起了轰动。可惜的是,刻有这一记载的陶片残缺不全。乔治·史密斯认为,陶片的缺损部分仍然在尼尼韦地下。他刚刚公布这一想法,马上就收到《每日电讯报》的建议:只要他同意去中东寻找缺损的陶片,就可以为他提供一千金币;作为对等条件,远征的结果的报导专利权属于《每日电讯报》。乔治·史密斯征得大英博物馆管事们的同意之后,乘船奔赴东方。

史密斯的确运星高照。不到8天。他就找到了他要寻找的记载!准确地说,那不是陶片的缺损部分,而是另一块陶片,上面正好记载了伦敦那块陶片所缺少的部分!对此问题作过宝贵研究的安德烈·帕罗先生发表了这篇文字并作了评论。这篇文字属于吉尔伽美什史诗②,当然只是其中一个片断。对这一史料可以概括如下:奥鲁克城的国王吉尔伽美什想到了死。他呼唤先人乌塔—纳皮什蒂姆,因为万人之中,只有这位先人能长生不老。于是,吉尔伽美什决定出发去寻找这位长生不老者。他找到了乌塔—纳皮什蒂姆,向他提出一连串问题。在犹豫了很久之后,乌塔—纳皮什蒂姆说出了秘密。他说他经历了洪水而幸存下来。他对洪水的经过是这样描述的:

"乌塔—纳皮什蒂姆对吉尔伽美什说:'吉尔伽美什,我要把一个秘诀和天神的秘密告诉你。我对你说的是:你去过苏鲁帕城,它坐落在幼发拉底河畔。当天神决定向这座城市降下洪水时,它已经是一座古老的城市了。尼尼吉库——埃亚曾同巨神安努,安努之父,勇敢的恩利尔,他们的军师,努努尔塔,他们的王室代表,恩吉,运河检查官愿意同生共死。他向一个芦苇棚子反复地这样说:棚子,棚子!墙啊墙! 棚子,你听我说,苏鲁帕克城的居民、乌巴尔—图图

---

① 尚波利翁(1790—1832),法国东方学家,他于1822年首先学会认识古埃及的象形文字。
② 吉尔伽美什史诗,古代阿卡德语文学作品,以英雄吉尔伽美什的事迹为主题。

的儿子,你赶快拆掉房子,建造船只,丢下财产,赶快逃命吧!丢掉金银财宝,逃命要紧!把一切生命的种子均带到船上。你将按照固定的尺寸造船!船的长和宽一样!把船放到阿普苏河里。'"

乌塔—纳皮什蒂姆心领神会,坚决照办。他开始造船。"第五天,我开始装船的龙骨。船的面积是一个伊库(约3500平方米),船壁高达60米。我将船的侧体的形状设计好,然后装上。我在船上安装了六层甲板,将船分成7部分。我将船体内部分成9部分。我在船体中部钉上防水销钉。我挑选了一根篙杆,将一切必需品归放好。我在炉子里倒了6个萨尔的沥青,3个萨尔倒在……船体内。"

到了第7天,船建造完毕:"我所有的银器都装上船,我所有的金器也装上船。我所有的一切,均装上船。所有生命的种子,都放进船里:我的全家和全部亲戚都登上船,我也让牲畜、野兽,工匠登上船。萨马什神给我规定了时间:早晨,将从天上降下糠皮,晚上将降下小麦。之后,进船,关上门。这一时刻来到了,早晨降下糠皮,晚上降下小麦。白天,我观察星像。但是,我看太阳看得害怕起来。我上了船,关好舱门。我把船和船上的货物交给了船的驾驶员普祖尔和船夫阿穆里。"

"天刚蒙蒙亮,从天空深处涌现了一团黑云,阿达德神①在云中吼叫。舒拉特神②与哈尼什神③走在前面。御座轿夫走过山岭,走过乡间。耐尔加尔神④将木桩拔起来。尼努尔塔神⑤向前冲,他指挥进攻。阿努亚吉⑥诸神带来了火炬,他们用火炬之火将乡间烧毁。爆裂声从阿达德神那里一直传入九霄。一切过去发光的东西均化为乌有。"

"……九霄之上,诸神也害怕起洪水来,纷纷逃窜,他们登上阿努神主管的那一重天。诸神像丧家犬一样,蹲下身子,睡在露天外……6天6夜之后,起风了,洪水和风暴席卷整个地区。"

到了第7天,暴风雨停下来,像千军万马凶猛而来的洪水也停了下来。大

---

① 巴比伦和亚述掌管天气的神。
② 美索不达米亚宗教所信奉的神。
③ 美索不达米亚宗教所信奉的神。
④ 美索不达米亚宗教所信奉的神。
⑤ 美索不达米亚宗教所信奉的神。
⑥ 美索不达米亚宗教所信奉的神。

海宁静了,风暴停息了,洪水也退了。当我朝海眺望时,万籁俱寂。但是,整个人类全变成了泥浆。平原变成了硬壳。我打开窗户,阳光照在我脸上,我倒下,坐起来,我哭了,泪水从我的面颊涔涔而下。我朝海平线观看周围地面。在12法里外,有一岛子露出来。船停在尼希尔山。尼希尔山把船搁住了,使船无法再漂动了。"

"……第七天到达时,我拿出一只鸽子放走。鸽子飞去又飞回来,因为它没有落脚之地,只好又飞回来了。我拿出一只燕子放走,燕子飞走又飞回,因为它也没有落脚之地,也只好回来了。我拿出一只乌鸦放走。乌鸦飞走,看见水退了。它啄食,淌泥水,呱呱乱叫,但没有飞回来。我让鸟类朝四面八方飞走。"

"我进献燔祭。我将祭品放在山塔上;我放上二七一十四个香炉。在香炉的下面,我铺上芦苇、雪松枝、香桃木叶子。诸神嗅到了味道,嗅到了香味,他们像苍蝇一样,麋集在祭台上面。"

图四　诺亚方舟(方舟制造工地)

在这里,我们已经到了最后片断:"于是,恩利尔神上了船,他拉住我的手走,让我妻子跪在我身边,他触摸我们的面部,站在我们两人之间,为我们祝福:'往昔,乌塔—纳皮什蒂姆也是凡人,现在,乌塔—纳皮什蒂姆和他的妻子同我们一样,均被封为神!还是让乌塔—纳皮什蒂姆住得远一点,住在各条大河的河口吧!'他们把我抓住,弄到远方,弄到各条大河的河口,让我就住在那里!"

《每日电讯报》的读者所能读到的有关记述,大体上就是如此。

显而易见,人们在洪水"传说"的研究方面,已经迈出了一大步。但是,是否可以说,史密斯先生所破译的楔形文字给洪水的真实性带来了最终的证明?后来,人们还发现了其他文字资料,它们的来源各不相同,特别是洪水时期,巴比伦国王的名册。这证明,各种说法之间存在明显的同源关系。就如同巴勒斯坦的居民一样,美索不达米亚居民也依稀记得那次可怕的水灾……毫无疑问,上述种种传说,无论是亚述的、巴比伦的、苏梅尔的,还是巴勒斯坦的,均来自同一记忆,基于一个共同背景。

在上述一切的后面,是一个美好的传说呢还是真实的历史?这只有在半个世纪以后,才有所知。

*　　　　*　　　　*

最古老的传说,即苏梅尔传说,可大约上溯到公元前2000年。美索不达米亚的洪水显然应发生在比这更早的时期。

像《圣经》和吉尔伽美什史诗所记载的那样的灾祸,在地面上一定会留下痕迹的,否则将令人吃惊。

在1928年到1929年期间,法国考古学家伍莱博士主持了在查尔德地区的乌尔遗址的重大发掘工作。他逐渐向地下挖掘时,有了惊人的发现。他刚刚挖到一层黏土时(其厚度在2.7米到3.7米之间)。"继续进行探测,突然,土层的性质改变了。土层不再由陶器碎片和瓦砾组成,我们挖到了一层边缘清晰的黏土,而且整个一层土质完全一样。土层的组成说明,黏土是由水冲积而成的。工人们说,我们挖到了一层河泥……我命令他们继续向下挖。在1.5米多的深度内,完全是一色的黏土,就像黏土突然出现时那样,又出现了新的陶片和瓦砾层……黏土的大量沉积说明,历史的进程曾暂时中断。最上面,是纯粹的苏梅尔文化,它按照自身的方式缓慢地发展;下面则代表一种混合文化……任何河流的一般泛滥绝不可能冲来如此大量的黏土。沉积土达1.5米厚,这说明要有巨量

02 诺亚方舟今何在？

的水，而将沉积土冲来的洪水在当地的历史上应是空前的。这样一层黏土层的存在说明，在当地文化的发展中，出现过突然的中断。以前存在过的文明无踪无影，似乎是被洪水淹没了……对此不应有任何怀疑：这次水灾就是历史上所说的洪水和苏梅尔传说中的洪水，就是诺亚的冒险行为引以为据的洪水……"

上述结论是斩钉截铁的，因此也给人留下十分深刻的印象。然而，大约在同一时期，史蒂芬·兰顿在巴比伦地区的基什也发现了同样的冲积土层，也就是"洪水的物证"。这样的沉积土层，后来在乌鲁克①在法拉②在泰罗③和尼尼韦④均发现过。"

毫无疑问，应该承认在美索不达米亚肯定发生过巨大的水灾。东方学家德霍尔木这样写道："现在可以有把握地说，兰顿提出的水灾发生于公元前3300年的说法同乌尔和基什的发现，是相吻合的。"

这也许是走得远了一点。不过，在美索不达米亚的好几个考古遗迹均发现了相同的沉积土层，这一点本身就是了不起的。这些土层证明，过去的确发生过大水灾，即美索不达米亚的一条河或两支河泛滥的洪水。但是，不只是发生过一次大水。专家们最近的研究结果证明，不可能将乌尔的洪积层与基什·乌鲁克或苏鲁帕克的洪积层划定在同一时期。

也就是说，在美索不达米亚，不只是发生了一次洪水，而是发生了几次洪水。安德烈·帕罗先生（我们以后将不断提到他）认为，在这些水灾中，有一次洪水"造成的灾害太大了，给人的印象太深刻了，于是成了楔形文字文学的主题之一。这就是在传说过程中，人们不自觉地夸大其猛烈程度和严重损失的洪水。实际上，考古学家们发现，并不是所有的城市都统统被洪水吞噬。"

根据上述推论，有一点可以确信无疑：考古学也好，文学与碑铭学的记载也好，一切均说明，古代文字所记述的洪水是确有其事。

＊　　　　＊　　　　＊

所有的说法都有一个重要的共同点：方舟存在；所有的说法都一致地告诉我们，在或长或短的一段时间后，方舟搁在地面上了。

停在何处？还是让我们去询问文字资料吧。

---

① 中东的考古遗址。
② 中东的考古遗址。
③ 中东的考古遗址。
④ 中东的考古遗址。

吉尔伽美什史诗是不容置辩的:"在尼希尔山,船停了下来。"尼希尔山处于提格雷河和小扎布河之间。

那么《创世纪》怎么说的呢?耶和华论点并未提起在何处。但是,祭司论点则肯定说:"在 7 月 17 日,方舟停靠在亚拉腊山。"

一般人认为,在《圣经》里,亚拉腊是指一个国家,即现今的亚美尼亚,而不是指一座山。《圣经》里有两处谈到"亚拉腊国"与"亚拉腊诸王国"。

但是,关于洪水的记载清楚地描绘了"亚拉腊山脉",因此,毫无胡乱解释的余地。

可是,贝罗索斯却认为,希苏思罗斯的船搁浅在"亚美尼亚的戈尔迪埃纳山上"。我们已经指出过,那是库尔德斯坦和凡湖之间地带的古称,即亚拉腊。

穆斯林的一则传说提到了朱迪山……但传说的时代太近,不足为凭。

总而言之,或尼希尔山,或亚拉腊山,二者必居其一。因为人们从未弄清尼希尔山的地理位置,因此,在人们的想象中,亚拉腊被采用,也是毫不令人奇怪的……

多少世纪以来,正是亚拉腊山孕育了那个奇异的冒险传说……

两千年以来,亚拉腊山似乎成了人们梦想之地。在通往最神奇的山峰的陌生道路上,不时出现里程碑。前边已经提到,贝罗索斯认为,在公元前 475 年,方舟还保存得相当完好,甚至当地的居民还去船上刮沥青。

在耶稣时代,大马士革的尼古拉也认为,"方舟的残骸在很长的时间里完好地保存在山上"。在公元 330 年,尼斯米斯的长老雅各试图登山未果。但传说讲,他从一位天使那里得到了方舟的一块残片。

公元 1254 年,佛来米旅行家纪尧姆·德鲁伊斯鲁克到达亚拉腊山脚下。马可·波罗也对亚拉腊山作过描绘,说它不可攀越并提到了方舟的存在。

到了 18 世纪,法国植物学家约瑟夫·皮东·德图尔纳福尔登上亚拉腊山采集植物标本,但也未能越过山峰三段中的第二段。旅行家莫里耶和一位土耳其帕夏也登山失败。

但是,到了 1800 年,美国人克洛迪乌斯·詹姆斯·里奇大力吹捧一个名叫阿加·侯赛因的人的功绩。此人发誓说,他登上过亚拉腊山峰顶,而且看见了方舟的残骸……

只是到了 1829 年 9 月,亚拉腊山才彻底被旅行家 G·F·帖罗征服。

02 诺亚方舟今何在？

公元1840年7月，一队土耳其工人发现了一件怪事。当时发生了强烈地震，引起了雪崩。土耳其当局派工人进山，修筑拦雪坝。其中一队工人发现，"一个古代船只的船头部分从冰川里露出来"。记载这么说，当然那是为了说明，这一发现的真实性是无可非议的。人们甚至具体地说明，"船体可以接触到的那部分成三个房间"。

公元1845年，德国地质学家赫尔曼·阿比希也试图登山，似乎还取得了成功。1850年，俄国上校赫尔兹科率领的测量大队再次征服此山。

公元1876年，英国众议院议员，英国人詹姆斯·布赖顿也登上了山顶。在海拔4500米之处，他在熔岩当中发现了"一块木头，长4尺，厚5寸，看上去是用工具削成形的……"

远征队一个接一个，而且情况又完全雷同：1888年是俄国人马尔科夫和科瓦莱夫斯基，1890年是比利时人勒克莱尔。

公元1893年，报界大肆颂扬景教主教代理努里的"丰功伟绩"。他庄严声称，他在亚拉腊山上发现了方舟。他还提供了细节："只有船的前部和后部可以登人，船体的中部陷在冰块里。方舟是由深红色的厚梁建成。"船体的大小竟与《圣经》的说明分毫不差！于是努里马上创立了一个社团，旨在攀登亚拉腊山寻找方舟，将它拆开运回美国，送到芝加哥国际博览会上展出，可惜的是，这一宏伟的计划并未付诸任何行动。

我们别再去想入非非了。1916年，俄国飞行员符拉基米尔·罗斯柯维斯基在土耳其边界上空执行侦察任务。他飞越亚拉腊山时发现"雪峰东部有一蓝

图五　亚拉腊山（土耳其）
传说方舟搁浅的地方

点"。飞行员觉得蹊跷,飞近了蓝点。他觉得蓝点像是一个结冰的湖泊。湖的尽头,露出"一艘巨型船的骨架,整个船的体积有一排房子那么大。残骸的四分之一冻在冰里。在它露出来的那一部分的一侧,有一开口;另一侧有一个很大的门,看上去像是两个门扇,但有一扇门没有了"。

人们说,尼古拉二世曾下令派人对亚拉腊山进行空中侦察和地面远征。据说,两方的结果均证实山上确实存在方舟,可惜的是,上述无价资料,在俄国革命时期全部散失了。

只是到了第二次世界大战,人们才重提亚拉腊山和方舟。一个苏联飞行员在飞越亚拉腊山时,也发现一件残骸,它的"一部分陷在冰冻的湖里"。至少某些爱制造耸人听闻消息的报纸是这么说的……

1949年,美国报界宣布,由南加罗林岛的牧师史密斯博士率领的一支探险队,出发去亚拉腊山。虽然"有些热情的商人毫不犹豫地变卖财产以资助探险家们……",但是,探险完全失败了。

终于到了1952年8月的一天……

* * *

《世界报》于1952年9月10日刊登了一条消息,其标题是"在亚拉腊山上没有找到诺亚方舟"。看起来,这就是费尔南·纳瓦拉和让·德里凯尔探险的结果了。

然而……纳瓦拉却带回来了铭刻在他的记忆深处的冰下埋藏物的景象……但是,他还能做什么?还能说什么?后来他这样说:

"从体育运动的角度讲,我们的探险是成功的,至于发现方舟,看起来是失败了,因为我们既未带回实物,又未拍下任何照片。在我向报界发表讲话时,我无法讲述我8月17日的发现。如果有人问:'你看见方舟了吗?'我一定会回答:'没有看见,但我知道方舟在何处。'那么,别人一定会认为,我在胡说八道了。我只能保持缄默,同时待机重返亚拉腊山。"

但是,当时的景象却一直萦绕在费尔南·纳瓦拉的脑海里。他再也忍不住了。1953年7月,他再次出发,再次尝试。这一次,他成功地进行了拍照,将那个叫人猜不透的物体拍成了电影。但是,由于突然感到身体不适,他只好含恨下山。

1954年9月,人们听说,美国人约翰·利伊比自称曾到达离方舟的30米

02 诺亚方舟今何在？

处,而且他正准备于1955年再次登山。

费尔南·纳瓦拉说："这促使我一下子拿定主意：第三次登山。"

✵ ✵ ✵

一个男人和一个青年小伙子在亚拉腊山的西侧前行,一直朝东方走去,向山巅走去。他们是费尔南·纳瓦拉和他的儿子,11岁的拉斐尔。他们是头一天出发的,在海拔3500米处露营过夜。这一天的15时,他们达到了冰雪终年不化地区,即海拔4200米地带。

前面是一条冰川,他们迎了上去。半个小时才能前进50米。天空飘下了小雪花。突然,费尔南·纳瓦拉停了下来,全神贯注地盯住前方。

"爸爸,你找到了？"

"我想是找到了。"

"我们躺下睡一会吧,我累了。"

于是,他们搭起了帐篷。年幼的拉斐尔马上睡着了,而费尔南·纳瓦拉则出去侦察："我爬上一座冰碛,这座冰碛从我们的帐篷顶上向前伸出100米,我发现我的左面是一片云海。不久,云就散了,露出一座冰山,那就是我在1952年发现的那座冰山。"

只好等第二天再说。他们度过了一个暴风雨的夜晚……

第二天,即7月5日,天气晴朗,父子二人来到了费尔南·纳瓦拉在三年前看到一团黑色物体的地方。此时他相信,而且十分相信,那就是方舟。

前面是漏斗形山谷。怎么下去呢？拉斐尔想了一个办法。

"用绳子拴住我,我尽可能地接近,想法看清下面的物体。"

父亲有点迟疑不决,但终于同意了。纳瓦拉用身子拉住绳子,让孩子往下滑去。

"再放一点",拉斐尔说,"再放一点……一点……"父亲又放了一点绳子。

"就在那里,我现在看见了……对了,船就在那儿,爸爸,我看得很清楚……"

纳瓦拉再也呆不住了。当他的儿子告诉他"下面有条裂缝,透过裂缝,往下看就像大白天一样清楚"时,他决定自己也滑下去。他真的滑了下去,走进了通道。

他后来这样叙述："通道通向一个类似缓坡的平台。我前行约30米,看清在缓坡下面有些黑色物体缠绕在一起。那也许就是方舟的残骸,因为它们同两年前我从冰碛顶上往下看见的物体一样,同我脑海里想象无数次的物体一样,同我发誓要找到的物体一样!"

雪又下了起来。纳瓦拉父子只好躲在类似雪屋的地方,在那里过夜。

早晨5时,拉斐尔走出雪屋,喊他的父亲:

"快出来,天气挺暖和……"

关键性的一天开始了……

费尔南·纳瓦拉又走到颜色发暗的地方。他把雪搬开,只发现了冻硬了的冰碛灰土。他大失所望。

"爸爸,怎么样?你切下一块木头?"拉斐尔高喊。

"不对,不是木头,只是冰碛灰土……"

"你往下挖了吗?"

于是,纳瓦拉用冰镐猛挖冰面。经过半小时的努力,在冰壳下面,出现了水。在水里浸着一根黑梁的尖端。

后来费尔南·纳瓦拉叙述说:"我根本不相信我的眼睛。我用手拍拍木头,我用手指甲挖进木头里。如果我的嘴能够得着,我一定会用嘴去咬的,我太害怕自己产生了幻觉!但我不是在做梦。我的冻僵的手指在冰冷的水中所触摸到的,确确实实是一块木头,而不是树干,是一块削成正方形的木头……

纳瓦拉使劲想把整个梁给拔出来,但不行,只好割下1.5米长的一段。过了一会儿,纳瓦拉父子把"人间最古老的沉船残骸"拖下山去。

事情发生在1955年7月6日早晨7时。

* * *

木块运回法国后,由专家们进行了鉴定。专家们的鉴定结果如下:

1.那是一块橡木;

2.木头经过了加工,它不是一个树干化石,而是一块削成方形的木头;

3.木头的年龄在5000年左右。

对于费尔南·纳瓦拉来说,已经不再有任何怀疑了。无论根据文字资料还是根据考古发现,5000年前与洪水时代相吻合。传说也一直认为亚拉腊山是方舟的靠岸处。而波尔多人又恰恰是在亚拉腊山上找到了那块建筑木材的。

现在的问题:在5000年前,在海拔5000米的高处,能存在何种建筑?如果我回答说,存在的只能是诺亚方舟,那绝不是我把愿望当现实,而是因为回答只能如此。

＊　　　　＊　　　　＊

费尔南·纳瓦拉的信念多么令人起敬！人们是多么愿意完全赞同这一信念！

可惜！

所有那些在亚拉腊山上寻找方舟的人,似乎忘记了一个普通事实:即使在某一个具体地区下了40昼夜的雨,但是,地球的大气层绝没有那样多的水,能够把这个地方最高的山峰全部淹没。英国地质学家莱尔通过并不复杂的计算说明了这一道理,而地质学家休斯也在1883年证明,《圣经》所涉及的水灾"只发生在局部地区,而且发生在一个平原地带"。

人们可以设想一下,要想使方舟一直漂到亚拉腊山的山顶,需要多大的水量?

方舟停靠在那样的地方似乎是不可能的……

然而,纳瓦拉先生仍然作了某种发现。如果能在他的主持下,在他的那个"发明"产生的地点,继续进行更大规模的发掘,那是最好不过了。

那样一来,马西农教授1951年的预言也许会得到证实。

当然,如果方舟从未存在过,那就没有任何可能找到它。但是,不应该让任何具有良好愿望的人泄气。根据某一虚假的情报,人们竟发现了意外的东西,那也不是绝无仅有的事情。

03 大金字塔中的秘密

> 四十个世纪以来,人们在金字塔面前顶礼膜拜;四十个世纪以来,人们心中的疑团未解。金字塔中究竟藏有什么秘密?

马队在平川上前进,马匹在自己周围掀起了滚滚的尘埃。穿着呢斗篷的男人们全神贯注地看着那奇异的景象:在那儿,在他们的前方,耸立着座座金字塔的庞大躯体。这发生在公元820年。这支马队是属于哈里发马蒙的,他是第一次前来参观金字塔。

大约在1000年以后,法国旅行家C·F·德沃尔内也有完全相同的感觉。他写道:"人们在到达这些人造山峰之前10小时,就已经看见它们了。人们越走近它们,它们似乎越显得遥远。当人们距离它们还有1法里时,那些金字塔就好像悬在人们头上,使人觉得已经到了塔脚下。总算能用手摸到塔了,此时人们感慨万分,无法表达。高高的塔顶,陡峭的塔身,广阔的塔面,沉重的基础,它们所唤起的时代的记忆,对修造时工作量的计算,特别是一想到如此巨大的岩石居然是由那么渺小软弱、在它们脚下爬行的人的作品,所有这一切均使人目瞪口呆,惶恐不安,自惭渺小,肃然起敬……"

可以想象,那位威震天下、脚踏银雕马镫的哈里发马蒙也会"目瞪口呆,惶恐不安,自惭渺小,肃然起敬……"与此同时,也产生一个令人烦恼的问题:为什么过去的人要付出如此巨大的努力?这些巨大的石块意味着什么?总之,哈里发在暗忖金字塔的秘密究竟是什么?继他之后,这一秘密又使多少人为之烦恼?

很有可能,哈里发马蒙不自觉地属于眼见为实的那一类人。为了弄清秘密,他决定拆掉一座金字塔。生活在10世纪的阿拉伯历史学家马苏迪说,当时,建筑师们表示拒绝。人们对哈里发马蒙说:"这根本不可能。"

哈里发非常固执己见。

这回答说:"一定要打开一座金字塔。"

这一次,建筑师们只得从命。他们选择最高的那座金字塔开始动工。按照逻辑,那座金字塔被称为"大金字塔"。为了满足哈里发马蒙的好奇心,人们在金字塔上打开了一个口子,那就是迄今仍存在的那个开口。马苏迪说:"为此,人们使用了火、醋、杠杆。铁匠们为此花费了巨大的心血和金钱。塔墙厚约10米。墙凿透了,他们透过洞隙,看见一个绿色的盆,盆里盛满金币;里边有1000个金第纳尔,每个金第纳尔重1盎司。马蒙对金币的成色大为赞赏。他计算了一下在金字塔上开洞的费用总额,开洞时发现的金币恰好与费用总额相等。哈里发惊叹不已,因为他发现,古人早已预料到开洞要花多少钱,要在什么地方开洞,所以把装有第纳尔金币的盆放在那里。据说,那个盆子是用绿宝石雕成。哈里发马蒙叫人把盆送到金库里,那是埃及所制作的最令人倾倒的奇迹之一。"

人们惊奇地发现,如果除去古代作者的记载,我们所拥有的关于金字塔的最初记载本身就是充满奇迹。首先,非凡的建筑所引起的混杂着恐惧的钦佩心情,马上会使人作出超自然的解释,人们以后就会看到这一点。当人们涉及埃及金字塔问题时,永远不会忘记这一现象。

另一位12世纪的名叫凯西的阿拉伯作家解释说,建筑师们按照哈里发马蒙的命令打开金字塔,他们在塔基部分发现了"一间地基为方形、屋顶为拱形的房子。房子很大,房子中央挖了一眼5米的深井"。通过这一口井,可以走到充满尸体与巨型蝙蝠的四间房子。这位凯西还补充说,人们在其中一个房子里,发现一具人的尸体。尸体装在一尊像"孔雀石那样的绿色石头"的雕像里。尸体身穿"镶有各式珠宝的金锁甲"。看来,第三位作者倒是比较脚踏实地一些,给我们提供的资料最为精确:"人们费了九牛二虎之力,搞得精疲力尽,才进到了金字塔里。人们发现塔里到处是井和险峻的坡坎,通道十分危险,在通道末端,是一个立体房间,长、宽、高均为4米。房子中间有一个大理石盆,上面有盖,盖子已被掀开。盆里只有一具因年代太久而腐烂的尸体。于是哈里发马蒙下命令不准再打开其他金字塔。根据人们的说法,开凿金字塔所花去的费用是巨大的。"

哈里发马蒙对此感到失望。他是第一个对"大金字塔秘密"感兴趣的人,也是第一个想揭示这一秘密的人。

*　　　　*　　　　*

"只要看上一眼这些沉睡了多少千年的庞然大物,人们就不禁肃然起敬。向世界七大奇迹的遗址致敬!光荣属于创造奇迹的人民!"

上面这段话是法国旅行家萨瓦里在1777年写下的。类似的句子可以引用许多。不论参观的人来自何国,不论他们的职业如何,不论他们生活在哪一年代,所有的人均为之震惊。

这一切不足为奇。库孚金字塔即"大金字塔",长宽各230米,卡夫拉金字塔即第二金字塔,长宽各215米。建成时,它们均高140米以上。在4000年期间,没有任何人工的建筑达到过这个高度。后来,只有几座教堂稍稍超过这一

图六　埃及金字塔

高度:斯特拉斯堡教堂,142米;鲁昂教堂,150米;科隆教堂,160米。

法国考古学家与埃及学家 J·P·劳埃尔写过一本关于此问题的定论书,他的计算结果是:库孚金字塔需用 260 万块石头,共重 650 万吨,加上凿去的碎片,应从采石场采石 700 万吨石头,还要将它们运来,架高,砌起来。在我们今天,要顺利进行这项运输任务,需要"1 千吨的火车运 7 千次,或 10 吨的卡车运 70 万趟"。拿破仑·波拿巴进行了一个计算:用建筑吉萨的三座金字塔的石头,可以围绕法国建筑一条高 3 米,宽 0.3 米的城墙!这使他手下的参谋人员目瞪口呆。

如果仅仅从工程量的角度来估价金字塔,那就会形成虚假的结论。金字塔代表了非凡的壮举。劳埃尔先生说:"库孚金字塔的结构是令人赞叹的技术杰作。"英国考古学家弗林德斯·皮特里指出,石块之间竟如此吻合,缝隙宽度平均不到 $\frac{1}{2}$ 毫米,用肉眼几乎看不见。但是我们要提醒大家注意,这样砌起来的石头每块都重好几吨……"

能想象得出需要多少工序,工程的规模有多大吗?希罗多德[①]说,库孚法老"动员了全体埃及人"。这当然是夸张了一些,但也很形象地说明问题。希罗多德向我们描绘这个国家的人民是如何劳动的:"一部分人负责将远在沙特山里的采石场石头运到尼罗河边,其他的班组则负责用船将石头运到河对岸,并接着运到所说的利比亚山里。工地上保持有 10 万人干活,而且每 3 个月轮换一次。人民就这样千辛万苦干了 10 年,才修建成一条运石道路。他们全是手工劳动,我认为修这条路也并不比修建金字塔更省工……一座金字塔本身就费时 20 年。"

在 1950 年,人们作了计算,利用当时的技术手段,大金字塔的建筑费用大概在 330 亿法郎左右,用现代手段,在 1950 年,费用大概也要 32.5 亿法郎。

面对如此杰出的技术成就——距今约有 5000 年——理智已不复存在。哈里发马蒙的问题是:为什么?而我们的问题是:如何?能进行如此精密的计算并找到解决办法的建筑师,一定要具有广博的知识。当然,我们已经闪电般地跨越了历史的各个阶段。然而,不是已经到了克制我们这些"现代人"的傲慢情绪、在法老派面前表现出必要的谦卑的时候了吗?

对金字塔建筑师们的知识进行概括,这过去是、现在仍然是好几位历史学家、科学家和哲学家们所追求的目标。其中某些人已经得出了令人吃惊的甚至

---

① 希罗多德(公元前 484—公元前 430),希腊历史学家、哲学家。

是奇妙的结论。这些人从大金字塔的研究中，勇敢地作出这一令人难以置信的结论：法老时期的建筑师们不仅拥有人们意想不到的各种具体知识，而且他们已经掌握了知识本身。

※　　　　　　※　　　　　　※

查尔·皮亚吉·史密斯是海军上将之子。他1809年生于那不勒斯。他攻读数学时成绩优秀，早在19世纪中叶，已经在艾丁堡科学院教授天文学了。

这位意大利和苏格兰的混血儿怎么会对大金字塔发生兴趣呢？这是命运之谜。在1842年前后，一名法国钦犯被巴黎法院判处20年徒刑，因为他站在路易·拿破仑亲王①一边，试图在布洛涅城推翻路易·菲利普②和恢复王朝。这位钦犯研究了这一激动人心的问题。他先在杜朗的城堡里，后来在巴黎审判所附属的监狱里，逐渐得出一个毫不含糊的结论：金字塔的目的在于防止沙漠前进，保护尼罗河。这样的新发现是无法保密的。作者首先写了一篇论文交给科学院，然后在1845年推出一部书，书名为：《论埃及金字塔的目的与用途》。作者为了印书，只好向一位信心不足的出版商交付400法郎。

路易·拿破仑亲王从另一监狱即阿姆要塞给一位朋友写信时这样说："请告诉佩尔西尼③，他的书在科学界反映很好。"这位意想不到的金字塔专家不是别人，正是维克托·菲亚兰·佩尔西尼，是路易·菲利普的最狂热的信徒。数年之后，他发动政变，复辟了王朝，后来又当大使、大臣、公爵……结果把金字塔忘了。后来拿破仑三世这样形容他："整个帝国只有一名波拿巴分子，他就是佩尔西尼，但他是个疯子。"

查尔·皮亚吉·史密斯既不是犯人，又不是波拿巴分子，也不是疯子，所以，他毫不赞同佩尔西尼的理论。如果说查尔·皮亚吉·史密斯受过某个人影响的话，这个人就是英国人约翰·泰勒，后者于1859年发表了他的主要著作《大金字塔：为什么要建？由谁而建？》书尾提出一公设，即："建设大金字塔所需的数学、天文及其他知识，与那个时代的人类的知识水平是不相符的。"泰勒声称，当时的埃及人根本没有能力成功地兴建这一工程。那么，是谁兴建的呢？泰勒很有把握地断言，那是些"上帝选民"，他们也许是在闪④的率领下或者是在麦基洗

---

① 路易·拿破仑(1808—1873)，即拿破仑三世。
② 路易·菲利普(1773—1850)，法国国王，1830—1848年在位。
③ 佩尔西尼(1808—1872)，法国政治家，第二帝国时期曾任内政大臣、驻英国大使。
④ 闪，根据《旧约全书》，是诺亚的长子。

德①的率领下来到埃及的。

泰勒的一名读者对这样透彻的论文佩服得五体投地，以至于决定贡献终生来证实上述结论的准确性。这位狂热的读者就是查尔·皮亚吉·史密斯。

史密斯认为，可以在《圣经》里看到人类的全部命运。他发狂地反复阅读圣书里的经文。他并不认为从圣书里能找到象征，他对经文的解释却与字面意思相反。

在1864年，史密斯发表了一部轰动一时的作品：《大金字塔给我们留下的遗产》。翌年，他到了埃及，回来时则更确信他的论点的价值。他于1867年发表一部新著作，名叫《1865年在大金字塔里的生活与工作》。由于一些埃及学家曾吞吞吐吐地表示过不同意见，他无情痛斥他们"冥顽不化地企图通过对古代狂热的偶像崇拜的认识去获取广博知识"。

让我们来概括一下史密斯的论点。这些论点可以用八个命题来说明：

1.建造大金字塔的目的在于为整个人类确定一种度量衡体系；

2.大金字塔的长度单位是根据地球的旋转大轴线的一半长度而确定的，即大金字塔的长度是地球旋转大轴线一半长度的百万分之十；

3.这座大金字塔同时确定了法寸的长度与公亩的边长；

4.人们可以从中找到1肘的长度，它与普鲁士的古尺相等；

5.大金字塔的重量单位或容量单位是以上所述的长度单位与地球的密度组合而成；

6.大金字塔的热量单位是整个地球表面的平均温度；

7.时间的单位与一周7日的分法也在其中得到表现；

8.大金字塔为希伯莱人所建，希伯莱人生活在受神灵启示的时期和古代父系制时代。

人们发现，最后一个命题只是泰勒公设的重复，其他命题则富有特点。正是这些更富有特点的命题使公众最为震惊，因为提出这些命题的人，自称是爱丁堡的数学家和官方天文学家。皮亚吉·史密斯的理论受到极大地重视，人们纷纷评论。在史密斯的门徒中，有些人是青出于蓝而胜于蓝。于是产生了大金字塔的解释学说，这一学说使库孚金字塔演绎成"石头圣经"，即它应包含可能存在的所有数学与天文资料，特别是圆周率和地球与太阳之间的距离。

---

① 麦基洗德，《旧约全书》中的重要人物，既是国王，又是祭司。

人们甚至走得更远。几年前在法国,乔治·巴尔巴兰大大地发展了史密斯的理论。他的宗旨是将"所提出的有关大金字塔的大部分理论,不论是神话理论还是天文理论,合在一起并协调起来"。巴尔巴兰认为,宇宙的整个命运都写在大金字塔里了,而大彻大悟的埃及祭司们则已经揭开了宇宙命运之谜。现代人要想知道人类的未来,就应该到金字塔的石块之中去寻找。巴尔巴兰这样写道:"如果说金字塔外部的度量具有高级的天文学含义和极其精确地体现了宇宙的某些重大规律,那么,金字塔内部的度量则会把我们引向更为意外的可能性,而这些可能性则更加引人入胜,因为它们直接与人类的现代史相联系。金字塔里的走廊系统是一个由通道与房间巧妙结合的整体,其中没有任何一个交叉点,没有任何一个距离,没有任何一个立方体,任何一个坡度与任何一个凸出部是没有高度精确的永恒含义的。走廊系统是按照几何的象征性的图纸而布置的,其中没有任何东西是随意而建的……"

埃及金字塔(二)

你们想知道详情吗?请继续读巴尔巴兰先生的下面说明吧:

"注释家们解释说,斜面与平面的区别表示人类最初向无知与罪恶沉沦(进门走廊),这种状态持续到恶魔向地下室方向下落的时候为止;在向上的走廊的分叉处,全体人类都走向大走廊的光明之处,那相当于基督教时代。在经过大台阶通道之后,人类精神暂停上升,而是改为平行前进。此刻,人类进入混沌不分时期。在这里,人类应弯腰通过低走廊,但低走廊又在前厅中断,之后才到达国王房间的光明之所在……"

从如此"明显"的事实中,自然而然可以推断出准确的日期来。地线一直延长到第一个升高通道,它与入口的下降通道的轴线交叉,这就标志以色列逃亡埃及的日期,即公元前1486年4月4日。根据很不相同的思路,经济危机开始的日子,即1928年5月29日,也在第二个低走廊的开始处得到了显示……

然而,巴尔巴兰先生本人现在也落伍了。C·W·塞拉姆先生于1949年在一份德国报纸上读到这样一段话:"对此,我们应提一下斯图加特城的诺特林博士所取得的成果。他借助比较简单的计算并通过(金字塔)提供的资料发现,人们可以轻而易举地推算出地球的半径、体积。密度与特有的重量,各星球运行的时间,运行轨道的长度,男人女人的生命周期以及男女代表的最高年龄。"

某一法国杂志在1951年提出了这样一个令人吃惊的问题："大金字塔是否包含了原子弹的方程式？"

这样，我们就面临一个活生生的现实问题。虽然我们有点晕头转向，我们还是应该到此为止，去请教那些最理智的专家们，去问他们：在所有这一切之中，有真实的成分吗？对于大金字塔的"秘密"，应作何感想？

＊　　　　＊　　　　＊

法国的伟大埃及学家马里埃特（1821—1881）创建了埃及文物局，使他感到吃惊的是，围绕此问题而拼凑起来的所有的假设，都是以库孚金字塔为出发点的。他这样写道："我们将要说明，我们没有理由先验地说，库孚金字塔的用途与人们在埃及发现的60多个其他金字塔不一样。所有的金字塔都建在陵墓之中，而且在所有已开掘的金字塔里，都发现了棺木……"

几乎所有的埃及学家都与马里埃特亦步亦趋。前面我们曾提到过，J·P·劳埃尔先生曾写过一篇杰出的研究文章。他在卡帕尔特、艾尔曼、金斯兰德、德里奥顿等人之后，也脱颖而出。德里奥顿是法国埃及文物局的最后一任局长，他的意见十分明确："对于查尔斯·皮亚吉·史密斯关于大金字塔的量度揭示了古代埃及人的神秘的科学之想，应一概不予理会。"

金斯兰德与劳埃尔也同其他人一样，也极其严肃地和有意识地逐一驳斥了皮亚吉·史密斯及其信徒们所发表的大胆的理论。

导致这一过分宏伟的理论大厦倒塌的论点是无法驳倒的，因为在大部分时间里，这一理论大厦是以虚假的量度为基础的！某些数据已为当代人所知，在这些数据面前，对于那些江湖理论家，人们不免有怜悯之感，因为他们有时几乎用终生力气，去论证一个连基础都不存在的定理！例如，一位叫拉尔斯顿·斯金纳的人就认为，波拿巴探险队的法国科学家们所测量的数据是无可争议的，可是后来的重新测量证明，这些数字是不精确的，因为当时金字塔的周围还没有完全清理出来。

在法国，布尔日天文台台长莫罗教士又步皮亚吉·史密斯的后尘，而且他这样做的时候，沾沾自喜的情绪中又流露出令人奇怪的轻率。不幸的是，他也是从错误的数据出发的。他得意洋洋地写道："现今，人们对于太阳到地球的距离，只承认一个整数，即为149400000公里，即地球半径的10倍。那么，将大金字塔的高度乘以百万，就得出太阳与地球距离的公里数，即148208000公里。显然,这一数据是近似的。但是,这样得出的数据的近似程度,远远高于 1860 年前官方公布的数字,即 154000000 公里多一点。这样看来,当开化民族在好几个世纪中耗费巨资,科学家们不惜献出生命去进行探险,以解决天文学中这一最重要问题时,问题的答案已经在好几千年之前暗示与雕刻在大金字塔里了。只要我们现代的天文学家能识别这些隐藏在这些数据里的象征就行了;而且这一庞然大物的建造者们已经得出了我们在 19 世纪末都感到骄傲的近似数据。想到这一切,我们会感到这是多么了不起啊!……"

这种科学上的狂热劲头被浇了一瓢凉水,因为人们知道教士的计算是以金字塔的高度为 148.21 米为基础的,而准确的数字应是 146.80 米。

关于金字塔建造者可能知道的 π 也是一样。莫罗教士说,如果将大金字塔底座的四边长即海边 232.805 米加起来,即得出周长 931.22 米。只要用金字塔的高度除这一周长两次(周长估计为 148.208 米),就能得出 π 值。让人们来评断下列算式:

$$\frac{931.22}{2 \times 148.208} = 3.1416$$

可惜,底座每边真正的平均长度不是 232.805 米,而是 230.364 米。而金字塔的高度也是错误的。

即使是理论家们偶尔掌握了准确的数据,也不能说他们的结论就有更大的价值。一位英国人建议将皮亚吉·史密斯的公式应用于伦敦的水晶宫。"他稍稍有一点耐心就会得出伦敦至廷巴克图的距离或一只成年金鱼的平均重量指数。"事实上,用某个数字去乘某个数字,一定会得出某个数字。

关于大金字塔石壁所包含的"准确"日期,要从中重新"找到"逝去时代的标记是很容易的;可是,当人们在推断未来时,危险就出现了。在 1936 年,巴尔巴兰写道:"我们只知道,金字塔显示未来的最近日期是 1938 年 8 月 20 日—1939 年 11 月 27 日—1945 年 3 月 3 日至 4 日—1946 年 2 月 18 日—1953 年 8 月 20 日"。

这真是好极了!但是,我们从中无法找到第二次世界大战宣战的日子或德国投降的日子。但是,这并不能使"理论家"们罢休。在 1942 年,一位名叫福尔蒂克的"专家"看到金字塔的预言被各种事件否定而感到气愤,明白应该一切重新算起。金字塔前厅的地面是由石灰石板砌成。在进入前厅后不久,地面却成了花岗石的了:"重新改变时间顺序才能合乎逻辑。"

图七　埃及金字塔

面对这样一种逻辑，劳埃尔先生承认自己感到迷惑不解，我们与他也有同感。

对于某些人自称从大金字塔里"抽"出来的哲学，《圣经》和神秘的理论，应该加以全盘否定。

拒绝承认上述理论并不意味要否认库孚金字塔同代人的一切科学知识。因为那样一种态度比前面提到的"理论家"的态度更为愚蠢。

＊　　　　　＊　　　　　＊

狮身人面像

莫罗教士对金字塔的狂热劲头，我们已经领略过了。他认为，大金字塔的建筑师们已经知道地球极地的半径长度。这个半径的百万分之十组成了"神肘"，即 635.66 毫米。他们也知道地球到太阳的距离，地球自转 24 小时轨迹的长度，岁差周期的年数，平常年的天数，闰年的天数，地球的密度，地球的平均温度，陆地的分布……我这里就不一一列举了。

布尔日天文馆的馆长作出了下列结论："然而，所有上述现代科学的成果都

图八　狮身人面像

在大金字塔中存在,而且大小与实物一样,已经被测量出来而且也一直是可以进行测量的,只要揭示它们本身所包含的度量就可以公布于众。这一现象显然是不能用我们对古代文明的资料来进行解释的。但是,这是千真万确的事实,谁想否定都是枉费心机,并且使当今的科学家们陷入最大的困惑之中。"

如果说这种困惑是建立在无可非议的观察的基础上,那么它当然是有道理的。人们在前面已经看到,史密斯或戴维逊之流精心设计的建筑物是多么脆弱。对于像莫罗教士这样的科学家来说,令人吃惊的是,他竟然对"金字塔寸"和"圣肘"这些完全是皮亚吉·史密斯臆造出来的量度信以为真。如果否定了"金字塔寸",就同时宣判了关于极地半径长度、地球密度等说法的死刑。

事实上,这个建筑物还留下了什么?只留下一个无可非议的证据,即古代埃及人早已掌握了先进的天文学知识。

金字塔的走向就是最好的证明。这一次绝不会是巧合。金字塔几乎准确地指向正北方。1925年进行的最严格的测量表明,角度误差仅为3分6秒。这里可举奥拉宁堡的天文台为例。有名的天文学家第谷·布拉里在1577年为它确定了朝北的坐标。经过无数次计算,此天文台的角度误差为18分。而金字塔的角度误差小于4分!现代埃及学的创始人,伟大的弗林德斯·皮特里甚至认为,这一偏差可能是因北极点本身的偏位而造成的。

这些建筑师们的数字知识也是有目共睹的。让我们再回到圆周率π,让我们忘掉莫罗教士的错误。如果用准确数字再次运算,其结果如下:

03 大金字塔中的秘密

$$\frac{4\times440}{2\times280}=\frac{22}{7}=3.1428$$

令人奇怪的是,我们刚刚得出了阿基米德的圆周率,而阿基米德恰好居住在埃及。

如果不是一群幻想者故意把一切都搞乱了的话,人们也许可以提出许多其他同类的结论。

金字塔说明,古代埃及人掌握了无可非议的知识。为什么因醉心于奇迹,就不惜代价地把那些一切都证明他们尚无法掌握的概念,都一股脑儿地归在他们的名下?

*　　　　　*　　　　　*

在1880年,人们看见一位青年人从英国来到吉萨,他不慌不忙地在石壁中挖的墓穴里住下来。他的名字叫弗林德斯·皮特里,他刚刚探索和测量过各金字塔。

金字塔问题一直使他烦恼。他的这一癖好来自于他的父亲。他的父亲是一名老工程师,是皮亚吉·史密斯理论的狂热崇拜者。工程师皮特里认为,按照史密斯的解释,金字塔应使基督教与实证论接近起来。他梦想某一天带着儿子去吉萨,通过精密仪器来证实他的偶像史密斯的推论。

但是,皮特里工程师却永远无法完成这一计划。当弗林德斯到了为自己选择职业的年龄时,他决定去埃及。在1880年、1881年和1882年间,他在吉萨进行考古、测量和计算。他得出的数据竟如此精确,以至于后来几乎无法加以改进。

事件的可悲之处在于,上面谈到的数据同皮亚吉·史密斯的数据大相径庭。

但是,弗林德斯·皮特里的职业已经选定,在半个世纪里,他在整个中东杰出地从事了这一职业,而且成果累累。1942年,皮特里几乎90岁了,他在最后一次去耶路撒冷回来的途中溘然长逝。

然而,查尔斯·皮亚吉·史密斯的想象力至少有一个结果,即促使现代最伟大的一名埃及学家为此而奉献终生。

04 圣徒彼得①的陵墓在这里吗?

> 1989年的一天,教皇庇护十二世作出一个异乎寻常的决定:寻找圣徒彼得的遗骸。

天主教会在服丧。1939年2月10日,教皇庇护十一世驾崩了。在罗马圣彼得教堂②的巨大的、嗡嗡作响的大厅里,信徒们摩肩接踵,高声地、虔诚地为仙逝的教皇祈祷……在大门口,教会卫兵在人群中维持秩序。善男信女混杂在一起,高声朗诵20个世纪的信仰所授意的褒词与颂歌。

但是,在一直伸延到教堂的大殿下人迹罕至的地下室里——这个地方被习惯地称为"梵蒂冈洞窟"——工人们正在忙忙碌碌。他们肃静无声,已经将洞窟地面的好几块大理石地板挪开了。他们小心翼翼地在南墙挖掘。突然,他们停了下来。在地面下20公分处,他们的

---

① 圣彼得,生于公元前10年,在尼禄统治罗马时期,殉难于罗马。他是耶稣众信徒之首,被公认为是第一任教皇。

② 圣彼得教堂,坐落在梵蒂冈的长方形大教堂,始建于公元326年,1506年重建,屋顶高138米,宽42米。

04 圣徒彼得的陵墓在这里吗？

十字镐碰到了另一石板层的残余。更有甚者，在开洞的墙的后面，他们又挖到了类似房屋的一个建筑。在这个房间里，堆满了陈年的瓦砾。

工人们暗忖：他们明知道圣彼得教堂的大部分是建筑在打进疏松的土壤里的桩子上面。因为工程存在动摇整个建筑的危险，能继续挖吗？这些工人组成了一个团体，在梵蒂冈，被人称为"圣彼得匠"。他们祖祖辈辈负责维修这个巨大的整体建筑。他们之中一些人还记得，自己的父亲、祖父以及曾祖父已经是"圣彼得匠"了。

为什么他们在这样一个日子去挖掘教堂的地下室？

答复十分简单：那是已故教皇的遗志。此刻，人们正筹备隆重地纪念他的丧礼。人们刚刚启开庇护十一世的自书遗嘱。遗嘱里表示了一个明确的愿望：将他安葬在庇护十世旁边的南墙古代墓穴里，尽量靠近圣彼得的"忏悔室"，也就是说，靠近人们习惯认为是耶稣第一伙伴的陵墓的那个地区。在现今的教堂里，这个"忏悔室"的标志是在祭坛对面有一个围着栏杆的开口。

这一愿望一旦为人所知之后，教会的摄政枢机主教，即几天之后登基成为庇护十二世的红衣主教帕塞利，下令在预定的地点准备修建陵墓。建筑师们在简单地进行了勘察之后，警告红衣主教说，"可以使用的地面太狭小了"。红衣主教毫不犹豫地下令降低洞穴的高度，在后墙挖洞。这一命令立即得到执行。

此刻，"圣彼得匠"们工作暂停下来……在他们旁边，一位教士伸头打量工人们用十字镐刨出堆在地面上的瓦砾。这个教士名叫路德维希·卡斯。他是德国教士，神学博士，教会史学教授。他出生于特里夫斯，1933年，他离开德国，定居罗马。教皇庇护十一世曾委托他勘察圣彼得教堂的地下室。经过许多年，这位后来成为卡斯阁下的人拼命地"整理"在这里发现的陵墓。那是多少个世纪的忠孝之心的遗迹！这样，卡斯阁下找出了公元359年的罗马行政长官的棺木，德国皇帝奥托二世的棺木，英籍教皇阿德里安四世的陵墓，瑞典王后克

图九　圣彼得像

里斯蒂娜的陵墓。

所有上述人生前都表示希望永恒地安息在他们坚信是圣徒彼得和圣西蒙的遗体安葬处旁边。这位圣西蒙是加利利的渔民。有一天,主对他说,他是岩石,人们将在他这块岩石上修建教堂。

卡斯阁下是上述洞窟的常客,所以当人们挖掘地下室时,他在场是正常的,合乎逻辑的。他后来去同帕塞利红衣主教谈论他的惊人发现,也更是符合逻辑和正常的。

直截了当地说,这一发现提出了一个可怕的问题,即圣彼得的陵墓问题。一个近百年的传说认为,圣徒的遗骸就埋葬在大教堂下,埋葬在忏悔室的石板下面。当然,这是一个古老的、令人肃然起敬的传说,它可以给历史学家们提供推测的线索,但不能提供任何证据。没有任何有权威的资料能证明,圣彼得圆寂之后,他的遗体就埋葬在那里。

然后,帕塞利红衣主教却一直被这一重大问题而困扰。早在本世纪初,他还是年轻教士时,他学习了杜迪斯纳阁下教授的天主教考古课。人们说,他那时已经有了一个大胆的计划:努力证明多少代信徒的默默信念是正确的,努力证明这一信念比历史学家们的无把握的说法更强大有力。

这样,卡斯阁下的报告就有了一位狂热的听众。当教皇选举会选举庇护十二世为教皇后,他就来到"忏悔室"的神圣的石板地面上。那是1939年6月28日,即圣彼得节的前夕。新任教皇苦思冥想了很长时间。之后,他下令进行他的各届前任迟迟不敢进行的事情:挖掘教堂的地下土层,以寻找圣徒之王的陵墓。

✻　　　　✻　　　　✻

当然,当问题涉及到庇护十二世教皇时,说这是"赌注"未免有点亵渎。他是一个神秘主义者,他一直认为,应在全世界信徒的信仰所织成的错综复杂的巨大网络里,去寻求对天主教教义的最大支持。他从内心深处感觉到这种涌向罗马圣彼得教堂的狂热情绪。要说人们是以传说的错误为借口来对圣徒表示崇拜,庇护十二世是绝不敢苟同的。

伟大的古代史学家热罗姆·卡尔科皮诺曾把教皇的这一决定与莱昂十三世的那一决定相提并论。莱昂十三世决定将梵蒂冈的档案向学者开放,"因为有一项远古的禁令一直不准学者使用这些档案"。但是,从本质上讲,莱昂十三世的自由化政策,影响是很有限的。梵蒂冈的档案能透露些什么呢?充其量就是

04 圣徒彼得的陵墓在这里吗?

教皇亚历山大六世博尔吉亚的卑鄙行径,这已经是路人皆知的了,因为教会对此已经庄严地进行了谴责。

至于挖掘圣彼得的墓,其危险性则更大!卡尔科皮诺先生在谈到庇护十二世作出的"大胆决定"时,毫不客气地写道:"从实际方面的理由考虑,任何一点都会使他半途而废。"一方面,人们将毫无疑问地碰到巨大的技术困难,因此,只能小心翼翼地进行挖掘。1822 年,当雕塑家卡诺瓦在忏悔室旁树起庇护六世的大理石雕像时,人们不是已经担心这会影响整个建筑脆弱的平衡吗?再说,也不能中断朝拜活动。还有什么样的预防措施不应该采取呢?

还有一个更为可怕的风险:如果什么也找不到呢?与此相比,上面的一切均相形失色了。如果发掘工作证明,圣彼得的遗体根本不可能埋葬在梵蒂冈呢?如果发掘的结果与传说完全相反呢?

上述假说中的任何一项都不能预先加以排除。这里要强调任何一项,因为已经有某些历史学家根本否认彼得来过罗马、死在罗马。

* * *

耶稣在沙漠里呆了 40 天,他胜利地同撒旦进行了对抗。他回到让·巴蒂斯特①身边时,让·巴蒂斯特用这样的欢呼来向他表示致意:"上帝的羊羔来了。"那是 3 月 28 日。第二天下午 4 时,巴蒂斯特看见拿撒勒的耶稣向他走来。他像头一天那样,重复:"上帝的羊羔来了。"

当时在场的有两名普通渔民,他们叫安德烈和让。他们听见了巴蒂斯特讲的话。此时,他们并没有明显的理由,也不明白是受什么旨意的指引,他们就跟着耶稣走去。过了一会儿,耶稣回过头来,对他们说:"你们在找什么?"

他们回答说:"主啊,你居住在何方?"

耶稣回答:"跟我来,请看!"

这一次邂逅起了决定性作用。安德烈急忙去见他的哥哥西蒙。他对哥哥说:"我们见到了救世主。"

西蒙叫安德烈马上带他去见被安德烈称为"救世主"的那个人。当他站在耶稣面前时,就像福音书所说的那样,"耶稣将目光停在他身上,说:'你是西蒙,是让的儿子,你将来应该叫塞法斯!'"

塞法斯是岩石、石头的意思。这本身不是一个姓。博学家古尔曼这样说明:

---

① 让·巴蒂斯特,耶稣同代犹太人,传说他为救世主的先驱。

"犹太人选作名字的字,一般是用来表示一个诺言,以强迫叫这个名字的人承担一项义务。"

只是到了后来,岩石这个称号才真相大白。彼得后来明白,他被选中作为基督的教堂的地基。

然而,这一块岩石具有同所有人一样的弱点。当卫兵冲上橄榄山去逮捕被犹大出卖的耶稣时,彼得是唯一抽剑试图保护他的人……但是,几个小时之后,他三次背弃他的主子和预言他的未来的人。

有些子弟与使徒,对于他们认为是上帝之子的死,心里感到悲痛欲绝。当复活的耶稣又出现在他们面前时,他们竟然信以为真。耶稣在交给彼得一项异常的任务之后,才离开他们。这一任务是:"放牧母羊和羊羔。"耶稣升天的第二天,彼得开始主持教会。

这位应正确地称为"使徒之王"的人的重要地位,在文献中触目皆是。然而,作为研究此时期基督教的最重要的书,《使徒行动》并没有为我们提供我们所需要的有关彼得活动的所有资料。

我们知道,彼得曾四方云游布道。我们也知道,后来是希律·亚基帕囚禁了彼得。在关押彼得的监狱里,由每组4个卫兵组成的4个组轮班看守他。

但是,彼得在人间的使命并未完成。"在彼得出庭的前一天夜里,他被两条链子锁着睡觉,身边各有一名卫兵,另外,门口还有两名哨兵看守监狱。突然,上帝的天使降临,牢房里充满光亮。天使叫醒了彼得:'起来吧,快点!'链子从他手上掉下来。"彼得以为在做梦,但是,他发现自己已经走在大街上了。

丹尼尔·罗普斯的意见:"圣徒之王来过罗马,而且来的时间较早,这是肯定的。他在罗马呆了很长一段时间,差不多有25年。其间他离开过几次,特别是去过耶路撒冷旅行,这也是肯定的。根据同一道理,他在罗马城殉难,用鲜血奠祭这座城市,也不再有任何怀疑了。但是,除此之外,其他事情就不能肯定了。"

因此,在这一问题上,人们是否有理由认为,彼得死后葬在罗马的某一具体地方?事实上,根据卡尔科皮诺先生的意见,彼得在罗马居住过的最好证据,就是"他死在十字架之后,人们为他建了陵墓,虔诚的信徒们不断来到他的墓前奠祭"。

人们认为他的陵墓就在梵蒂冈内。为什么这样认为?一个生活在公元第二世纪后半叶的名叫卡伊乌斯的教士,在一篇我们保存下来的文字里说,彼得的遗骨留在梵蒂冈,保罗的遗骨留在奥斯蒂亚①。《圣经》注解家们现在一直认为,Trophee 这个字在希腊文中是 Tropaion,在拉丁文里是 Tropeam,原意为"殉教者身体的遗留部分"。在很长的时间里,像勒南·吉纳贝尔这样的学者,均将遗骨这一词译为"墓碑"。

还要说明,暗示彼得墓地的第一篇文字,是在使徒去世后一百多年写下的。

传说是以时代更为靠后的资料为基础的。这种经久不衰的传说认定,圣彼得是在科尔纳利亚街附近的尼禄马戏场殉教的。这个马戏场当时差不多就位于现今的圣彼得教堂和梵蒂冈。同一传说还告诉我们,圣彼得是在同一天(或者只差一天)和圣保罗一起被处决的,即公元 67 年 6 月。但是,后者是罗马公民,所以只是被砍头,而彼得是"普通的犹太穷人",所以惨遭十字架酷刑。据说为了表示谦虚,他要求被钉死在十字架上时,不是像他的主人那样头朝上,而是头朝下。

人们从这里就不难想象,庇护十二世心甘情愿承担的风险是多么大。就算是第一批基督教徒事实上没有可能在彼得死后去"收回"他的尸体;就算是基督教徒们只是到这个地方或者邻近地方进行奠祭,而且只是建起了一个纪念碑,即按照勒南所理解的意义而建的加伊乌斯墓碑,但是,在挖掘教堂下的地层时,人们冒的第一个风险是:在圣彼得的墓地,也许只会挖出用以纪念使徒殉教的一块石碑或墓碑短石柱。

第二个风险也是很大的:如果人们挖开使徒的墓,那有可能是一座空墓。

在整个中世纪上半叶,罗马不断遭外来侵略。而梵蒂冈是在城墙外面,所以比圣城本身更容易遭到袭击。公元 416 年,阿拉里克和他手下的西哥特人包围了罗马城。如果说,他们没有毁掉康斯坦丁②在假想的圣彼得墓地上建设的教堂的话,那么,至于公元 455 年的盖塞里克和他手下的汪达尔人,公元 537 年的维蒂盖斯和他手下的东哥特人以及公元 544 年的托提拉,情况就不一样了。

公元 846 年,撒拉逊人③取代了野蛮人。人们把圣·贝尔丹④年鉴同加罗马国的政府公报混淆起来。圣·贝尔丹年鉴说,撒拉逊人将使徒之王墓地的祭坛连同名贵的装饰品统统带走了。

---

① 奥斯蒂亚,古罗马港口,在台伯河河口附近,后被泥沙淤塞。
② 康斯坦丁,叙利亚籍教皇,公元 708—715 年在位。是他建造了圣彼得教堂。
③ 撒拉逊人,中世纪欧洲人对阿拉伯人的称呼。
④ 圣·贝尔丹(697—?),法国宗教领袖,他创建了西蒂厄修道院。

公元993年,教堂遭大火。公元1527年,波旁王朝陆军统帅下的德国雇佣军又将教堂洗劫一空。

面对无法更改的、重复出现的证据,难道人们还能期望所发现的并不是一座空墓?

尤其重要的是,人们不禁要问,就算圣彼得的遗骨在一段时间里曾在梵蒂冈保存过,但是,这些遗骨会不会在3世纪运往别处去了呢?

有些考证专家认为,在公元258年这一年,那些有圣物癖的信徒突然有了前所未闻的发现。巴黎大学的基督教史教授、历史学家吉尔贝尔这样说明:"我甚至于在想,并不是在公元258年这一年,两人的遗骸才被发现,而6月29日节最初可能就是纪念这一发现的……就好像圣徒传记家所经历的那样,某种神灵的启示使人们发现了圣物的藏地。而地下墓窟正是寻找贵重棺木的理想之地。就算是遗骨不在棺木里,但是,将棺木归还给自己兄弟的基督教徒们总不会是骗子吧。他们只是对考证有愧,其实这算不了什么。他们成了因虔诚而轻信这个弱点的第一批上当受骗者。"

但不能轻易排除这一假设。于是人们终于认识到,公元258年是一个关键性的年头。或者是在这一年,人们将圣彼得的遗骸从梵蒂冈转移到地下墓窟,或者,更简单地说,人们只是在地下墓窟"发现"了上述遗骸,而这些遗骸在公元313年之后,又移到了梵蒂冈。

发掘梵蒂冈教堂的重大意义恰好在这里,因为这样就可以对罗马主教——这是所有教皇的共同头衔——通过关于天主教由圣彼得首创的理论而在天主教内树立起来的权威进行肯定或否定。卡尔科皮诺先生将问题的范围规定得十分清楚:"如果发掘工作能在康斯坦丁的建筑物下面发现公元258年以前的彼得墓地的遗迹的话,那么,就可以雄辩地证明,虽然地点的说法不一,举行礼拜的形式也有差异,人们对殉教者的祭祀最初是一致的,那将宣布,罗马这个地方是符合使徒的教义的。如果情况相反,发掘一无所获,那就会损害罗马主教至高无上权威的基础。所以,赌注是可怕的,而且在当时,考证是主宰一切的,所以,那是一个可怕的机遇。"

庇护十二世经过深思熟虑之后,在1939年的一天,决定试一试这一机遇。

※ ※ ※

"圣彼得匠"在梵蒂冈洞穴的地板下20公分处所发现的那一层铺石地板,

04 圣徒彼得的陵墓在这里吗？

图十　教皇庇护十二世(1742—1818)

是康斯坦丁在4世纪初修建的第一座教堂时留下的。人们知道，这位皇帝下令禁止对基督教徒进行迫害并且在罗马帝国实行宗教自由。

梵蒂冈—康斯坦丁为了表示对基督教徒宽宏大度，决定兴建一座纪念圣彼得的大教堂。使考古学家们一直感到吃惊的是，他选中了一个很不方便的地点。这个地址北边有小丘挡住，地层是黏土，因此又很危险。要进行巨大的排水工程，对高墙进行防水渗透处理，部分地削平小山丘，土方量达40000立方肘。然而，旁边就是一片非常平坦的地面，在那里建教堂不存在任何问题。

如果我们相信传说的话，教堂的祭坛就设在使徒陵墓的上面。

10个世纪过去了。在16、17世纪，康斯坦丁修建的教堂被拆掉，由目前的建筑取代了。人们将新的大祭坛设在原教堂祭坛的上方。还修造了前边我们谈到的"忏悔室"。那是一个开口，通过这个开口，信徒们可以窥视深藏在地下的圣彼得陵墓。

但是，圣彼得真的埋葬在这里吗？的确，新教堂是在康斯坦丁修筑的教堂的旧址上建起来的，但是，康斯坦丁建教堂到底是出于什么原因呢？传说认为，皇帝单单选择了使徒彼得葬身之处作为修建教堂的地址。这种说法是不是在撒谎？

问题恰恰在这里。这正是庇护十二世下令进行的发掘工作应当解决的问题。

教皇命令4位科学家完成这一艰巨任务：两名耶稣会会员即费鲁亚神甫和基尔希博伊默神甫和两名世俗人阿波洛尼·格蒂先生和约西先生。

他们立即开始工作。战争爆发了，它在世界各地蔓延了4年。但是，在梵蒂冈这块和平的绿洲上，一些科学家指挥"圣彼得匠"冒着危险，缓慢地发掘圣彼得教堂的地下室。发掘工作持续了整整十年。

发掘工作的结果丝毫未透露出来，"圣彼得匠"曾发誓，"即使对亲属也闭口不谈自己的工作"。建筑师们也立下了同样的誓言。

当战火停下来后，基督教人士还是打听到，在圣彼得教堂进行了发掘。仅此而已。随着岁月的流逝，人们越来越不耐烦了。挖掘结果究竟如何？发现了些什么？庇护十二世在他的讲话中，曾多次用隐晦的语句暗示发掘取得"可靠结果"。但是，他在讲话时吞吞吐吐的态度，远不能满足信徒们的期望和科学家们越来越强烈的好奇心。

终于，在1952年1月间，人们期待已久的关于1939年到1949年在罗马圣彼得教堂进行的从未间断的挖掘工作的报告，出版了1500册，每册均编有号码。这是一部分为上、下册的巨著。上册有278页文字，209页照片和插图，由卡斯阁下作序，下册有109幅版画，其中有103幅为照片。

这样一来，谜就不复存在了。人们对发掘工作一清二楚。人们可以回答这一迫不及待的问题：找到了圣彼得的墓吗？

＊　　　　　＊　　　　　＊

发掘者逐渐往地下深处挖去。他们挖到深处时，要使出全身力气，时常要放下十字镐，赤手挖土。他们有了惊人的发现：没有发现任何预期的物品，相反，他们却找到了完全是意料之外的物品。

人们原来认为，教堂的南主墙——即当你站在圣彼得广场时，左边的那墙——是建在尼禄马戏场的北墙之上的。17世纪初，即现存教堂修建的同一时代的一项传说也是这么讲的。因此，人们以为，圣彼得教堂是部分地建在这个马戏场上，也就是塔西图斯[①]认为尼禄酷刑拷打基督教徒和彼得被头朝下钉

[①] 塔西图斯(200—276)，罗马皇帝，275—276在位。

死在十字架上的地方。

事实上，并没有发现任何类似的迹象。康斯坦丁的教堂并不是修建在尼禄马戏场上，而是修建在一座公墓上！

出土文物非同一般，原因就在于此，这也是其主要方面。当考古学家们达到和超过教堂的铺石地面后，首次挖出了第一座古代陵墓，之后又陆续挖出其他古代陵墓，而且众多陵墓在地下通道中排列井然有序，俨然形成一条街道，他们激动的心情，是可以想象的。在铁铲、铁镐下面，一座公墓从黑暗中出现了，它是由几十个壮观的陵墓组成，其中也有一般的坟，有时甚至只是一个陶箱或由砖砌成的圆穹顶住的洞穴。公墓的轮廓和大小渐渐明确起来；那是一座"考古学家迄今为止所发掘的最宏大的罗马墓群"。公墓的轴心就是"教堂中殿的轴心"。

目前，参观者只需持特殊许可证，就可以被准许去浏览从墓群发掘出来的所有文物。他们惊愕之余，又赞不绝口。某些陵墓里藏有奇妙的镶嵌画和色彩鲜艳得令人难以置信的油画。

墓壁上刻有铭文。不难想象，科学家们对铭文进行了多么认真的研究。这些铭文说明，大部分墓是异教徒的，但是，也有一些基督教徒的墓。也就是说，在教会最初的岁月，即康斯坦丁修建教堂很早以前，一些基督教徒已经在这里安息了，这些基督教徒没有选择那个只接纳同教兄弟的地下墓窟，而是选择了这个异教徒的公墓作为他们的葬身之处。他们作出这一选择，应是事出有因：难道不正是为了安息在他们崇拜中的圣人身旁，使徒之王的身旁即彼得的身旁？

考古学家们自然也考虑到这一点。他们这样做了，尤其是因为他们在一个具体地点，发现了一个四边形地区。那是一块受人尊重地区，一块"空间地带"。官方报告也说明，"这个地方的四周似乎均是坟墓、古冢。它们从公元最初几个世纪就在空地周围密密麻麻地挤在那里，但从不越过一步"。

这一空间地带直接地、准确地位于圣彼得教堂的"忏悔室"下面。

官方报告说明这一细节，其重要意义自然不必赘述："我们从没有人动过的地面开始，查证了这一细节，即任何坟墓从未侵入空间地带。所以，我们可以肯定，这块地方自被当成墓地而使用的初期，就受到尊重。这个地方深埋了最古老的坟墓，因此可上溯到公元一世纪。"

更有甚者,自远古以来,即从公元1世纪起,这块地方就被一垛涂有白色与红色灰浆的地下墙保护起来了。这一预防措施在任何附近的坟墓均未被发现,但在这同一块地方的周围不断出现。这是一个宝贵的线索,说明这样一个事实:这里是一座坟墓,自最远古时代起,人们对它就小心看护并且诚心敬仰,通过对坟墓和古冢确定年代,人们真实地重现了墓地的历史。坟墓紧挨着被保护的四边形地带增多起来,并且将这块地方密密麻麻地围住,这就使这块地方受到了威胁。为此,在公元161年,即马可·奥勒利乌斯①执政之前,这座神秘的坟墓又有了新的保护,打有印记的砖也说明了这一点。那就是涂上了红色灰浆的墙,墙高2.45米,厚0.60米,长7米,它划出一个长7米、宽3.5米的长方形。

圣彼得教堂的考古历史学家尼科拉·科尔特认为:"这一点证明,在公元2世纪末这一时期,人们不再局限于保护坟墓了,而是在坟墓周围将一块圣地保护起来。"

为了加固红墙,人们还修建了一垛扶墙,这更说明人们保护这块圣地的意图。扶墙长为0.85米,厚0.55米,墙面紧贴主墙竖直而建。因为墙上刻满了基督教铭文,考古学家们称它为"粗刻墙"。

人们还可以发现,这垛墙被挖过3次,结果在墙的深处挖了3个壁龛。第一个壁龛在地下,上面盖着由横梁支撑的铺石地面,第二个壁龛正好挖这块石板上面,即是露天的,盖上一块大石板作为横梁。石板长1.8米,宽1.5米,后部伸进红墙里面,前面有两个精巧的大理石柱子支撑着。报告还说:"可以肯定,整个建筑是明显地为了纪念某一重大事件而设计和建造的。"

调查人员在考查工作中得出这一结论后,就不再犹豫了。他们查明,这一建筑就是加伊乌斯在一代人的时间之后所说的"圣彼得遗骸",换句话说,即圣彼得的墓。

这里应重述一下促使人们得出这一结论的缜密论据。

毋庸置疑,挖掘工作说明,康斯坦丁修建教堂时的选址是完全不合逻辑的。无论是从地址的土质来讲,还是从它的名称看,这一选择均令人费解。这一地址不是从北往南倾斜11米吗?到了那里,就是十分平坦的前尼禄马戏场了,那样就可以使建筑师们避免巨大的无效劳动。

更有甚者,选择的竟是一片坟地!挖掘工作证明,教堂打地基时,毁掉了许

---

① 马可·奥勒利乌斯,罗马皇帝,公元161年—180年在位。

多坟冢,砸烂了许多陵墓,进行了亵渎圣物的破坏。总而言之,那是人所共知的罗马人深恶痛绝的亵神行为。罗马人的法律严禁破坏死者的安静,违者均受到严厉惩罚。只有皇帝的特权才使康斯坦丁敢冒天下之大不韪。

原因何在?

热罗姆·卡尔科皮诺在一篇文章里又重申和补充了他书中的结论。他对此的回答是:"显而易见,康斯坦丁无法自由选择地基的地址,他的意志被一种超过逻辑、利害甚至道德的力量所左右,被一种超过理智的感情所左右。"

这一感情很容易猜出:基督教徒们坚持要在彼得的葬身之处修建教堂。

第一步论证显得很有说服力。

人们会这样反驳说——实际上也会出现这种情况——促使康斯坦丁采取这样行动的信仰是建立在虚假的基础之上的;因此,基督教徒们认为彼得埋葬在那里,但是他们搞错了。

说句实话,在异教徒的墓地上出现基督教徒的坟墓的这一事实本身就是与上述反对意见针锋相对的。在公元3世纪,圣·西普里安①曾宣布将那些宁愿将死去的亲属同异教徒埋葬在一起的基督教徒开除出教门。然而,就在同一时期,一些忠于基督的罗马人,并没有选择他们自己的地下墓窟,而是葬身于梵蒂冈这块异教徒墓地。他们难道没有道理吗?彼得就葬在这一墓地,这难道不是很有可能的吗?

准确地说,在一个基督教徒陵墓里,人们发现了一块镶嵌瓷砖,那块瓷砖展现了一名杰纳萨莱思湖的渔夫形象,那就是塞法斯。救世主曾对他宣布说,他将成为专门捕人的渔夫。这一陵墓距保护区仅仅15米。

在红墙中挖的两个壁龛的旁边,人们还进一步发现和识别了一处铭文。铭文用希腊文写成,开头是彼得姓名的头几个字母,专家们只是对下面一个字的意思进行了讨论。卡尔科皮诺先生认为那一个字的意思是:"彼得去了,彼得与世长辞!"约西先生认为应是,"向彼得致敬!"

卡尔科皮诺先生的解释与使徒的骨灰曾暂时迁到地下墓窟的说法是一致的。

但是,1952年1月16日,费鲁亚教士宣布,他在紧靠禁区的一座陵墓里面,发现有两颗人头像,它们"用木炭粗线条画成,一颗头在另一颗头的上面"。

---

① 圣·西普里安,拉丁教会之父,加达基主教,于公元258年殉教。

在两颗人头旁边，费鲁亚先生还发现一个未写完的拉丁字 PETRU……毫无疑问，这是暗指彼得。

几个月之后，罗马女考古学家加尔杜西女士也发现了上述画像与字迹。她在描述第二颗人头像时说："那是一个完全秃顶的老人形象，额头上布满皱纹，眼睛很大，鼻子很尖，胡子成三角形，下落在衣服领子上。"这个老人是谁？"字迹就是想告诉我们这一点。紧靠头像的左边，就是那几个字母 PETRU，右边最后一个字母是 S。字迹写得不能再模糊了，其中有几个字母后来曾被人用木炭重新描过。"

加尔杜西女士建议对铭文的译释如下："彼得，请耶稣为在你身旁安眠的基督教信徒们祈祷。"应该立即说明的是，好几个古文字学家均认为，对这段能最终解开谜底的铭文的译释，似乎太草率了一点。但是，所有的人对最初几个字母 PETRU 的理解是一致的。这再次提供证据，说明在基督教初创时期，人们就在这里奠祭使徒彼得。

这样，就可以编制年表了：在公元 67 年，彼得在尼禄马戏场被杀害,基督教徒们将他安葬在附近的墓地里。到了公元 80 年前后，人们开始保护他的墓地，因此，才修建了地下墙。很有可能基督教徒们通过购买这块地皮，将彼得坟墓周围的四边形地皮进行改建。到了公元 2 世纪，才修建了红墙。最后，在公元 160 年或 170 年，这项被加伊乌斯称为彼得遗骸的建筑才告竣工。

对于以后的事情，就众说纷纭了。一些人认为，遗骸未曾离开梵蒂冈，另一些人，尤其是卡尔科皮诺先生则肯定，遗骸已于公元 258 年移葬到地下墓窟，又于公元 336 年迁回梵蒂冈。两个教堂的祭坛均相继建在保护区上面这一事实也说明了这一点。这一传说又因圣彼得教堂的发掘工作而得到证实。

*　　　　　*　　　　　*

这里，读者一定要问："就算人们找到了圣彼得的墓，那么圣彼得的遗骸呢？"

1952 年，费鲁亚教士就保护区问题惊呼：

"我们从各个方向对保护区进行了勘察，我们没有费力气就认出这是圣彼得的坟墓。但不幸的是，是一座空墓！"

一座空墓！但并不是所有的人都如此悲观。人们还记得，我们曾提到过在红墙里挖了 3 个壁龛。天主教考证家鲁斯查特指出，在其中之一的壁龛里，"曾

04 圣徒彼得的陵墓在这里吗？

图十一　梵蒂冈

发现一副骨骼，但没有头骨，初步的医学考证认为，那是一个人，而且是一个老人的骸骨。但是，报告只是说明，在该处发现了几片骨骸，并登了一幅照片，但没有指明它们是从中央陵墓挖出来的。虽说在此类问题上，谨慎是必要的，但是，人们却认为，报告在这里是不是有点过分谨小慎微了"。

鲁斯查特先生认为，"很有可能，在红墙下找到的骨骸就是（圣彼得）坟墓里的骨骸，而且它们从未离开过最初的位置"。

卡尔科皮诺先生则提醒大家注意，"粗刻墙"里，即竖直贴在红墙上的那垛墙里有一个洞。发掘工程将这个洞暴露出来。洞很深，四壁装有精美的大理石片。在洞的深处，有一些人的骨骸碎片。"如果这些骨骸碎片不是圣物，如果这些保存在圣彼得教堂里的圣物又不是圣彼得的遗骨，那么，又如此小心翼翼地将它们保存起来，就实在是叫人无法思议了。"

谜语解开了吗？

看来，如果我们通情达理的话，必须承认，使徒彼得的墓已经被发现了。

至于圣者遗体的情况，如果假设说，这些圣物最初是藏在粗刻墙里面，但是掳掠成性的野蛮人,沿途野蛮地破坏了一切,结果将一部分骸骨乱扔丢了,也不是毫无道理的。

如果情况果真如此,那些幸存的骸骨,要么像鲁斯查特先生所说的那样,大概是在第一个壁龛即地下壁龛里找到的;要么就像卡尔科皮诺先生肯定的那样,是在粗刻墙的暗室里找到的。

此时,人们想起,想起了教皇庇护十二世,想到他1939年6月的一天,在圣彼得教堂的"忏悔室"冥思苦想时,大胆地作出了探测这一果敢的决定。对于这点,其他人则一直采取蒙上眼睛,视而不见的态度。

人们认为,庇护十二世在世时,已经根据自己的信念,对此确信无疑了。不幸的是,考古学家还没有来得及向他确认这一真理,他就溘然长逝了。

信念先于科学,这是千真万确的。

05 它是否是耶稣的裹尸布

> 都灵保存的那一块4.36米长，1.10米宽的布料曾经裹过耶稣的身体吗？

公元1898年，意大利报纸向天主教徒们宣布亨伯特①国王的一项决定：5月1日在都灵开幕的神圣艺术博览会上，他将批准把人们习惯称为"耶稣裹尸布"的那块布料公开展出。

要说这一消息轰动了许多人，那肯定是言过其辞了。当时，人们对"耶稣裹尸布"的重视程度十分有限。人们把它看成是散布于基督教民族各地的众多圣物之一，其价值主要决定于各代信徒对它们的崇拜程度，因为信徒们比较注重朴素的信仰，而不大关心考古的真实性。

由萨瓦家族自15世纪中叶以来所保存的耶稣裹尸布到底是件什么物品？那是一块布料，宽1.10米，长4.36米。它放在一个金属箱子里，箱子有几道锁，只有同时得到都灵大主教和萨瓦家族族长的批

---

① 亨伯特(1844—1900)，意大利国王，于1878年继位，后被暗杀。

准,才能打开箱子。而在1898年,萨瓦家族的族长就是意大利国王亨伯特本人。

如果相信传说的话,这块料子就是耶稣的门徒将他从十字架上解下来时,作为裹尸布用来包基督的那块料子。使那些极少有机会观赏这块布料的人感到惊愕的是,布上有一些棕色斑点,其分布"显示出目光可见的两个人体,一个是正面的,一个是反面的,两个人的头是面对面的。"

自这块裹尸布从中世纪在法国出现以来,出现了两个敌对的、有时是激烈对峙的阵营。一些人认为那块裹尸布是原件。他们解释说,那些比较粗大的斑点是血流在布上或汗弄在布上造成的,因为在裹尸时使用了香料,结果对化学反应起了催化作用。

其他人则表示极大的怀疑。他们断言,那些斑点是13世纪的一个画家所为。在中世纪,一位主教不是宣称,他听到过假造者的证词吗?另一位主教不也宣布禁止对这个所谓的圣物进行朝拜吗?一位教皇不是也颁布了一道谕旨,将那块裹尸布降为基督裹尸布的普通复制品吗?

当裹尸布从香槟运到萨瓦时,它有了强有力的保护者。正如人们所写的那样,它又"变成了或又一次变成了真品"。在整个文艺复兴时期和17世纪,成千上万的人长途跋涉前来观赏这块耶稣基督的裹尸布。

但是,裹尸布的狂热信徒们渐渐发现,作为圣物的裹尸布的声望江河日下。1898年展出时的一位同代人悲伤地写道:"都灵耶稣裹尸布的传说的重要意义正在减弱……它被遗忘了。稀少的展出机会似乎是某种超级的预防措施,旨在保护一个不愿强加给现代社会中那些漫不经心或怀有敌意的人们的物品,使其不受论战的伤害……"

这向我们揭示了宣布重新展出消息时的气氛。展出于1898年5月25日至7月2日举行。善男信女们在都灵的圣·约翰教堂里,观赏了放在白色大理石祭台上一个金色框子里的裹尸布。

有一天,在观众当中,来了一位摄影师,他架上三脚架,在两支电灯泡的光线照射下,开始工作。他就是皮亚骑士,他正式负责为这块布料拍摄几张照片,因为人们未见裹尸布已经30年了,而且也不知道哪年哪月才能再看到它。

在强烈的电灯光的照射下,斑点可以看得更清楚。当时在场的人说,那是"近乎蓝色的斑点,轮廓不清,渐渐在布的近黄的底色中消失了"。在斑点上面的某些地方,又有一些斑点重叠,但它们更清楚一些,呈红色,甚至接近玫瑰色。

05　它是否是耶稣的裹尸布

皮亚骑士回到暗室，开始冲洗感光胶片。当然，他很好奇，想知道摄影效果如何。在显影液中，底片的影像逐渐清晰起来。过了一会儿，皮亚骑士就开灯，观察胶片。他吓坏了，他突然发现，他眼前的景象与裹尸布上的粗大斑点毫无共同之处！

裹尸布模糊的形象印在底片上，突然变成了一个人体，特别是出现了一个人的面部。那是一张令人震惊的脸，脸上死的安详与内心的痛苦和庄严肃穆的神情混杂在一起。

皮亚骑士总算弄明白了：裹尸布的迹印是负像。因此，它们不明晰、不清楚。由此可见，他手里拿的是负片的负片，即一张正片。在摄影技术发明之前，除了皮亚骑士以外，任何人从未见过这张令人赞叹的面部。摄影师认为应该得出一个结论。后来，这个结论是这样表达的："耶稣裹尸布是货真价实的某种感光材料，它将耶稣在墓中的身体像底片那样印了下来。"

这些用"感光胶片"洗出的崭新影像是什么样子？人们可以看到两个影像，一个从正面看到的男人和一个从背后看到的男人，两个头是面对面的。

身体的各部分也显得非常清楚：头、肩、胸、腹、手臂、大腿、小腿。这个能唤起人们丰富联想的图像是以近蓝色的负像造成的，上面又多少重叠上更淡的痕迹，在手腕、脚、胸、肋和头部周围更是如此。这些痕迹直接看去是红色。人们可以从中毫不困难地回忆起耶稣在十字架上受难的情景。

人们还可以在布上看到一些对称的斑痕，它们从布料的两面布满了整个胳膊的上部分。这些斑痕恰好就是尚贝里火灾被炭化的那些地方。关于这次火灾的情况，我们下边还要谈到。网眼下的亮点，即底片上的黑点，是那次火灾之后，人们补洞时用的几块白布。

皮亚骑士拍摄的照片发表后，引起了轰动。人们表示钦佩，但也争论不休。人们惊讶，但又怀疑。一场激烈凶猛的论战开始了。有些人甚至发誓说，那位可怜的骑士的照片是伪造的。各家大报纸也抬出科学家进行面对面的决斗。读者们也积极发表赞同或反对意见。

无论如何，耶稣裹尸布争论的敌我双方均承认，在一点上他们是一致的，即自14世纪以来裹尸布的历史。

＊　　　　＊　　　　＊

公元1353年，夏尔尼城的乔弗罗瓦伯爵向他自己建立的特鲁瓦教区下属的利莱教务会,交出一块裹尸布,他自称那就是耶稣的裹尸布。

居民很快闻风向利莱赶来。对于当地居民来说,除了这块布料之外,还有什么圣物更能令人崇敬呢？况且,那块布料上也许还浸有基督的血迹和汗斑。那些主教们,先是普瓦蒂埃城的亨利主教,后来是阿尔西城的皮埃尔主教,被居民的热情所震动；他们埋怨教徒们不理睬特鲁瓦的文物而却一哄而起去利莱,阿尔西城的皮埃尔是一个专横的人,他试图禁止展出裹尸布。夏尔瓦城居民于是向克雷芒七世①控告。这位教皇将控告者一一驳回。他批准进行展出,但条件是向信徒们讲明,那是一块人画的布料。这里要说明的是,阿尔西城的皮埃尔所提到的伪造者的"供词"根本就没有存在过。公元1902年,真品论的反对者们,特别是德梅利先生,宣布将"尽快出版"上述供词。公众一直在等待这些"供词"。

人们指责说,裹尸布上没有圣物的"身份证",即没有印上"真品"字样。当夏尔尼城的马格丽特②将裹尸布送到比利时的奇迈城时,人们向她作了明确的表示。马格丽特因此而失望,于1452年将裹尸布送给萨瓦城的公爵之妻安娜·德·吕西楠。裹尸布被转移到尚贝里城,并成为萨瓦家族的财产,至今如此。萨瓦家族统治意大利,一直到1945年。

人们在尚贝里城为裹尸布专门修建一座教堂,以供展出,而且越来越隆重。编年史学家安托万·拉兰曾断言："为了证明圣物是真品,人们让它经受了非同一般的检验。"人们甚至将裹尸布放在油里和灰汁里煮了好几回,也未能够把布上的斑迹洗掉！我们能相信他的话吗？

公元1532年,裹尸布所在教堂发生火灾,裹尸布差一点被全部烧掉。一滴熔化了的银子将叠起来的布料的一角烧坏,结果烧了两串距离相等的洞,这些洞从照片上看得很清楚。为了灭火而浇在布上的水,在圣物上留下了对称的水渍印。由于巧合,"正要烧到钉死在十字架上的人的痕迹时,火就停止了"。有人称这是奇迹般的巧合。尚贝里的修女虔诚地对裹尸布进行了修补。

经过多次迁移之后,裹尸布于1558年到达都灵。查理·博罗梅奥③来都灵朝拜过它。之后,它被放在圣·让大教堂附属的圣人教堂里。它一直放在那里,

---

① 克雷芒七世,教皇,1523—1534年在位。
② 马格丽特(1430—1482),西西里国王女儿,英国亨利四世之妻。
③ 查理·博罗梅奥(1538—1584),米兰大主教,曾对天主教的改革作出贡献。

但很少展出。最后几次展出是在 1814 年、1815 年、1822 年、1842 年、1868 年、1898 年、1931 年和 1933 年。

我们可以概括如下：人们可以毫不困难地追踪裹尸布自 14 世纪以来的足迹。

但是，这之前呢？

＊　　　　＊　　　　＊

基督当初是被布裹上的，对此，福音书传教士们是毫不含糊的。马太[①]和卢克[②]是这样说的："他（约瑟夫·达里马·蒂）[③]将遗体取下来，用布裹上"。马太还具体指出："那是一块干净的裹尸布。"马克[④]也断定，约瑟夫从皮拉多[⑤]家中出来，就到城里去买裹尸布了。

约翰[⑥]还补充说，为了用布裹尸，人们用了"近 100 磅（32 公斤左右）的没药和芦荟的混合物"。

星期五晚上，人们才将耶稣的遗体运往墓地。安息日的清晨来到了。根据犹太人关于星期六休息的非常严格的规定，修女们应暂停对耶稣的遗体进行最后的整容。卢克说："到了安息日，按照训诫，修女们应当休息。但是，星期的第一天凌晨，修女们来到墓地，将自己准备的香料带来。"马克也这样写道："安息日过去后，玛丽亚·玛德莱娜[⑦]，雅克[⑧]的母亲玛丽亚和撒罗米[⑨]买了香料，涂在耶稣身上。"

星期日一大早，这些修女就拿着香料，向墓地走去。她们发现墓被打开了，而且是空的。她们惊惶逃走。这一切对每个人来说仍记忆犹新。她们向使徒们报告了这一令人无法置信的消息。别人还笑话她们，说她们是发疯了，头脑发热。玛德莱娜再三说明，苦苦哀求，特别是找到彼得和约翰，终于说服了他们。他们迅速向墓地赶去。西蒙·彼得走进坟墓，看见内衣放在地上。而原先曾包在

---

① （圣）马太，耶稣的门徒，十二使徒之一，死于公元 61 年前后。
② （圣）卢克，四大福音书传教士之一，死于公元 70 年前后。
③ 约瑟夫·达里马蒂，耶稣门徒之一，根据传说，是他将耶稣从十字架上取下来安葬的。
④ （圣）马克，四大福音书传教士之一。
⑤ 皮拉多，罗马皇帝提比略在位期间任犹太巡抚，他主持对耶稣的审判并下令钉死耶稣。
⑥ 约翰，即施约翰，耶稣同时代的犹太人。
⑦ 玛丽亚·玛德莱娜，被耶稣感化而皈依天主教的女罪人。
⑧ 雅克，十二使徒之一。
⑨ 撒罗米，犹太公主，生活在公元 1 世纪。她从封王希津·安提帕那里得到允许施洗约翰的头颅。

耶稣头上的裹尸布，却没有同内衣放在一起，而是分开卷起来放在另一处。于是另一使徒（约翰）也走进去。他是第一个到达墓地的人，他看见了，所以他信以为真。

因此，在坟墓里出现了用来包裹耶稣遗体的内衣和裹尸布，这是毋庸置疑的，因为"他看见了并且信以为真"。

使徒们后来是如何处理裹尸布的，就不得而知了。然而，按照普通的逻辑，最初的基督教徒们一定会小心翼翼地保存好耶稣受难的最宝贵的物证。耶稣裹尸布的反对派强调说，犹太人认为所有与死人有过接触的物品都是肮脏的。但是，这里不是死人，而是复活的耶稣。如果说使徒们将裹尸布毁掉，那是不可想象的。

裹尸布的下落如何？

＊　　　　　＊　　　　　＊

公元631年，萨拉戈萨城的主教圣·布劳里昂在一封信中谈到了"用来包天主遗体的裹尸布"。他还补充说："圣书上没有写明人们把裹尸布保存起来了，但是，也不能就此说，相信裹尸布是真品的那些人是出于迷信。"

这样说来，在布劳里昂时代，人们已经知道裹尸布的存在。另一篇资料也指明，圣物当时在耶路撒冷。阿尔古勒弗主教于公元640年前后去耶路撒冷朝圣。他看见了并且吻了吻"天主的裹尸布。在坟墓里，裹尸布是放在天主的头上的"。阿尔古勒弗还具体说明，裹尸布是一块长布料，差不多有8法尺长。

到了公元8世纪，德高望重的撒克逊历史学家比德和圣·约翰·大马塞纳也证实了圣物的存在。

之后，是一片空白。一直到11世纪，仍无任何消息。当人们重新谈起裹尸布时，它已经不在耶路撒冷了，而是在君士坦丁堡。公元1150年，一位英国朝圣者也提到"放在耶稣头上的裹尸布"。公元1171年，蒂尔城的纪尧姆也曾暗示过裹尸布的存在。公元1204年，在第四次十字军东征时，庇卡底省的骑士罗贝尔·德克拉里曾参加攻打君士坦丁堡。他此次旅行之后，留下一份天真但又完全真实可信的纪录。他在书中细致地描绘了他在宫殿里和该城富丽的教堂里所见到的一切财宝。他特别欣赏的是一个真正的十字架的两块木头，一个矛头，两颗钉子，一顶荆冠等等。他是在布拉舍尔纳圣母玛丽亚教堂发现耶稣裹尸布的。"其中有一个布拉尔纳圣母玛丽亚教堂，那里供着用来包天主的裹尸布，每逢星期五就将它展挂起来，人们可以从布上看见天主的面孔和身体上的五个伤口。该城失守时，希腊人与法国人均不知道耶稣裹尸布的下落。"

裹尸布的下落……圣物被盗窃了。在那血腥战斗、每日厮杀、抢劫成性的时刻，某一位骑士或某位武士将裹尸布看成是天赐之物。

意大利博物学家索拉罗神甫曾试图解释裹尸布失踪的原因。他说，虽然十字军官兵洗劫了君士坦丁堡城，但是，他们没有侵犯布拉舍尔纳教堂。这一确凿的事实又由伯爵里昂特在他的《战利品》一书里得到证实："特鲁瓦城主教加尼埃·德特莱耐尔曾参加过远征，他受命保存帝国教堂所珍藏的所有文物。"里昂特伯爵还证实说，德特莱耐尔按照自己的方式进行保管，不需向任何人报告情况。"主教将大量的宝贵文物运到欧洲。人们知道文物清单，但其中没有裹尸布。"假设从这里开始。"加尼埃主教也许将裹尸布保存起来据为己有，也许，他是想亲自将它送到西方。但是，这位主教于公元1205年就死在君士坦丁堡了。这时，也许裹尸布已经成为他手下军官们的非法财产了。上述军官的姓名已为人所知，他们是香槟城的领主，其中至少有一人与夏尔尼城的伯爵的后裔有亲缘关系。也许，裹尸布就这样到了伯爵的家族人手里。"

有人提出另一种解释。公元1208年，即君士坦丁堡被洗劫后的第三年，在贝桑松城发现了一块裹尸布，其特征与罗贝尔·德克拉里所描写的完全一样。该城主教从拉罗什城的弗朗什——孔泰省领主邦斯的手里接受了裹尸布并将其保存起来。邦斯是拉罗什城的一个名叫奥东的人的父亲。无独有偶，这位拉罗什城的奥东恰恰是1204年十字军中勃艮第军的主要指挥官之一。

人们将裹尸布放在贝桑松城的圣·艾蒂安教堂里供奉起来，一直到公元1349年。这一年，教堂发生火灾，裹尸布又再次失踪！

裹尸布怎么又到了夏尔尼城的乔弗罗瓦手中呢？前面曾提到，他在4年后，将裹尸布交给利莱镇的教务会。保尔·维农在他出版的，那本关于"耶稣裹尸布"的成功著作里曾说明，夏尔尼城的乔弗罗瓦是在1346年十字军远征后带回圣物的，因为他参加了那次远征。贝桑松城的裹尸布只是一件赝品，与利莱镇的那块裹尸布毫无共同之处。

继保尔·维农之后，巴尔贝博士也在文章中提到"很有可能，(裹尸布)在贝桑松保存过"。他认为，夏尔尼城的乔弗罗瓦是从菲利普六世[①]那里得到裹尸布

[①] 菲利普六世(1293—1350)，法国国王。

的，而菲利普六世又是从窃贼那儿索回裹尸布的。人们认为，那个窃贼名叫凡尔吉。

这以后，在贝桑松又展出了一块裹尸布，但那是一块手画的布。保尔·维农也指出，艺术家的考虑是摹仿利莱镇的裹尸布上的斑渍。这一复制品的命运不佳，公元1794年，它被国民公会下令销毁。

✻　　　　✻　　　　✻

人们很少面对这样缺乏说服力的历史，也可以说，是相当混乱的历史。

当然，福音书告诉我们，人们是在耶稣复活的山洞里发现耶稣裹尸布的。这是很重要的一点。之后，在许多世纪中，人们多次在耶路撒冷和在君士坦丁堡发现过这一裹尸布。当然，每次均得而复失，它好像是故意失踪了。每失踪一次，人们就去寻找它的踪迹。

这段历史太曲折了，因此，要想以此为基础去证实都灵耶稣裹尸布的真伪，是很困难的，甚至是不可能的。人们可以想象，上述令人遗憾的未知数给真品论的反对者们提供了有分量的证据。

这个反对派中，有两位教会人士：已故的议事司铎骑士和尊敬的布朗神父。

他们的论点可以简单地概括如下：都灵裹尸布的历史根据严重不足。再说，要证明裹尸布留下了鞭笞、荆冠和钉在十字架上的迹印，只有假设耶稣的身体没有洗过。这与犹太人的传统是完全背道而驰的。犹太教的教规甚至允许在安息日为死者尽最后的义务。

更为严重的是，圣·约翰清楚地将包裹耶稣身体的内衣和盖住脸部的裹尸布区分开来。而都灵的裹尸布只有一块，是将整个身体全盖起来，它是从中间一折为二的。

最后，裹尸布上的斑痕还显示出手腕上的伤口。在福音书上，伤口是在手上："你把手指放在这里并看着我的手。"（《福音书》，约翰第二十章第27页）

1940年3月，布朗神父在概括他的论据时，这样写道："有理由认为，那件裹尸布不是人为画成的。但那至少也是用凸起程度较小的模子直接印上去的。"为了证实这一理论，1939年还在世的法国美术协会会员克雷芒曾作过一次试验。他在画家热里科塑像的前后两面涂上芦荟染料，他还给塑像添上了胡须。趁涂料未干，他将一块布料贴在塑像两面，使布料吸进涂料。试验结果后来发表在神学新杂志上。根据裹尸布否定派人的说法，结果与都灵的裹尸布惊人地相似。

都灵的裹尸布究竟是怎么一回事？很有可能是12世纪出于真正卫道的目的而炮制的假货。

那些同样狂热的捍卫者们与否定派针锋相对，他们有时太狂热了，这一点我们后面再谈。自保尔·维农去世之后，真品论的最大代表无疑是巴尔贝医生。

＊　　　　＊　　　　＊

应该听听巴尔贝医生的讲话，我有此幸运。此人身体强壮，目光犀利，说话清楚，充满了从容不迫、不可动摇的信念。他在这样论述时，听众是无法对他表示怀疑的："我的试验是从裹尸布开始的，想看一看那些印迹是否符合解剖学和生理学的真实情况。我是在思想完全独立的情况下进行此项研究的。也就是说，我做好准备，或宣布裹尸布完全是骗局，或承认它真实可信。"

如何对待都灵这块布料的历史上的空白呢？这绝对难不倒他。

他说，所有文物的真实性都是通过文件、官方鉴定书和文物本身带有的"真品"字样来得到证实的。没有上述证明，它们则一文不值。我很想知道，在这些文物中，有多少真品能回溯本源？与此相反，如果世界上只有一件文物——即使它没有任何历史基础——仍然完全确保了它的价值的话，这件文物就是耶稣裹尸布。其原因是，它的真实性的证据是内涵的，它本身就拥有这些证据。

那么，议事司铎骑士和神父布朗的否定意见呢？巴尔贝医生对此毫不介意。还有，耶稣死后清洗身子和犹太教的教规呢？可是，福音书证明，当时，人们没有时间去洗身子！人们只是用芦荟和没药将身子包在裹尸布里，等待安息日过去。星期日早晨，修女们带了香料来涂身子，但是，涂身没有进行。

当然，圣·约翰说明有内衣和裹尸布。但这只是用词问题。事实上，犹太人将尸体用裹尸布包起来时，头和脚都是用带子绑起来的。换一种说法，那就是一件内衣，即福音书中谈到的内衣。

那么，伤口在手腕而不在手掌上，对此又如何解释呢？巴尔贝博士根本不愿讨论这一证据。相反，他认为，这正是说明真实性的一个主要论据。

"反对派"的保留意见就这样被排除了。"赞成派"的头头就自然谈到了他的论据的正面观点。他毫不隐瞒地说，只是靠昂里埃骑士在1931年拍摄的照片，论据方能成立。

人们还回忆得起，有人指责皮亚骑士在他的底片上弄虚作假。所以，应该在无可指责的条件下,重新作一次试验。在1931年展出裹尸布时,昂里埃骑士正式受托拍摄新的照片。

于是昂里埃拍下了12张照片,其中9张照片是把裹尸布从框子里拿下来,放在16000度烛光下拍摄的。另外3张拍的是布料的全景,最大的一张是12×47,在一张40×50的胶片上拍摄的。其他的照片是拍的细节:两个头像,一个为原大小的2/3,另一个与原物大小一样,还有一张是连同上身一起的头。2/3的照片为40×50,一张背像为40×50。昂里埃还将手上的伤口放大7倍,这样就可以分析料子的各个细微部分。最后一张照片是拍的展出全景。

上述每一道工序均是在严格的监督下进行的。一个专家委员会在公证人面前证实,底片没有经过任何涂改。其间接的结果是:皮亚骑士在死后被迫认为是诚实的。

巴尔贝医生拥有非常精确的底片,从而否定了对手的反对意见。他于是以医生和历史学家的身份,开始研究耶稣受难于十字架的问题。让我们同他一起进行研究吧。

＊　　　　＊　　　　＊

事情是这样进行的。拿撒勒的耶稣被交给了那些夺取他生命的人。把耶稣交给他们是为了将他钉死在十字架上。

世上有法律,拿撒勒耶稣应承受这些法律。他毫不抵抗地跟着拖他走的卫兵向前走。他的力量,他的最后力量应用来对付十字架了。但是,他还有力量吗?卡伊夫①审问耶稣之后,祭司们将耶稣交给下贱的侍从们。侍从们将耶稣的头蒙上,然后大笑并殴打他:

"猜一猜,耶稣,告诉我们,打你的是谁!"

彼拉多认为耶稣是一个遵守教规的人,以为只要鞭笞他就可以使他免遭犹太法庭审判。"于是,彼拉多叫人抓住耶稣并用鞭子抽打他。"这位罗马人想,也许这些祭司们这样处罚他就够了。但是,从法律的角度讲,这种处罚往往是处死的必不可少的前奏。

根据资料,鞭笞就在法庭所在地进行。被判刑的人被剥光了衣服,绑在一根柱子上受刑。刑具就是短柄鞭子,柄上面连接着又长又粗的皮条,一般还要在皮条端上拴上铅块或羊骨块。

---

① 卡伊夫,又名约瑟,犹太大祭司,是他处死了耶稣及其使徒的。

05 它是否是耶稣的裹尸布

鞭笞开始。鞭子纷纷落在耶稣身上，落在他的赤裸裸的身上，落在他那被向上捆在柱子上的双臂上。

按照希伯来人的法律，只能抽40下。为了不违反法律，一般只抽39下。皮条39次抽破了皮肤，铅块或骨块39次打进肉里……罗马法律的规定并不那么严格，作出限制只是为了将受审者活着留下来，留下活人好交给刽子手。

鞭子往下抽，贱民们又说又笑。那就是犹太国王吗？如果是国王，他该不该有一顶荆冠？只要用一支荆棘条就能做成。人们给他头上戴上荆冠，用搓揉过的灯心草将荆冠拴住。疼痛，鲜血，鲜血淋漓。

人们将这种状态的耶稣拉到彼拉多面前，彼拉多将浑身颤抖、血肉模糊的耶稣向人民示众。这个人的苦头吃得还不够吗？正是这样。群众希望处死拿撒勒耶稣。于是，彼拉多用这位遵守教规者的血洗手。还是让酷刑按照顺序、按照最古老习惯的严格规定继续下去吧！罗马世界生活在十字架的阴影之下。这是对付开小差者、小偷、反叛者和奴隶的酷刑。在普劳图斯①的作品里，一个奴隶富有哲理地说："我的父亲，祖父，曾祖父，曾曾祖父均以此而告终。"镇压斯巴达克起义时，从卡普亚到罗马的路上，就立有6000个十字架。犹太历史学家约瑟夫也说，在耶路撒冷被围困期间，每天甚至要在十字架上钉死500犹太人。

人们将耶稣的衣服还给他。一件袍子很快被鲜血浸透。十字架在等待他。按照法律，他要背十字架。

准确地说，被判刑者应背的只是十字架的一根柱子，即过一会要横放的那根柱子。而竖着的那部分则一开始就插在受刑地点的土里了。在罗马的埃斯基林山的山坡上，人们可以看到"插在土里的立柱密如树林"。

按照习惯，被处死刑的人应将横柱扛在脖子上。一根横柱重约50公斤……

拿撒勒的耶稣，他能坚持到底吗？50公斤的重量压在这个血肉模糊的身子上，50公斤的重量压在地面的石块扎进肉里的赤脚上。

要到达受刑处，应走约600米的距离。拿撒勒的耶稣摔倒了三次。只好请一位行人帮助他背横木，帮助他爬上各各地山坡。

在那里，一根根竖直的柱子，伸上灰色的天际。柱子不太高。这是出于简单的需要：刽子手们要把横木放在竖柱上，因此竖柱不能超过两米。

---

① 普劳图斯(公元前254年—187年)，罗马喜剧作家。

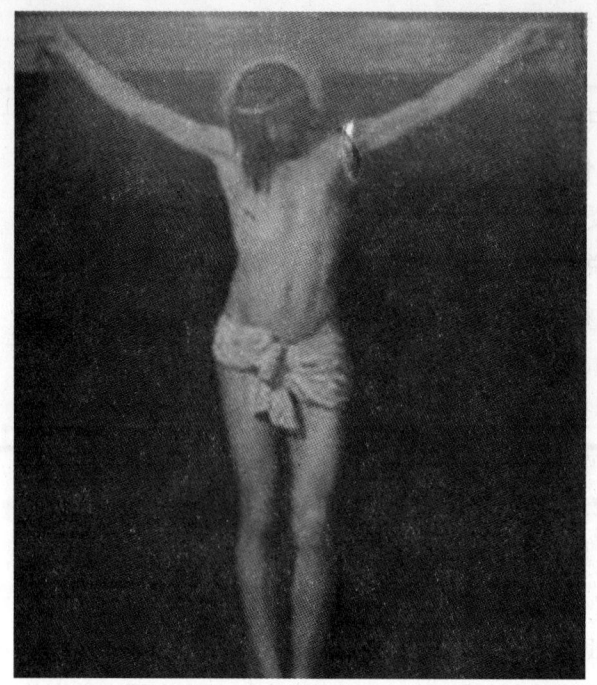

图十二　耶稣受难图

判刑者被粗暴地剥去衣服。袍子从刚刚凝固的伤口上揭下来。疼痛、鲜血，鲜血直淌。

他背靠地，躺在竖柱脚下，肩靠着横木。他的手臂被伸开。人们用准确而迅速的动作，将他的手放在木头上，手掌朝外。一颗钉子，一颗长长的方形尖钉。锤子一敲，一阵剧痛。又敲几下锤子，手就贴在木头上了。

换成另一只胳膊，另一只手，同样的疼痛。

他要自己站起来，他只有靠自己力量起来。此时，刽子手们搬起横木，顺着竖柱向上抬。突然使劲，横木被抬起，固定下来。

身体是悬空的，只有手掌上的钉子支撑着。按照规定，还要钉脚，因为没有任何支撑。人们把他的脚放平。右脚靠木头，左脚靠右脚，一根钉子就足够将两脚钉上。

刽子手们已经完成任务，受刑者的痛苦方才开始。

很长时间以来，一直到最近几年，人们对于被钉在十字架上者的真正死因的争论很大。人们解释说，或因心脏停止跳动，或因流血过多，或因太阳曝晒，或

05 它是否是耶稣的裹尸布

因过度饥渴。

现已查明,被钉在十字架上人的死因是窒息。二战期间,在达豪①进行的可怕试验无可争辩地证实了这一点。

一个人的手被吊起来,过一会儿就会感到可怕的痉挛。痉挛首先从小臂开始,然后到上臂。然后到躯体。各部分痉挛结果,造成"手足搐搦症"。控制吸气的主要肌肉受到刺激,其力量超过控制排气的肌肉,结果气体堆积在肺部而无法排出。

对于受刑者来说,痛苦之处在于,他被迫作出下面可怕的选择:要恢复呼吸,他只好用穿透脚的钉子作为支撑点,使劲挺起身子。脚上的疼痛很快就无法忍受,受刑者只好让手来负担全身重量,一直到窒息之感又迫使他重新挺身。

当受刑者因筋疲力尽,无法再用脚支撑身体时,他就死去了。如果老是死不了,十字架周围的卫兵就砸断受刑者的腿,使他失去任何支撑点。几分钟之后,受刑者就停止呼吸。

拿撒勒的耶稣在十字架上已经喘息3个小时了。他好几次张口说话,他的门徒跪在竖柱脚下,虔诚地聆听了他的讲话。这一切完成之后,他最后一次伸了伸满是鲜血的手,低声说道:"父亲,父亲,你为什么要抛弃我?"他吸了一口气,他忍着极大痛苦吸了这口气,高喊:"一切全结束了"。然后,他又大叫一声。他的身体就像散了架一样,垂了下来。

稍微过了一阵,也许是祭司们听见某些声音,害怕耶稣复活,叫一名士兵用矛扎了尸体的左肋一下,血涌出来,血色是黑的,血里面混有掺杂着颜色稍浅的液体,即心包液。

毫无疑问,拿撒勒的耶稣确实死去了。

*　　　*　　　*

无论是听巴尔贝医生讲话,还是读他的文章,都是令人触目惊心的。他看着昂里埃骑士拍摄的底片,解释说,那块料子是鱼骨人字形麻纺哔叽。在耶稣时代,正好盛行这种纺织业。在叙利亚的古城废墟上,人们曾发掘出类似的哔叽料子。

在这块料子上,巴尔贝医生有了他称之为"惊人"的发现,即所有的血迹全面地证实了我们所了解的关于耶稣受难的情况:

---

① 达豪,德国城市,第二次世界大战期间,纳粹在那里设立了最大的集中营。

图十三　耶稣受难处

"所有的血迹毫无例外地、惊人准确地与解剖学的真实情况相吻合。这是一个缜密的整体,可以说是完全一致的真实性,它形成了一种完全确定无疑的真实情况的预测。"

他很有耐心地,不厌其烦地指出:

一、在面部,有表面擦伤、血肿和挫伤的刨面。那是卡伊夫审判后被鞭打的痕迹。因软骨骨折,鼻子已变形。那可能是棍子猛击的结果。

二、整个身体,从肩部到小腿下部,到处是鞭笞的明显痕迹。所有的伤口都呈相同形状,即"三厘米的哑铃形状"。两个圆形代表了铅块,两个圆形之间的直线是皮条的痕迹。

三、头颅后部有出血的痕迹,前面也有血迹,这"更具有隐蔽性,但也更易辨认"。有四五条血迹走向眼睛,那是荆冠的痕迹。

四、背部和膝部有擦伤,那是背十字架和摔倒的结果。

五、手上有伤口。这些伤口在裹尸布上是出现在手腕部分。巴尔贝医生认为，绝对不可能用手掌来承受整个身体的重量，因为手掌很脆软，会撕破的，应是在手腕部位钉的铁钉，更准确地说，是在腕部。而裹尸布上的伤口恰恰就在腕部。

除此之外，裹尸布最令人吃惊的特征之一，是显示出来的手没有大拇指，或者说看不见大拇指。这一异常现象也使过去许多临摹画家感到意外，他们很多人天真地在画上添上大拇指。巴尔贝医生在这一问题面前也有点迷惑不解。有一天，他在其肌肉组织仍然活着的一名死人的刚刚截断的上肢上，寻找打进铁钉的最佳位置。然后，他在腕部打进一颗铁钉。就在铁钉穿过手心朝上的手掌的软组织部位时，拇指突然抽回，紧贴在手心上了。后来，巴尔贝医生每次进行这一试验时，均产生同一反应。

结论如下：裹尸布不但向我们展示了腕部的伤口，也展示了看不见的也就是紧贴着手掌的大拇指。伪造者能想出这一点来吗？

六、脚上伤口，有一些长条印迹超过了脚印。说明，在横抬尸体时，血继续顺着脚跟往下流淌。

七、心脏部位伤口，右侧有伤痕。

看来，裹尸布确实包过一具尸体，而且这个尸体是钉死在十字架上的。

说到这里，裹尸布的反对派就发言了。他们问：谁能向我们证明，这个死在十字架上的人，就是基督？鞭笞痕迹吗？所有钉死在十字架上的人，在上十字架之前，均要受到鞭笞。背十字架的痕迹？所有被判刑的人都要将十字架背到受刑处。

巴尔贝医生的回答是："只有一个死在十字架上的人戴过荆冠，这个人就是基督。而裹尸布上面确实有荆冠留下的血迹。

*　　　　*　　　　*

如果人们承认裹尸布是真品，还有一个非常重要的问题，即：除了比较容易解释的血迹之外，那些痕迹，那些茶褐色的痕迹是怎样形成的呢？保尔·维农提出了一个非常巧妙的假设：像耶稣裹尸布这样的一块布料，当它浸过芦荟时，再遇到氨水作用，就起了像感光胶片那样的反应。受过百般折磨的人体要排泄尿素，而尿素含有碳酸氨。这样一来，裹尸布就成了耶稣身体的真正感光胶片了。

目前，对于这一解释的争议较大。专家们似乎更倾向于福尔克林格尔先生的说明。他是圣·约瑟夫医院的主任大夫。他认为，可以将裹尸布上的迹印同植物标本集上的痕迹相等对待。植物在标本集上留下痕迹,而且时间越久,痕迹越清楚,即使是植物本身已不复存在,也是一样。

＊　　　　＊　　　　＊

我不能只局限于读巴尔贝医生的文章!

经过很长一段时间,他说服了我。

但是,有一天我遇见皮埃德利埃弗尔教授,他是有名的法医。二战,他曾参加一个独立医生委员会,该委员会曾受托研究过昂里埃的底片。委员会的研究结果完全是否定的。我似乎再次看见皮埃德利埃弗尔教授俯身观察底片。他对我惊呼:

"他们说,那是脚上的血迹,但是,我什么也看不见……这是身体侧面的伤口?那只是一个斑点,同所有的斑点一样,仅此而已。"

"但是,耶稣受难的如此详尽的痕迹呢?"

"他们搞的是先验论。他们的心是好的,这是肯定的。于是他们对自己说,这是耶稣的裹尸布。我们知道耶稣的受难经过,它不是告诉我们说,耶稣的脚被钉穿了吗?那好吧,痕迹在这里!以此类推……"

皮埃德利埃弗尔教授为我提供的下列具体情况,使我发生了最大的动摇:凝固的血不会老是红色的。天长日久,血迹变成黑褐色,几年后,则变成浅绿色了。我对我的谈话者们说,裹尸布上所谓的血迹是鲜艳的胭脂玫瑰红色。皮埃德利埃弗尔教授讲得很干脆:在任何情况下,陈年的血迹不会是玫瑰色。这在物理学上是不可能的。

巴尔贝医生和皮埃德利埃弗尔教授两人之间,究竟谁是正确的呢?

最理想的办法是说服意大利王族同意对裹尸布进行紫外线和红外线的透视,那将是朝解决问题迈了一大步。同位素碳 14 可以确定布料的年代。

教会态度如何?教会没有表态。尊敬的神父布朗是这样写的:"教会当局决不干预这场争论,因为这完全是自由的争论。"

然而,1936 年 9 月 5 日,教皇庇护十一世接见了一些青年人,送给他们一些耶稣裹尸布的图片,并对他们说:

"这是人们能拥有的最富有启发性、最美丽、最宝贵的图片。这些图片来自那个仍十分神秘的物品,但它肯定不是人工画成的(这一点已经可以说是得到了证明),这就是都灵耶稣裹尸布。我们说它神秘,因为它同其他任何圣物都不一样,它身上仍然有好多谜。但是可以肯定,那不是人为的作品。(人们从此可以说,除去任何信仰与基督教虔诚的考虑,事情已经从最积极的方面得到证实了。)

无法更好地概括这一问题了。事实上,似乎可以肯定,一位画家是无法画出这样的痕迹的。也可以证明,无论一位画家如何有天才,也不可能画出完美的底片来。再说,摄影术发明后我们大家才熟悉的底片概念,在8个世纪之前是不可想象的。

不过,伤口的胭脂般的血迹,这一颜色不符合物理学和病历学的概念。

的确,它同其他任何圣物都不一样,"它身上仍有好多谜"。

06 被追认的让一世

> 按历史书正式说法，让一世在位时间是在法国历史上最短的：5天。但是，难道历史就一点也不会被人欺骗？

"喂，鬼老板！"《内斯勒塔》①一书的故事情节，就是随着这一声令人难忘的斥责声开始的。当然，书中的情节也同样令人难忘。这里要讲的故事，很有可能被看成是一出典型的情节剧。故事发生在同一时代，出场人有顽夫路易十世；这个起伏跌宕的故事同亚历山大·仲马和他的临时助手加亚尔代在书中想象出来的令人难以置信的情节相比，也毫不逊色。

故事开始的时候，太年轻、太漂亮、太淫荡的勃艮第省女人玛格里特和她的表妹拉马尔什省女人布朗什都在加亚尔城堡的监狱里，缅怀她们往昔的窃玉偷香的风流韵事，而她们的情夫多尔纳兄弟早已在酷刑中筋断骨裂，永远横尸荒野了。铁面无情的美男子国王菲利

---

① 《内斯勒塔》，法国著名作家大仲马1832年发表的历史小说。小说以王后玛格里特和她的罪恶活动为主要线索。

06 被追认的让一世

普也许正在思考圣殿骑士团①大长老、雅克·德莫桑的最后诅咒。此刻,雅克就在菲利普国王眼前的火上被炙烤并通过劈柴的火苗高声叫喊。但是,一年还没有过去,雅克就在永恒的审判官②面前传讯菲利普国王和他的教父教皇③了。

"……公元1314年,圣—西尔韦斯节还没有到,国王与教皇就应奄奄一息的最后一名圣殿骑士团骑士的可怕的邀请,到最高审判官面前出庭作证了……"

美男子菲利普的长子路易继承父位,世称"路易十世",他特别以外号"顽夫"国王而知名。历史学家们津津乐道地说,他当时年方24岁,"其智商远在其年龄之下"。朝政使他厌烦,再说,他对此也所知甚少。他最高兴的是进行激烈的运动,如网球。他对此十分擅长。除此之外,他还毫无顾忌地追逐女人,漂亮与否,均纳之不误。当他还是王储时,他满不在乎地只对一个女人不感兴趣,那就是他自己的夫人、勃艮第省女人玛格里特。这一错误并没有给他带来好运。有一天,路易的妹妹、英国王后伊萨贝尔在巴黎访问期间,在多尔纳骑士兄弟二人的腰带上,发现两个钱袋。她清楚地记得,那是她亲手送给她的两位嫂子玛格里特和布朗什两人的礼物。于是她将事情报告了她的父亲、美男子国王菲利普。接着进行调查的结果对国王儿子们的名声极为不利。多尔纳兄弟乃是玛格里特和布朗什的不折不扣的情夫。布朗什的妹妹、玛格里特的表妹让娜乐意为此作证,其实她当初也是他们幽会的同谋。

美男子菲利普铁面无情,决定严惩犯人。当那两位骑士受到长时间的、别出心裁的酷刑折磨时,三位王妃也被剃光了头,押上用黑布遮住的四轮马车,送到最可怕的莱桑德利镇的加亚尔城堡。在那里,玛格里特和布朗什被关押在人们故意挑选的最偏僻、最黑暗、最潮湿的牢房里,而让娜则被送进了修道院。

这样一来,造成了一个耐人寻味的事实,顽夫路易十世在他登基的同时,他的妻子、法律上的王后,却身陷囹圄。

勃艮第省女人玛格里特为丈夫生了一个女儿:小王妃让娜。可是路易十世却想要一个儿子。他想到续弦,他想找一个富有的王妃,因为伟大的美男子国王已经可悲地将国库挥霍殆尽。路易十世向匈牙利女人克莱蒙斯求婚并获准娶她。她是那不勒斯国王罗伯特的侄女,匈牙利国王查尔·罗伯特的妹妹。

---

① 圣骑士团,为保护耶稣的墓,中世纪在耶路撒冷成立的宗教团体。
② 永恒审判官,即上帝。
③ 菲利普国王与教皇克莱门五世于1314年处死圣骑士团领袖雅克·德莫莱,但就在同一年,他们二人也相继去世。

图十四 路易十世(1289—1316)

人们还想起勃艮第省女人玛格里特时,克莱蒙斯已经向法国进发了。尽管玛格里特的牢房特别潮湿,有害于健康,但她居然活了下来,说明她的脾气非常执拗。公元1315年4月,她明明活得好好的,却突然一命呜呼。她的死因却从来没有被清楚地解释过。大家都能接受的看法是,路易十世叫人用两张床单将那个在上帝面前仍然是他的正宫王后的女人给闷死了。这样,他就可以安安稳稳地迎接新王后克莱蒙斯了。她应该赶快到来。亨利·马丹①指出,顽夫国王此时急切等待他第二个王后的嫁妆,来应付他的加冕礼的开支。

婚礼大典于1315年7月在香槟省特鲁瓦城附近的圣·利埃城堡举行。加冕礼则于同年8月15日在兰斯城举行。所幸嫁妆及时送到。

一年还没有到,王国惊恐地获悉一条最令人意外、最令人悲哀的消息:1316年7月5日,路易十世又像过去那样,发疯地从事他所酷爱的体育活动。这一天天气很热,国王想休息,他汗水淋淋,感到口很渴。他走下一个地窖,"毫不克制地喝了大量的凉葡萄酒"。过了一会儿,他就肚子疼得弯下了腰,肠胃绞痛难禁。大家把他抬到床上。此时,他已经气息奄奄了。当时还不存在医学,没来得及采取任何急救措施,他就一命归天了。

人们小心翼翼地向克莱蒙斯说,她已成寡妇了。因为年轻妇人已经怀孕,所以要格外谨慎小心。

*   *   *

在顽夫国王十世短暂的在位期间,他的舅舅,夏尔·德·瓦鲁瓦伯爵对他施加了决定性的影响。当国王完全无用时,当然得有一个人出来掌管朝政。路易驾崩之后,夏尔·德·瓦鲁瓦在外甥媳妇面前以慈祥的保护者自居。当路易十世的弟弟、普瓦蒂埃城的伯爵、长人菲利普②以王位推定继承人的身份,快马加鞭从里昂赶到时,是夏尔告诉他,他的嫂子已有身孕。只要孩子未生出来,只要还不知道孩子的性别,就无法对王位继承问题作出最后裁决。

于是召集王国的大封建领主、高贵的男爵和骑士们开会。这个特别大会授予普瓦蒂埃城的菲利普"法兰西王国太傅"头衔。如果王后生了儿子,伯爵将负责"王国监护"任务,直到国王达到自己亲政的年龄为止。如果生的是女孩,伯爵就被公认为国王。当然,他事先要保证扶养公主和安排王后的未来。

---

① 亨利·马丹(1810—1883),法国历史学家。
② 长人菲利普(1294—1322),法国国王,1316年继位,因身材高大得此绰号。

1316年11月15日，阵痛开始了。可以想象，群臣们多么焦躁不安。克莱蒙斯王后生下一儿子，名叫让，人民欢呼这一喜讯。可惜，法国第四十七代国王让一世在位不到一周，准确地说，从1316年11月15日星期一、即他出生的日子起，到11月19日星期五、即他去世的日子止。达尼埃尔教授说，国王的头衔是孩子"生下来就具有的，而且在证书宝鉴的几份文件里也写明了的"。官方的编年史称他为被追认的国王。他的叔叔，也就是他的继承人，开始的普瓦蒂埃伯爵，后来的长人菲利普五世，按国王礼仪为他举行了葬礼。他被安葬在圣·德尼。

　　人们为这个仅活了4天的孩子遗体修建了一座陵墓。历史学家雅克·德施马克尔对我们描绘说，那是"人们能见到的最令人动心的陵墓之一"。墓的外形为"孩子国王，他头戴一顶王冠，脚下有一头狮子。那是国王权威的象征。他的遗体就安放在他父亲的遗体旁边，盛在一个镶上铅板的石槽里"。

　　在革命①时期，他的遗骨同其他国王的遗骨一起，给扔到一个公共墓坑里。在复辟王朝②时期，人们又将他们的遗骸搜集起来，放在两个墓穴里，上面盖上黑色大理石的牌子。在一块大理石上，写着："让一世，1316年驾崩，终寿4天。"

　　这一行字能说明历史的真相吗？

＊　　　　＊　　　　＊

　　让一世死后40年，法兰西王国度过的是凄惨的岁月。在普瓦蒂埃，国王让二世，号称"善人"，在黑王子③的英国人面前遭惨败，他自己被俘，法国骑兵团的精锐部队13000人则横尸战场。

　　1356年末，在意大利名城锡耶纳出现了一个奇怪的场面。普瓦蒂埃的噩耗刚刚传到那里。显而易见，锡耶纳人都在谈论这个如此严重又如此意外的事件。在街头巷尾，人们议论纷纷。在广场上，修士巴泰勒米正在发表激烈演说，结果一群人聚集在他周围听他演讲。他说了些什么？他说的是：显而易见，不幸的法兰西王国经受的灾祸是上天的惩罚。为什么上帝要这样处罚法兰西？因为统治法兰西的亲王们篡夺了王位。

　　锡耶纳人皆为惊倒。多明我教会的修士说的"篡夺"是什么意思？巴泰勒米修士又说：顽夫路易十世的儿子没有死！在圣·德尼安葬的尸体并不是小国王

---

① 革命，即1789年爆发的法国资产阶级大革命。
② 复辟王朝，指1815年开始的波旁王朝。
③ 黑王子（1330—1376），即英国爱德华三世。

06 被追认的让一世

的遗体,而是在最后一刻、即当人们得知普瓦蒂埃伯爵,长人菲利普的岳母、母夜叉马欧·达尔图瓦正在策划不可告人的计划时,人们临时替换的一个孩子的尸体。此时,惊诧很快变成了呼喊。马欧·达尔图瓦设法让克莱蒙斯王后同意由她将孩子向人民和大人物出示。仪式后的当天夜里,孩子就死去了。马欧有所不知的是,她犯下了一个无谓的罪行,真正的国王还活着……

说到此时,巴泰勒米修士的语调十分庄重。他当着兴奋的人群高声说:"他还活着!"他又向激动得发狂的人群补充说,"国王让不但还活着,而且他就在锡耶纳!"

多明我教会的修士一点也没有言过其词,法国的让一世,或者说至少有一个自称是让一世的人,确实在锡耶纳。此时,锡耶纳的大主教和该镇对于这一非同小可的意外事件也十分关切。于是人们将"国王"请来,听取了他的叙述,研究了他出示的文件。然而,镇上的领主们和主教产生了一种奇怪的感情,这种感情比困惑还要复杂得多。

"让一世"的表现绝不言过其实,他很潇洒大方。从他嘴里说出来的话具有使人震惊,使人迷惘的力量。从总体上来看,他的说法是可信的。如果你认为某一故事尚合情理,你就离承认这一故事不远了。

"国王"称,他的童年是在诺曼底,在一位名叫玛丽的女人身边度过的。她是贵族骑士,卡尔西的领主皮卡尔的千金。他平时叫她妈妈。当时10岁时,一个名叫久克肖的意大利人来到卡尔西。这个人自称是他的父亲,把他带到意大利的锡耶纳。自那以后,孩子就听别人叫他为詹尼诺。他的父亲在1340年死于坎帕尼亚的塞龙,那时他只有24岁。在后来的岁月里,他记不起有什么重大的事情发生。1354年9月,他接到罗马元老院议员尼科拉·德里安吉的一封信,后者邀请他前去谈话。尼科拉·德里安吉是"罗马人民的骑士、卓越的元老院议员、居民代表、上尉、圣城的保卫者"。他的身份太重要了,所以,詹尼诺无法推却这一邀请。这一时期,教皇们住在阿维尼翁,尼科拉·德里安吉是第二次担任教廷驻罗马的代表。事实上,他是为教皇英诺森六世而主管该城,这之前,他曾在教皇克莱芒六世管辖下出任过罗马城的行政长官。

这一次会见非常关键。是尼科拉·德里安吉在会见时向詹尼诺透露,他不是别人,正是国王让一世。他是怎么得知这一秘密的呢?玛丽·德卡尔西知道自己快不行了,把心中的秘密告诉了为她进行忏悔的若尔当修士。她还委托若尔当修士将国王出身的证明文件交给国王,而这位国王过去一直以为自己是玛丽·德卡尔西的儿子。

"玛丽女士"于 1345 年 6 月去世。此时,若尔当修士也年事已高而且身有残疾。于是他委托另一名僧侣安托万修士去意大利寻找"国王"。

安托万修士到达意大利后,便同尼科拉·德里安吉取得了联系,将自己知道的所有情况统统告诉给他。这位元老院议员马上进行调查。无论从哪个角度讲,调查结果都是肯定的。德里安吉"坚信太子被寄养在锡耶纳并在那里长大……但他自己以为是久克肖的儿子"。于是尼科拉·德里安吉宣布召见詹尼诺,并于 1354 年 10 月 2 日会见了他。德里安吉长时间地询问他的情况。这次询问起了决定性作用。10 月 4 日,德里安吉承认詹尼诺为"国王让",并且为他复制了一份若尔当修士和安托万修士的信件的抄件,他同时还写下了他自己的肯定意见。

在詹尼诺离开罗马城时,他发现该城正"蠢蠢欲动"。尼科拉·德里安吉赶走了权力过分膨胀的贵族们,镇压了匪盗,关押了捣乱分子。一句话,他在一个通常处于无政府状态中的城市,建立了秩序。他梦想实现一项宏伟的计划:将四分五裂的意大利各个小国统一成一个强大的共和国,而罗马将是这个共和国的首都。

德里安吉的敌人在罗马举行暴动。1354 年 10 月 8 日,这位元老院议员被杀害。

那是他承认法国国王让一世之后的第四天。

＊　　　　＊　　　　＊

锡耶纳居民兴高采烈。主教已经正式地受理詹尼诺案子。共和国委员会亦颁布法令,宣布久克肖的所谓儿子从此被承认是法国的真正国王。亨利·德·塞尔维纳说明"人们给他派了一名卫兵,给他年金,让他参加某一委员会,并向他保证,锡耶纳国将正式支持他"。

对于一直默默无闻地活到 40 岁的詹尼诺来说,这真是平步青云!他是自己陶醉了还是害怕了?不得而知。也许,他的个人感情已经是第二位了。事情已经闹大。从那时起,不管詹尼诺情愿与否,他的生活已经政治化了。以后更多的是各种事件推动他往前走而不是他推动各种事件往前走。

随着锡耶纳的胜利,接踵而来的是失效。该城的商人与法国做生意。他们政府的这种冒险立场不正是会把让二世的臣民夺走吗？在这种情况下,怎么去做买卖呢？这位让一世也许真是法国的合法国王。但是,他的财源在何处？商人们再三呼吁,结果锡耶纳作出的支持詹尼诺的法令终于被废除了。

再去过庶民生活？再变成过去的詹尼诺？"国王"对此根本不愿去想。他似乎从内心深处坚信他的事业是正义的,他是圣洁的,因此他对于自己肩负的神圣责任是当仁不让的。他出发去威尼斯,见到了一个叫达尼埃尔的皈依天主教的犹太人,向他出示了自己的"证据"。达尼埃尔相信他吗？实际情况是,后者将让一世介绍给一个以色列财团。经过会谈,他们制定出一项计划。让一世作出某些许诺之后,收到一大笔钱,这使他可以召募起一支军队。在那个时代,一个勇敢人加上一支精锐部队,又有什么事情不能干呢？

让一世这样装备起来之后,便投靠到匈牙利国王路易一世那里去。路易一世是他母亲,匈牙利女人克莱蒙斯的侄子。"经过长时间的谈话和重要的交涉",匈牙利国王承认了他。吉罗拉莫·吉格曾写过一部关于锡耶纳城的优秀编年史,其资料是以该城的档案为基础的。那本书名叫《锡耶纳日记》。书中说,1359年5月15日,匈牙利国王路易向欧洲所有的亲王写信,向他们推荐他的侄子让。这里,"侄子"这一称呼应理解成一种尊称,因他本来应该写成"表弟"才对,这一承认成为让一世奇特的经历中最令人迷惑不解的疑点,毫无疑问,匈牙利的国王绝不会轻率地做出这一决定的。那么究竟是怎么一回事呢？

让一世得到道义上不可估量的支持,又因得到威尼斯人的资金而阔气起来,当让二世因被英国人俘虏而使王位空缺时,他自然要去征服这一宝座了。

他率领军队进入普罗旺斯,他号称"法国人之国王"。他的目标是向阿维尼翁进军,去取得英诺森六世和红衣主教团的支持。

教皇对此作何反应？按照逻辑,他的亲信尼科拉·德里安吉一定会说服他,使他对此坚信不疑。但是实际情况却不是这样。英诺森六世在1361年3月,即他出任教皇的第九年,给国王路易和王后那不勒斯人让娜写了一封信,谈到在法国出现一个名叫让的人,他来自锡耶纳,手下有一支强大部队,自称是法国国王。教皇还说得更清楚,他写道:"这个人得了新型疯癫症,他冒险成性但又可笑之至,他胆敢并且继续通过大言不惭的讲话和冒险行为来自封为法国国王。"

结果如何？善人让①和那不勒斯女人让娜的军队一致行动,正面迎击"冒险

---

① 善人让,即法国国王让二世,外号"善人"。

分子"。詹尼诺被打败了,他本人被俘,后越狱逃走了,但又被捉回来。他在严密的看守之下,被押送到那不勒斯。

他的俘虏生活似乎并不太艰苦。他在监狱里接待了许多来访者。人们断言,塔朗城的路易来同他谈话并承认了他。他总是那么和蔼而又耐心地接待朋友和好奇者。1363年,他去世了。他临终前守在他身旁的人,均异口同声地说:"这个人确实是国王。"

＊　　　　＊　　　　＊

二战前我们有一支歌,歌词说,在大道上,"总会有平行交叉口"。我们也可以说,在历史的谜海中,经常会有取而代之的现象……

在詹尼诺的历史中,人们对于下列种种罗曼史的习惯构成,很难不产生怀疑,来历不明的马车,替换者之死,小国王在秘密之处长大,假母亲在临终床前吐露真言,元老院议员向詹尼诺透露情况。

当然还有某些有利的因素:锡耶纳主教与市政府的承认,特别是匈牙利路易国王的承认。

但是,詹尼诺的自述是怎么回事?对它如何评价呢?要回答这一问题,我们现在应该谈一谈某份文件。这是此事件中最令人吃惊的文件。可以说,正是这份文件才使得这位锡耶纳的王位觊觎者的经历变得有意义起来。那份文件是手稿鉴别家塔巴里于1842年在巴黎拍卖朗贝尔蒂先生的选集时,所搜集到的一份证书。这一契据是作为皮科洛米尼家族的原始证件而颁发的。不过,这份文件由尼科拉·德里安吉签署,文件竟把让一世看成是被追认的国王!那份文件叫"德里安吉证书",真是太重要了,所以一定要译出来一飨读者,因为它们将有助于读者形成明确的意见。

＊　　　　＊　　　　＊

尼科拉·德里安吉证书

以基督之名义,立据如下:

本声明之内容,旨在列举所有事实,俾证明国王路易与克莱蒙斯王后之子出生后即被替换。上述国王路易为美男子菲利普之子。后者有三子一女:女名伊萨贝尔,后与英王结为伉俪,为国王爱德华之生母。爱德华国王曾同法国人

06 被追认的让一世

进行大规模战争,到目前为止,战火仍未停息。爱德华三子中,长子名路易,次子名菲利普,外号长人,三子名夏尔。三位亲王先后继承王位,王冠亦从一人易至另一人。上述三位君王仅留男性后裔一人,即路易国王之子。诸君将会发现,国王路易之子后被他人替换。瓦鲁瓦·德普利普王爷继承法国王位,因众人误以为国王路易之子已不在人世。上帝恩赐王后一子,名让,由阿图瓦伯爵夫人置于圣水器中进行洗礼,伯爵夫人怀恨王位继承人让,力图置让于死地,俾其女婿、长人菲利普王爷合法登上法国王座。伯爵夫人遂散布流言,曰婴孩出生后体弱多病,其寿命屈指可数。伯爵夫人意在秘密处死婴孩。为此,使舆论先知婴孩寿命不长至关重要。幼婴万一夭折,无人感觉意外,亦无人会遭指控。

此时,王后之二位警官男爵已派人寻觅可养育男婴之贵妇,并在某处修道院发现名玛丽之贵妇。玛丽乃卡尔西王爷、贵族骑士皮卡尔之女。玛丽女士刚产下一子,其夫为托斯卡人氏,名古丘斯·米里。吉丘里系外籍男子,年方二十,素隐居于卡尔西城附近之内夫尔——维约城堡,但被亲戚斯皮内尔·德托洛梅伊扣为人质。古丘斯·米里与玛丽女士及其二位兄弟过从甚密,兄弟二人名皮埃尔与雅诺克特。三人时而同猎,在城堡四周张网捕兽。四人感情日笃,兄弟二人待古丘斯亲如手足,不时设家宴款待。其结果,古丘斯如醉如痴爱上玛丽女士。玛丽亦以桃李相投。玛丽女士15岁时丧父,古丘斯为其雇一侍女并赠戒指以表信誓。古丘斯瞒过兄弟二人及其母亲埃利贝尔夫人,暗地娶玛丽为妻并与其同居。数月后,玛丽产一子,取名扬尼努斯。王后警官发现幼婴为男性,遂下令夜间将玛丽女士与男婴一并劫走。警官将玛丽女士径直带到王后房中,令其侍候国王之子即国王本人,因男婴即国王。为庆祝幼王诞生,诸侯与骑士大张宴席并下令十日或二十日后,将幼婴向王国诸侯、显贵与百姓出示,以接受臣民欢呼朝拜。此间,女士即阿图瓦伯爵夫人恳求王后克莱蒙斯恩准将幼王向领主与百姓出示。王后应允。然而,负责看护幼王之警官早已怀疑伯爵夫人对幼王图谋不轨,担心伯爵夫人将幼王抱在怀中时将其处死。于是,二位警官决定,庆典之日先将古丘斯与玛丽女士所生之子裹上绣有国王徽记之毛毯,头戴王冠,向众人出示,避而不将幼王向百姓出示。万一发生谋杀事件,则死者将为古丘斯之子,幼王则安然无恙。此计划遂按步实施。古丘斯之子果然于庆典后之夜间死去。众人猜测,或伯爵夫人用力将幼王窒息而亡,或将砒霜置幼婴舌尖。且不论杀婴之罪如何犯下,幼婴已死无疑。

二位男爵心急如焚，担心幼王出现意外。事后，二位男爵暗忖："吾辈早已看透阿图瓦伯爵夫人与菲利普王爷之阴谋，杀死幼婴定为二人所为。幸苍天有眼，阴谋并未得逞。吾辈须尽全力保护幼王之生命安全。"二位男爵拜谒玛丽女士，告知其幼子已死与二人如何行动及行动之理由。玛丽女士听罢，号啕痛哭，泪如雨下。二位男爵安慰曰："你尚年轻，以后定多子，对外人务必声称死者为幼王而非你之子。如此这般，吾主即你主方能纾难。汝须秘密扶养幼王，如同你亲子一般，直至你被告知公布真相时为止。此刻，你将为王国最伟大之夫人，你之子与你之家族定安享荣华富贵。你若另行其事，吾辈即你之主人将有生命之虞。你将失去亲子与主人，吾辈之生命亦危在旦夕。"玛丽女士身不由己，只得听命二位男爵。玛丽女士逢人便涕泪俱下，恸哭国王一命归天。王宫与诸侯闻此噩耗，痛不欲生，但也无人深究国主死因。菲利普王爷与阿图瓦伯爵夫人本应为此而遭追究。二人窃喜此不幸事件乃天赐良机。此外，二人深知幼婴之死应归罪于何人。王后克莱蒙斯因分娩之苦而十分虚弱，玉体尚未康复。王后对所发生之事件，仅从他人只言片语中略知一二，但亦确信所产男婴已死。王后进住法国宫廷后，固然享尽荣华富贵，但知情人玛丽女士与二位男爵却并未将隐情告知王后，因幼王被人对换之后，众人十分惧怕法国掌权者。总而言之，古丘斯之子顶替国王殉葬，其陵墓上竖有一墓碑，此碑与其他国王之墓碑无异。之后，二位男爵鞠躬尽瘁辅佐幼王，将玛丽女士与幼婴秘密接回修道院并扬言该幼婴为玛丽女士之子。

若干年之后，玛丽女士携男婴离修道院至卡尔西，并在该城与兄弟二人同住。玛丽女士只嫁古丘斯一人，而古丘斯只娶玛丽一人为妻。男孩长到9岁时，古丘斯返回巴黎，误以为少年为其亲生子，派人四处寻找并想留在身边若干时间。玛丽女士未曾预料古丘斯会将男孩带至遥远异国，故同意古丘斯将男孩带走。古丘斯立即送男孩至锡耶纳城。自此，玛丽女士未再见其子。玛丽女士对其子之安全十分关注，加上对王国权臣十分惧怕，临终前方说出心中多年隐秘。玛丽女士早有预感其子可能早逝或被送至遥远之处，再也无法找回。玛丽女士一直清贫如洗，虔诚如初，直至上帝呼唤之日为止。玛丽女士死前唤吾至其榻边。吾，玛丽女士之弟若尔当，出生于西班牙，为圣·奥古斯坦隐士会之会员，家居卡尔西城堡附近之修道院内。吾聆听玛丽女士忏悔。玛丽女士在忏悔中向吾叙述以上事实。公元1345年6月，玛丽女士溘然而逝。葬于该修道院内。玛丽

06 被追认的让一世

女士临终前嘱咐,待其死后,定要派人寻找其子下落。按照推算,其子年龄应在二十六岁至二十八岁之间,如伊尚在人世,吾将告知上述事实,使其了解本人之出身,因按照王国之法律,王位非伊莫属。

玛丽女士仙逝后,吾设法探明古丘斯下落。吾素坚信,一俟找到古丘斯,定能找到自诩为其子之人。吾获悉,古丘斯于公元1340年在坎帕尼亚之塞隆城去世。因惧怕法国执政王菲利普·德·瓦鲁瓦,数年之中吾未敢轻举妄动,对于应采取之步骤,亦犹豫不决。其一,因未尽全力寻觅失踪孩子而受良心责备,其二,王国权臣可能采取之报复措施亦使吾不寒而栗。虽然吾有责任前去探听消息,也只好作罢。吾更担心闹出丑闻,对吾之组织造成危害。此考虑对吾造成之压力大于吾内心所经受之痛苦。每过一年,吾良心则警告:汝有生之年不长矣!鉴于上述考虑所造成之折磨,吾终于决定:宁愿危及个人与组织安全,岂能听凭伟大而合法亲王之权利因坐失良机而无法实现!岂能听凭法兰西王室因中人奸计,失去真主而永远沉沦于受人奴役之地位!即使采取此手段者不乏好意,其结果仍使赤贫如洗、遭人遗弃之亲王黯然失色。况且,自此命中注定之冒名顶替事件发生后,法兰西王国鼠疫蔓延,内讧与兵燹连年不断。

为使上帝垂顾,尽早结束法国人之灾难,结束可与法国名符其实之君主齐辉之亲王之穷困潦倒状态,伸张正义,替天行道,吾决定将所知有关亲王之一切公布于世。上帝隐藏此亲王如此长久,旨在时机成熟时使其露面,俾普天之下恢复秩序与和平,夺回海外圣地耶路撒冷。而此项殊荣非伊莫属。吾年事已高,行动迟缓,步履维艰,特委托多次去过罗马、心灵圣洁、土生土长之法国人安托万修士前往意大利,探明亲王情况,将其出生之秘密告知本人。吾现将玛丽女士之遗嘱抄件交予此虔诚修士,伊小心收下并发誓竭尽全力完成此项使命。安托万修士于公元1354年离开卡尔西修道院,前往意大利。伊将巧妙而又谨慎打探消息。

安托万修士抵韦内里斯港后,身染重病,滞留不前,此乃上帝旨意也。修士暗忖,死期将至,尚未获得所需之消息,心中痛苦万分。修士不知应将使命托付何人,担心无法找到愿为此赴汤蹈火者。修士更为担忧者,乃法国真王君主显身之前,便与世长辞。幸好,修士此间得知罗马百姓之行政长官尼古拉领主重掌大权。传闻此人通情达理,多谋善断。修士认为应将上述情况向尼古拉报告,将事情来龙去脉写明呈上。修士照此办理。

吾，尼古拉，有幸沐浴教廷之恩典，罗马百姓之骑士、元老院著名议员、居民代表、上尉军官、圣城保卫者，于公元1354年9月6日收到上述文件，经认真研究文件内容，充分领悟其精神后，完全相信文件之真实性，承认法兰西王国出现连年大规模战事与无数天灾乃上帝之判决与意愿，旨在惩罚众人欺君之罪。为此，国王被摈斥于国土之外，在屈辱与贫困中偷生。吾曾多方努力以不负所受之托，通过最秘密可靠之渠道探听消息，确信亲王不幸被劫持，后在锡耶纳城中长大，化名扬尼努斯·德·古丘斯。其本人也自认是古丘斯之子。扬尼努斯于公元1354年10月2日瞻礼五①与吾会见。吾先询问其年龄、生活状况、姓氏、父亲情况以及所有应了解之情况，然后方告知邀请其前来之原因。吾感觉伊之叙述与信中所言相吻合。吾对此确认后，按其应享有之礼仪，向其说明事件始末。鉴于得知有人在罗马对吾策划阴谋；鉴于吾担心与世长辞之前能否开始恢复王位之伟业，特请人誊抄上述文件一份，并于公元1354年10月4日星期六亲手交付扬尼努斯。抄件上已事先盖好吾之印章，印章为一大星，其周围布有八小星，中间为一圆圈，圈里为教廷与罗马百姓之徽记，以证明本件完全属实，意在让天下善男信女了解上述事实真相。祈祷大慈大悲耶稣基督保佑吾长寿以伸张正义。

此据

*　　　　*　　　　*

以上是尼古拉·德里恩齐证书。

人们能肯定此文件是真的吗？专家们说，文件写在羊皮纸上，日期为1354年10月4日，即德里恩齐去世前四天。字体是14世纪的哥特体意大利文，印章给撕掉了，某些字也同时给撕掉了。

一切都归结到这个证书上。它是真的吗？看来，很有可能让一世与詹尼诺是同一个人。证书是伪造的？如果那样，可怜的詹尼诺所提出的要求就没有坚实的基础了。

一位现代历史学家，历代王族问题的专家拉乌尔德瓦朗大胆地得出以下结论："我们可以说，尽管看起来多么叫人震惊，很有可能，甚至可以肯定，詹尼诺就是法国顽夫国王路易十世之子。"

请读者自己作出判断。

---

① 瞻礼五，按古罗马历法，即星期四。

07 莎士比亚真是伟大的戏剧家吗？

> 生存还是毁灭，哈姆雷特①这个问题也适用于莎士比亚本人。

在1914年大战的前几年，在伦敦的卡农伯雷古塔里，出现了奇怪的场面。

一个女人在塔的大房间里，全神贯注地去探测房间的墙。那几面墙是由50张木板组成的。她十分仔细地研究每块板子被敲打时的反响。

突然，一张木板移动了位置，滑到旁边的那张木板下面去了。那个女人高兴得叫了起来。她用了足足20年的时间进行研究，才等来这一时刻。

这个女人是盖洛普夫人。她是美国人，也是世界上最卓越的密码学家之一。她刚刚在卡农伯雷塔发现的情况，证实了她长期以来所坚持一个理论，这一发现使盖洛普夫人最终证实，杰出的戏剧家威廉·

---

① 哈姆雷特，莎士比亚名剧《哈姆雷特》中的主人公。"生存还是毁灭，这是一个值得考虑的问题"，为剧中哈姆雷特的独白，后来成为名句。

莎士比亚并不是他的作品的作者。盖洛普夫人还认为，这一发现还证明，莎士比亚剧目的真正作者是弗朗西斯·培根。

＊　　　　＊　　　　＊

在16世纪和17世纪，在英国曾有一位名叫威廉·莎士比亚的人。他是约翰·莎士比亚的儿子，1564年生于沃威克省的埃文河畔斯特拉特福。这位莎士比亚后来成为演员，他本人还主持过一个剧团和管理过一座剧院。这些均是已经得到证实的历史事实，是任何人也不能否认的。

但是，要说演员莎士比亚写过一些剧本，写过悲剧和喜剧，这些剧本名叫《麦克佩斯》、《奥赛罗》、《哈姆雷特》、《李尔王》，分歧就产生了。上述杰作似乎不容争辩地一律归在人们称之为"伟大的威尔"①的名下，这也是斯特拉特福派的论点。

人们知道，对于任何理论，总有人提出相反的论点。莎士比亚"案子"就证明了这一公理。多少年代、多少世纪以来，某些奇特的情况引起了研究人员的注意。这些奇特的情况均产生于一个简单的现实：人们对威廉·莎士比亚所知甚少，说得更准确一点，几乎毫无所知。

我们只能粗线条地勾画出他的生平。他父亲是农民，因其农场濒于破产，他16岁时就被送去当学徒。当他18岁时，他娶了一个比他大8岁的女人安妮·哈撒韦为妻。6个月后，她为他生下一个女儿，三年后，又生下一对孪生男孩。在这些岁月里，莎士比亚似乎是在赤贫中度过的。公元1585年，因违禁狩猎，他遭到法律追究。他逃离斯特拉特福，步行到了伦敦，加入一演员剧团。在那里，他很快就出人头地。他在古老的幕帘剧院、玫瑰剧院、环球剧院演出。他名声日噪，因此，就大胆地领导起一个剧团来，而且不久他本人也开始"提供"剧本。

在这一段时间里，这些剧本只是古代作品和传统剧目的"翻版"。但是，这位剧团团长兼演员却胆子越来越大，他居然以他的名义上演一些未发表的作品。第一个署名"莎士比亚"的剧目似乎是在1591年上演的。那是一出喜剧，名叫《爱的徒劳》。一位杰出的剧评家对此评论说："剧本洞察了当时社会的习俗"，"其中不乏对现代历史事件的影射"。

在20年当中，莎士比亚"生产"了上述剧本，这些剧本形成了一个整体，成为人类遗产中最纯洁的一部分。他上演第一部剧本时，才27岁，他退出剧坛时，

---

① 威尔，即威廉的简称，也即威廉·莎士比亚。

已47岁。公元1611年,他放弃了他在环球剧团和布莱克弗里埃尔剧团中的股金,退隐斯特拉特福。1597年,他购买了当地那幢最漂亮的房子。自那以后,他的地产与财产不断增加。人们发现了一些他的同代人的书信,书信中说明,莎士比亚不但放债,而且"他在收细账时十分苛刻"。他每天操心的全是地方上的事务,市镇的财产、收成和家庭。公元1616年,他嫁出了小女儿。同年5月3日,他在"豪饮之后",与世长辞。

在读到上述生平材料时,使人感到吃惊的是,在莎士比亚本人和以他的名义发表的作品之间,存在着明显的矛盾。他的作品像宇宙那样博大精深,变化无穷。但他本人则是一个穷鬼,从16岁开始就靠双手劳动过活。他在戏剧方面赚了一点钱之后,似乎就一心一意扩大他那笔小财富。

因此,一些博学家们坚决否认以莎士比亚名义发表的著作是演员莎士比亚的作品。他们天生好斗,都是些斯特拉特福派的反对者。

在很长一段时间里,法国历史学家阿贝尔·勒弗朗克先生就是反斯特拉特福派的代表人物之一。勒弗朗克先生是法兰西研究院的院士,他认为,讨论中有两个因素是毋庸置疑的:

一、16世纪最后几年以埃文河畔斯特拉特福的演员威廉·莎士比亚名义演出和发表的剧作以及其他作品,绝不可能是莎士比亚本人创作的。

二、显而易见,上述作品的真正作者是一位想埋没姓名的英国贵族。

这就是人们所说的公设。应该承认,提出这一公设绝非偶然。好像莎士比亚本人一直设法让别人忘记他是莎士比亚!例如,莎士比亚在遗嘱里曾提到自己当过演员,因为他给不同的演员留下了数量不大的遗产。这份遗嘱是在1616年3月25日郑重其事签署的,非常详细。莎士比亚将他的财产留给了二十多位继承人。他没有忘记任

图十五　莎士比亚(1564—1616)

何人:配偶、孩子、亲家、孙子孙女、朋友。他甚至还指明,某一个碗、某一支剑、某几支盘子留给谁。

除此之外,遗嘱对于他的文学作品却只字未提,而这些作品中的一半尚待发表。对于当时很稀罕很名贵的书籍也毫未涉及。人们面临一个叫人感到奇怪的问题:难道莎士比亚生前没有藏书?如果真是那样,他又是如何搜集关于英国历史、古代罗马史和意大利现代史的资料的呢?美国评论家罗伯特·弗雷泽出版了一本名叫《沉默的莎士比亚》的书,他这样做绝不是出于荒唐。在莎士比亚那个世纪和他本人之间,似乎故意筑起了一道沉默的高墙。类似情况实在叫人纳闷,因为他的同代人也用沉默来回敬他。当本·琼森①去世时,人们总共写了36篇诗歌来哀悼他。可是,莎士比亚死后,几乎是毫无声息。然而,按照伊丽莎白时代的习惯,有人去世;他的朋友总要写些颂歌、哀曲,至少写几首双行诗来表达哀思。人们也会注意到,连"一个熟练的泥瓦匠或有才能的银器匠死了,也有人为他们用诗写墓志铭"。

人们能找到的关于莎士比亚去世的唯一书面记载只有一行字。在莎士比亚的女婿,斯特拉特福的医生约翰·霍尔的日记里,可以读到这样一句话:"我的岳父于星期四去世。"这段悼词也太简短了……莎士比亚作品第一集也是在1623年,即他死后第7年才出版的。从1616年到1623年,英国把莎士比亚完全忘记了!幸好,或者说更糟的是,第一部《莎士比亚生平》到了1709年,即他死后一个世纪才问世。

传记作家尼古拉斯·罗也遇到了毫无资料这一困难。对于历史学家们来说,坐失了多少良机?莎士比亚的一个女儿苏珊娜·霍尔一直在斯特拉特福活到1649年;另一个女儿朱迪思·奎奈伊活到了1662年,莎士比亚的孙

图十六 莎士比亚(1564—1616)

---

① 本·琼森(1573—1637),英国剧作家,诗人,评论家。

女伊丽莎白·霍尔·纳什活到1670年才去世,没有任何人曾想到去找她们了解情况。

莎士比亚的同代人似乎只对他的作品怀有兴趣,而将莎士比亚其人完全置于脑后。原因安在?

* * *

阿贝尔·勒弗朗克先生从上述无可争辩的事实出发,认为他可以证明,莎士比亚只是德比家族第六代伯爵威廉·斯坦利的代理人。他通过一系列的作品,试图证实在莎士比亚的剧本里,有一些情况与情节与德比伯爵本人每天参与的政治生活中可能遇到的情况与情节相似。

此外还提到了其他人。有一些人谈到了拉特兰伯爵。就在前不久,美国作家卡尔文·霍夫曼发表了《二十年之调查》一书。他确信,莎士比亚的作品的作者就是克里斯托弗·马洛。马洛于1593年5月30日,即莎士比亚第一部作品出版前4个月,在德福特被暗杀的。霍夫曼先生对此事实毫不介意。因为霍夫曼认为,马洛之死也是假设的,他实际上逃难到意大利去了。他在那里写下了《哈姆雷特》、《奥赛罗》、《罗密欧与朱丽叶》等剧,然后将剧本寄给住在伦敦的一位朋友,此人再将剧本交给一位名不见经传的演员莎士比亚。

* * *

但是,人们最经常提到的人还是弗朗西斯·培根。

弗朗西斯·培根既是一位优秀的作家,一位思想新颖和有独特见解的科学家,又是文艺复兴时期最伟大的哲学家。不幸的是,他也参与政治并且发挥了重要作用。在雅克一世时期,虽然他先出任掌玺勋爵大臣与大司法官,但他的仕途结局并不好:他是在伦敦塔①告别这个世界的。

他的父亲尼科拉斯·培根是法学家,在创立英格兰教会的过程中起了不可忽视的作用。伊丽莎白女王将掌玺权交给他,并且对他高尚而又清苦的生活表示赞扬。当尼科拉斯向女王介绍少年弗朗西斯时,伊丽白莎问这个孩子多大岁数。

"我的年龄比女王陛下光荣的在位期多两年。"

这说明他头脑十分清醒,敏捷得过于早熟!只是培根一生没有完全致力于他的科学与哲学著作,如著名的《科学的发展》《新工具》等,实在令人遗憾!他醉心于世俗的权势,追求物质享受,终生追求世上的权力,因为只有权力才能满

---

① 伦敦塔,当时监禁要犯之处。

足他的隐秘欲望。

在很长一段时间里，他把自己的命运同伊丽莎白的宠臣埃塞克斯连在一起。这位年轻风流的绅士恳求女王让其保护对象担任总律师。但是伊丽莎白一直拒绝。她说：

"他很有思想，很有教养。但是，在法律方面，他的知识将很快捉襟见肘，因为他没有深刻的思想。"

为了安慰培根，埃塞克斯将自己的一块领地送给培根："谁叫你信任我，活该你倒霉。但是，你对我的事情耗时费神，如果我不为你的财富略尽绵薄，我将死不瞑目。谨将我名下的一小块领土相赠，请笑纳。"培根欣然接受："我同意，谨向你表示忠诚与敬意。你就是我除国王之外的领主。我愿为你肝脑涂地。"

但饶有兴味的是，在伊丽莎白指责她的宠臣图谋不轨时，这位未来的大司法官完全抛弃了埃塞克斯并且逮捕了他。更有甚者，又是培根对埃塞克斯进行起诉，将他同该隐①，同庇西特拉图②，同德吉斯公爵③相提并论。进而导致他被判死刑。

在伊丽莎白的继承人和玛丽·斯图尔特④之子雅克一世执政时期——他是刽子手同时又是受害者——才终于得到了他觊觎已久的高官。不幸的是，他太贪婪了，愚蠢地被人收买了。重臣们判罚他40000英镑，将他监禁在伦敦塔，而且只要国王不赦免，他就得在那里一直待下去，他被宣布永远不能在政府与议会里担任任何职务，还被禁止居住在王宫的所在地。判决是1621年5月3日宣布的。

说来说去，培根在伦敦塔里只呆了两天，但是，他的公众生活也就宣告结束。晚年，他致力于科学与哲学研究，发表了卷帙浩繁的作品。雅克·查斯特内特最近指出，这些作品显示了他的"非凡的智慧"，向世界揭示了"能解放实验科学研究和归纳法的秘密"。他死于1626年。死前，他还在露天进行了最后一次物理实验。

到了19世纪前半叶，人们才开始相信弗朗西斯·培根很有可能是署名莎士

---

① 该隐，《圣经》人物，亚当和夏娃的长子，后来杀死其弟亚伯。
② 庇西特拉图(公元前600—公元前527)，雅典政治、经济、宗教和文化生活中重要人物。曾两度夺取雅典统治权。
③ 德吉斯公爵(1519—1563)，法国政治阴谋家、军人，吉斯家族代表人物。
④ 玛丽·斯图尔特(1542—1587)，苏格兰国王雅克五世之女，法国国王弗朗索瓦二世的王后。

比亚作品的作者。培根论的鼻祖是美国小姐迪莉娅·培根。当然,她对一个也姓培根的人发生了兴趣,也是正常的……她1811年生于俄亥俄州。为了生计,培根小姐教授罗马史课程。一个传记作家向我们透露,"她的心似乎被一个表面上具有人样的尊敬的神父亚历山大·麦克·沃特撕碎了"。

这一不幸给迪莉娅小姐的智力带来了不利影响。不过,她幸好已经作出了论证。另一位传记作家也遗憾地承认,这一理论"已经成为她的癖好,由于她的书未取得成功,她完全失去了理智"。

然而,就在同一时期,另一位评论家威廉·亨利·史密斯,在对培根小姐的研究毫无所知的情况下,却得出了完全一致的结论。正是这位史密斯先生第一个清楚地阐述了英国历史学家安德鲁·兰称之为"培根主义的基本论据"的观点,即莎士比亚为本人条件所局限,无法具备据说是他的作品要求作者所具有的广泛的古典、科学、法律和医学等方面的知识,而培根本人,只有培根本人,才具备匿名作者的诗人天赋。

培根派学者人数众多,而且组成了好几个协会。他们为了证明上述论点,进行了分析、比较和推断。他们进行的此项工作可以说是非同寻常的。他们过于执着,以至于忘记了这一道理:过分地证明,往往什么也证明不了。可惜的是,这一大胆的论据并没有说服那些不带偏见的人。

当卡蒂尔将军于1938年发表他的著作时,这个持续了一个世纪之久的争论就处于上述情况。这本书在莎士比亚学者中间引起的震动犹如一颗重磅炸弹。

卡蒂尔将军长期任职于法国第二处①,他在这一方面,特别是在1914年—1918年一战期间,为法国立下了汗马功劳。

卡蒂尔将军不是作为注释家,也不是作为分析家,而是以密码专家的身份,在他的著作中揭示了有关莎士比亚身份的秘密。这正好说明这些揭示的重大意义。第二次世界大战后,我有幸会见卡蒂尔将军。他发表著作10年后,仍在研究这一永不枯竭的题材。他更坚定地认为,他过去的论点是正确的,而且他又拿出了新的论据。

他是在非常特殊的条件下提出他的论点的。在战争期间,他主持密码科的工作时,同盟国的许多密码专家打过交道。他长期同美国密码专家费比恩上校

---

① 法国第二处,即法国国防部二处,即情报处。

保持通信联系。

有一天，费比恩上校提醒他说，将来可以通过不同方式采用17世纪弗朗西斯·培根发明的密码系统。这位法官哲学家的思想如此博大，以至于他在他的作品《学识的增进》与《科学的发展》里，详尽地论述了对一份文件进行"密码处理"的前所未有的方法。也就是说，在一份表面上看十分清楚的文字里，添进一份密码文件。

卡蒂尔将军认为，费比恩上校的建议中包含了某种十分巧妙的、法国间谍机关可以参考的想法。

实际情况并非如此。

事实上，后来不久费比恩上校请他研究一下他在弗朗西斯·培根的《新工具》一书中作出标记的某一页，并请他写信告诉他，在这一页中发现了哪些有意思的情况。

卡蒂尔将军带上了放大镜，去法国国家图书馆，借到了图书馆收藏的那本宝贵的书。他自己承认，一开始未发现任何惊人之处。突然，他想起费比恩上校关于培根密码系统的提示，将其与手中的书对比。在读第二遍时，他立即发现，在印刷出来的字母中，有两种显然不同的形式。

这两种形式证明，在他研究的那一页书里，有一份密码。

人们知道，制定密码的方法多种多样，但均可以概括为两类典型方法：替代法和移位法。替代法是指文字中的每一个字母都被一个相应的另一个字母所代替。

在所谓的移位法里，每一个字母都包含原来的意思，但是，它们的位置给弄乱了。那就需要运用破译的关键字或数目将它们回归原位。

还有另外两种方法可以运用，但要借助辅助工具，即镂空纸版格、密码本或字典。上述两种方法存在显而易见的危险，即镂空纸版格或密码本会落入未来敌人手中。

事实上，四种方法均具有一个共同的缺点，即它们的外表能看出，文字是经过弄虚作假的。

某些研究人员就是这么分析的，于是他们想到了更好的第五方式，即在一篇表面上看完全正常的文字里，引进一个数字，这样就这篇文字的意思与初看的原意大相径庭。具体地说，这些研究人员中的第一位就是弗朗西斯·培根。这位法官哲学家不像通常的密码方法那样，用传统的符号即字母或数字去代替一些意思清楚的字或词，而是主张使用形式不同的字母。

卡蒂尔将军解释说，用他的这种方法制出的密码是由不同系列的字母组成，这些字母本身就可以组成意思清楚、与按上述典型方法而制成的密码毫无关系的文字。

如果我们将通常采用的典型方式比喻成a与b，那么，我们将它们按每组五个进行排列，则可以得出32种组合式样。培根利用这32种组合式样中的24种来代表英文的24个字母。在这些字母中，I和J以及U和V是相互通用的。

按字母表，排列组合如下：aaaaa=A；aaaab=B；aaaba=C；aaabb=D；aabaa=E；aabab=F；aabba=G；aabbb=H；以此类推。

如果a采用大写字母而b则采用小写字母，那么字母A就可以用任何5个大写字母来代表。例如，A可以用HRVSD或PARIS来代表，而字母G可以用HRVSD或PAris来代表。

像巴黎(paris)这个字可以隐藏在任何一篇文字里，如"我将于明天周六去看你"。

在不分开五个字母的组合情况下，也可以用另外一种形式写出。

卡蒂尔将军解释说，毫无疑问，由于两种形式截然不同，在使用时不适合同时采用，因为大小字母不规则会引起怀疑，专业人员会猜出这是一种制密方法，他们会轻易找到答案的。

培根建议采用两种表面形式相似的字体，但如果用放大镜仔细看，就会发现它们有区别了。

当卡蒂尔将军在国家图书馆阅读培根的《新工具》一书时，他正好发现了这些区别。现在，他发现了多功能符号，一些英文字……他在表面文章里面，发现了密码文件……

他将此项结果告知了费比恩上校。美国人没有去寻找其他结果，他高兴之余，将《新工具》的那一页拍成照片寄给卡蒂尔将军，他在那一页上注明了字母a与b形成的各种组合。

卡蒂尔将军叙述说："我感到吃惊的是，我在那一页里，看到我自己已经发现的多功能符号和词。"

正是从这一时期开始，卡蒂尔将军参加了费比恩上校的研究工作，而首先是参加上校的主要女助手盖洛普女士的研究工作。

盖洛普女士偶然发现，培根出版的一部作品中有一页暗藏了一篇密码文字。她居然将它破译出来。她读到的这篇密码文字太有意思了，太引人入胜了，以至于她对自己的破译结果表示怀疑。但是不用怀疑，白纸黑字就在她的眼前，是用 a 和 b 的字形组成的。密码文字很清楚：培根承认，在他发表的作品里，暗藏一个数字，他鼓励破译人员耐心地去寻找这一数字。

盖洛普女士开始进行这一艰巨的任务，她的工作持续了好几年，涉及到当时所有的目录学。盖洛普居然顺利完成了此项巨大工作。她发现，在培根出版的 34 部作品里，零散地隐藏着"培根生平自述"。

令人吃惊的是，在上述 34 部作品里，只有 12 部是由培根署名的，有 11 部由其他人署名，还有 11 部是由……威廉·莎士比亚署名。

实际上，这是盖洛普女士发现的一部新书，一部充满具体事例和心理学概述的详细自传，其中许多揭示触目惊心：培根自称是伊丽莎白的儿子，即那位"贞洁女王"的儿子！他还自称是伊丽莎白另一个儿子埃塞克斯伯爵之兄弟。

然而，培根也暗示了莎士比亚问题。现将他的原文抄录如下：

"我创作了好几种类型的剧本，如历史剧、喜剧、悲剧。其中大部分已搬上舞台。它们是以莎士比亚的名义发表的，并毫无疑问地取得永久性成功……我创作的已经发表的作品，署名均为莎士比亚，虽然我对其他人也同样尊重，我还是选择用他的名字发表，因为我在他的剧团上演了一定数量的剧本，我今后将继续照办，因为我就像奴隶那样，是心甘情愿的……"

这就是盖洛普女士的论点，这也是卡蒂尔将军利用大量论据向法语读者所证实的论点。

莎士比亚身份之谜将因此而解开了吗？

＊　　　　　＊　　　　　＊

在这个新的"解决方案"中，重要的似乎是，论证是取材于历史以外的范畴。到目前为止，"培根派学者"只是谈论某些假设，其中，想象不免占据了主要部分，甚至几乎占据了全部。

人们是否可以设想，在密码破译的工作中，想象力也会发挥作用？

有些人是这么认为的。荷兰阿纳姆城的数学教授 H·A·W·斯佩克曼博士就坚决否定费比恩上校那伙人工作结果的准确性。他说："第一，同一字母的不同书写方法的形式差别太细微了,因此,不靠译码员的想象,是无法得出准确无误的译文的。第二,即使同一字母的不同书写形式可以辨认出来,但是,要将两个字形划归 A 类或 B 类时,也完全凭译码员心血来潮了。最后,译出的密码有许多混乱之处,只有译码员随意取代才能使其意思清楚,在培根双字形法这样复杂的密码体系中,这是不允许的,因为采用这种体系,在破译之后,得出来的文字是不应该有错误的。"

对于培根采用的密码,荷兰教授得出下列毫不含糊的结论:"从数学的观点来看,如果取代的解法没有事先指明,任何破译都是随心所欲的,全凭译码员心血来潮了……"

对于上述不同意见,卡蒂尔将军善意地但又是坚决地回答:

"很明显,斯佩克曼先生没有进行过很多破译密码的实践,否则,他就会明白,即使最简便的破译方法也会带来无数错误,因此,译码员应进行校正,而他对盖洛普女士所指责的正是这一点。"

他继续指出:"斯佩克曼先生蔑视盖洛普女士的研究,这是毫无道理的,我打算不久发表一份放大到足够程度的文件,这样,书写形式的区别就比较醒目了,读者们可以从中进行带有结论性的核对。"

"再说,我还收到了美国印第安纳州拉斐特的普尔杜大学利德尔教授的一封很有价值的信,利德尔教授曾有机会就地了解费比恩上校主持下的密码研究的原稿,他认为,研究工作是精确而科学地完成的,可以被认为是准确无误的,他对此表示信服。"

卡蒂尔将军最后向斯佩克曼表示:"声称从数学的角度讲,如果取代法的解法没有事先说明,任何译码将完全是随心所欲,全凭译码员的心血来潮,那大概有点过于唐突。""破译密码的科学正是要解决上述问题,而斯佩克曼先生在他的研究里,似乎尚未涉及这一问题。"

图十七　莎士比亚(1564—1616)

看来,断言这种研究是空想,是稍微早了一点,这也等于否定了密码破译人员的一片苦心。而卡蒂尔将军正是这种苦心的担保人。他在说明这一点时,用了一些他自己也知道分量很重的话,"盖洛普女士的苦心是不容怀疑的"。

※　　　　　　※　　　　　　※

问题已经归结为一个简单的命题:如果承认费比恩上校一派人的破译结论,就等于承认莎士比亚著作的作者是弗朗西斯·培根。

如果拒绝承认这一破译结果,那就没有任何起决定性作用的材料能使我们得出相似的结论。关于演员莎士比亚不可能写出以他的名义发表的作品的论点从未得到过证实。

没有任何材料证明莎士比亚是文盲。他的朋友本·琼森证明他曾学过拉丁文,甚至于学过一点希腊文。此外,"斯特拉福特派"著名女学者朗沃思·钱布龙女士也指出,在"大威尔"①每个剧本发表前的两三年,总有好几部历史、文学和回忆录发表,这已足够给任何人提供写作素材,而且莎士比亚又绝不是一般的任何人……

安德鲁·兰先生也认为,"关于博学问题,莎士比亚的剧本中所显示出来的知识绝对不是博学家的那种知识,只要有点天才,懂一点拉丁文,再借助于许多译文和同时代诗人的文学作品,就可以拥有这些知识"。至于莎士比亚所显示出来的法学和医学知识,也是同一道理……

当然,还有一些模糊之处。人们在莎士比亚的作品里,发现有些政治知识特别是关于上流社会的情况,是环球剧团任何一位演员都无法得到的……也许人们可以同意雅克·查斯特内特的意见,即"也许弗朗西斯·培根就是南安普敦伯爵。几乎可以肯定,他就是威廉·期坦利。是他将某些政界情况告诉给莎士比亚并向他透露了某些宫廷内幕的。他发现了某些有性格的人向莎士比亚提供了某些线索,甚至有可能同莎士比亚合作"。

还应该进一步阐述吗?应该承认盖洛普女士的破译结果吗?我们这里只是提出这一问题。

但是,客观现实要求我们指出,"培根论"中有一个令人感到异常奇特的论点。

在本文开始时,我们在卡农伯雷塔见到盖洛普女士。她在那里进行一项奇

---

①　大威尔,即威廉·莎士比亚。

怪的活动。她为什么出现在那里？

作家罗利于1657年发表过一部作品，名叫《复活》。盖洛普女士在此书中发现有一段按培根的方法加密码的文字，这篇文字译出来是：

现在，如要得到珍贵文件，请挪动弗（朗西斯）塔的房间里的第五块板子，使出"抽紧腰带"的力量，将其滑到第五十块板子下面。然后，请按ABC顺序操作，很快就能找到被吹得天花乱坠的MSS①，那是弗（朗西斯）的许多书的主题。

在弗朗西斯的那座塔的房间里，如果将第50块木板下的第五块木板移开，可以发现一个洞穴，里边藏有弗朗西斯·培根的珍贵的手稿。

这肯定是指卡农伯雷塔，因为弗朗西斯·培根在那里生活了好几年，即一直到1619年。但是，声称那有一个秘密洞穴，里面藏有重要资料，似乎是不太可能。

不过，盖洛普女士还是去了伦敦，参观了卡农伯雷塔，陪同她前去的还有弗兰克·伍德沃德先生以及该塔的管理员。后来，弗兰克·伍德沃德先生对此作了

图十八　莎士比亚故乡——英国中部埃文河畔斯特拉特福

---

① MSS为手稿Manuscripts一字缩写。

证明。

在该塔的大厅里,他们轻而易举地找到了 50 块墙板,它们分成二排重叠地贴在墙的四周。下面一排为 34 块,上面一排只有 16 块。

无独有偶,正好是第五块板从第五十块板下面滑开。

管理员被问及此事时,回答说:"有一天,第五块板移动了,于是露出了一个很宽的洞,但是洞被建筑师让人堵死了。"

那里确实有一个洞穴,培根的密码文件并没有胡说。

08 铁面人

因为它是用黑绒布制成，才被称为铁面罩……

要塞已经被 19 世纪的军事设施弄得面目全非，但它巍然屹立。从戛纳港用 20 分钟来到这里的每一条小艇，均给圣·玛格丽特岛带来一群心情激荡的游客。旅行当然是令人心旷神怡的。但是，进行此次旅行的大部分人均声称只为了一个目的：参观铁面人的牢房。

他们并没有失望。一个长了满腮胡子、贫嘴的看守员把他们带进一个走廊，那走廊呈拱形，令人望而生畏。走进一个低矮的门，这就算到了。房间很小，房顶比一般人预计的要高。房间北方临海，在高墙里开凿的唯一的窟窿透进了光亮，而且这扇小窗户又被用距离相等的三根铁条封起来。

看守员面带得意神情，先让游客们尽情追溯对亚历山大·仲马的回忆和体验身临其境的激情，之后，他才庄严地说：

"有名的铁面人当年就关押在这里。换句话说，也就是路易十四国王的亲兄弟！"

在听众中间，人们纷纷点头，表示同意。

对了，《布拉若纳子爵》①就是这么说的……可怜的亲王！他是国家利益的牺牲品，他就是在这里受苦、哭泣、祈祷的！

传说总是涉及历尽艰险的人物，那些以历史性城堡的四壁而告终的传说则更是如此。关于铁面人的传说已经有两个多世纪了。当我们去会见这位世上最神秘的囚犯之前，我们应全面地了解一下基础材料，即最初的证据。这一证据出自伏尔泰②之手，米什莱③称他为"巨人般记者"。公元1751年，《路易十四之世纪》一书出版，在书中第二十五章，当时的读者可以阅读到下面一段使人颇感蹊跷的文字：

图十九　路易十四(1638—1715)

---

① 《布拉若纳子爵》，大仲马小说，1850年出版。主要描写法国宫廷和教皇的矛盾。为《三个火枪手》《二十年之后》的续集。

② 伏尔泰(1694—1778)，法国启蒙文学家、诗人、剧作家。

③ 米什莱(1789—1874)，法国著名历史学家、文学家。

"大臣(马扎兰①)去世几个月后,发生了一件前所未有的事件。更令人奇怪的是,所有的历史学家对此一无所知。一位不为人所知的囚犯,被用最秘密的方式,送到普罗旺斯省海面上的圣·玛格丽特岛上。他身材中等偏高,年轻,面目俊秀高雅。在被押送途中,他戴了一个面罩。面罩的带子上设有铁制弹簧,这样,他就可以戴着面罩吃东西。人们接到命令:一旦他摘下面罩,就马上杀死他。他在岛上呆了很长时间,直到1690年,一位名叫圣·马尔斯的心腹军官才到岛上把他接走。圣·马尔斯是皮涅罗尔城的城防司令,后来调任巴士底狱司令官。圣·马尔斯将他带到巴士底狱。其间,他一直戴着面罩。德卢瓦侯爵②在他递解前,来到这个岛上看望过他。后来,这位陌生人就被解往巴士底狱。在那里,他享受了城堡最舒适的居住条件。他要什么,就给他什么。他最喜欢那些异常精美的日用布制品和各种花边。他还会弹吉他。人们给他吃山珍海味,但是,司令官很少坐在他对面。巴士底狱的一位老医生曾为这位怪人治过病。他说,他虽然经常查看此人的舌头和身体其他部分,但从未见过他的面部。这位医生介绍说,他的身材十分俊美,他的皮肤稍带棕色。只有他说话的声调才使人对他发生兴趣,但他从不怨天尤人,也从不透露自己的真实身份。

"这位陌生人死于1703年,埋葬在圣·保尔乡。使人倍感惊讶的是,当此人被送到圣·玛格丽特岛上时,欧洲并没有任何重要人物失踪。"

后来一年,当伏尔泰重版他的那本巨著时,又重新谈到此问题。伏尔泰旧话重提这一事实证明,第一部记叙已经唤起了读者们的好奇心……书中补充细节如下:

"这位囚犯肯定是(重要人物),从他到达本岛最初几天的情况就可以看出这一点:司令官亲自把菜端到桌子上,然后将门关好就退出去了。有一天,犯人用刀子在银盘子上刻字,之后将盘子从窗户扔出去,扔向停靠在塔脚的一条船上。那条船的主人是渔民,他拣起这个盘子,将它交给司令官。司令官大惊失色,问渔民:'你读过盘子上刻的字了吗?有人看见过你手中的盘子吗?'渔民回答:'我不认字。我刚刚拣到,没有任何人见过这个盘子。'这位渔民一直被关押着,直到司令官弄清楚他确实不认字,也没有人见过那只盘子之后,才把他放

---

① 马扎兰(1602—1661),红衣主教、政治家,原籍意大利,后在法国国王路易十三手下供职,1642年后任法国首相。

② 德卢瓦侯爵(1639—1691),法国国王路易十四时的国防大臣,1677年后任大法官,1683年后,逐渐控制了国家事务。

了。司令官对渔民说：'你走吧，你幸好不认字。'在那些很快就对上述情况有所风闻的人中间，还有一位十分可靠的人仍然在世。夏米亚尔先生①是了解这一奇特秘密的最后一位大臣。拉弗亚德②的第二位元帅夏米亚尔的女婿对我说，他的岳父临终前，他跪在岳父面前，求他将此人的身份告诉给他。对于此人，人们只知道他叫铁面人。夏米亚尔回答他说，那是国家秘密，他曾发誓不向任何人透露。当然，在我的同时代人中间，很多人相信我说的是真话，而我本人也没有见过更为奇特、更为确凿的事实了。"

又过了一年，伏尔泰名气越来越大了。他在《路易十四世纪补遗》一书中，第三次谈到了铁面人。人们原来对银盘子的逸事表示怀疑。伏尔泰断言，"前驻戛纳的陆军部督察里乌斯先生曾经常讲述这一故事"。再说，"这位钦犯的冒险

图二十　伏尔泰(1694—1778)

---

① 夏米亚尔(1652—1721)，法国政治家，曾在路易十四时间担任陆军部国务秘书。
② 拉弗亚德(1612—1697)，法国外交家，他的弟弟和侄子均是法国的元帅。

行为在全国是路人皆知的。素以诚实著称的达尔让侯爵先生,很早以前就对此有所风闻,我曾向里乌斯先生和他那个省最重要的人物谈起过此事。"

这之后,这位最令人生畏的历史学家伏尔泰又津津乐道地谈起他所引出的好奇心:"每天都有好几个人问我,那位大名鼎鼎又默默无闻的犯人是谁。我只是历史学家,我绝不是神。他肯定不是韦尔芒杜瓦伯爵,也不是博福尔公爵,因为后者是在康迪城被围困期间失踪的,其尸体也无法分辨,因为首级已经被割了下来。"

夏米亚尔有时为了摆脱拉弗亚德家族最后一名元帅和德科马尔丹提出的纠缠不休的问题,就说那是一位了解富凯先生①所有秘密的人。他至少承认,这位陌生人是在马扎兰红衣主教去世后不久才被劫持的。可是,对于富凯先生的心腹和一个下级人员,为什么要采取前所未闻的预防措施呢?还应该想到的是,这一时期没有发生任何重要人物失踪的情况。所以,事情很清楚,这是一位非常重要的犯人,其命运一直不为人所知。我们所能猜测到的,仅此而已。"

渴望了解真相的读者却不能感到满足。

公元1770年,伏尔泰决定再次挑起铁面人的问题。在他的《关于百科全书问题》一书中,人们可以发现一句话,这句话使他以前用拐弯抹角的方式表达的怀疑系统化了:"非常清楚,如果不准许他通过巴士底狱的院子,他只能戴上面罩同医生讲话,这正是因为害怕有人从他的面部发现与某人有过份明显的相似之处。"

该书又一次获得巨大成功。公元1771年,该书再版。当然,关于"过分明显的相似之处"的那一章也在其中,而且还加上了出版者的附言。但是,其形式与文字均无恶意。人们自然能猜出,这一"澄清"是出自谁的手笔!这段文字是这样开始的:"出版者从伏尔泰先生阐述事实的方式猜测出,这位遐迩闻名的历史学家同他一样,也坚信其中必有蹊跷。他本人将把这一点表达出来。但作为法国人的伏尔泰不愿意将秘密和盘托出,主要是因为他讲得已经太多了,谜底已经不难找到。我个人认为,谜底如下:

"毫无疑问,戴铁面罩的人很可能是路易十四的兄弟,而且是他的长兄。铁面人的母亲喜欢各种精美的内衣,伏尔泰先生也支持这一论点。当我读到此时

---

① 富凯(1615—1680),法国国王路易十四时的财政大臣,因搞金融投机活动被捕,后被判处无期徒刑。

期的回忆录时,发现回忆录中提到了王后这一轶事,才使我回想起铁面人也具有同一嗜好。从此我不再怀疑铁面人就是王后之子。而且,其他方面的资料也使我坚信这一点……"

于是"出版者"解释说,此人的身份具有刺激性是有其道理的。他还提醒说,在后来的路易十四出生时,路易十三国王早就同王后分居了,因为她被指责无生育能力,造成国王夫妇膝下无子。她只好离开国王,孩子也在此期间诞生。她将秘密告诉了里舍利厄①。后者采取必要措施,将孩子隐藏起来。王后同红衣主教秘密地将孩子抚养成人。但是,这位路易十四得知他有一位兄弟,具体说,有一位哥哥。他的母亲对此也无法否认,因为他的相貌特征就足以说明他的身份。他想到这位哥哥是合法婚生子,在路易十三死后再宣布他为非婚生子,一定会带来很多麻烦,造成可怕的丑闻。路易十四经过三思,认为只有一个办法是理智正确的,能确保他自身安宁与国家太平。这一上策又可以使他避免采用残酷手段,因为政界会认为,只有昏庸渺小的君主,才会采用这种残酷手段。

"我觉得,越是对此时期的历史有深入了解,越是会惊人地发现,实施上述假设的条件已经完全具备。"

剧已演完,幕也降落。在 20 年间,伏尔泰展现了一幕最为绝妙的剧情:一个王子秘密地诞生;"世界上最伟大国王"的长兄;国家的利益;无辜受监禁。最后,不幸的亲王终身戴上面罩,而且是铁面罩!

这就是传说的内容,传说的鼻祖就是伏尔泰。

但是,历史又是如何评说的呢?

*　　　　　*　　　　　*

公元 1631 年的切拉斯科条约将比涅罗尔要塞割让给路易十三,这个地方在意大利文中叫比内罗洛。这一小城坐落在布里昂松和都灵之间的阿尔卑斯山的意大利一侧,踞守彼鲁兹山口,那是进入意大利的咽喉要地之一。

里舍利厄自然在要塞上修筑工事。要塞顶部平缓,上面建有钟楼,这与险峻的堡垒和有护卫墙的壕沟形成了鲜明对比。在小城不远的地方,旅行者可以看见城堡及其主塔。在意大利的天空下,这座庞然大物显得有点不太协调,它倒是有点像巴士底狱,像寺院塔,或者说像樊尚城堡的主塔,因为它们均是中世纪建筑。有三座高塔耸立在长方形主楼旁边,另外,还有两座角塔。主塔与城堡

---

① 里舍利厄(1585—1642),红衣主教,路易十三的大臣。

被一座"很高的"城垣隔开。城堡由一名国王的中尉指挥,但是,令人奇怪的是,主塔却不归他管辖。不过这一点以后会真相大白。

事实上,自1665年以来,比内罗洛主塔属于卢瓦的管辖范围,但却受德·圣·马尔斯先生的"绝对指挥"。

德·圣·马尔斯先生在历史上是以模范狱吏的形象出现的。他的这一称号并未被僭越。当他走在比内罗洛巡逻路上时,他能否回忆起,他,这位名叫贝尼涅·多韦涅的香槟城的小孤儿,12岁就入伍当了娃娃兵?

此人心眼并不坏,他只是野心勃勃,贪财如命。他看见原来的火枪手战友们一个个都载誉而归,而他却成天看守监狱和犯人,又累得要死,心里有点凄凉之感。每次出征,他都要恳求卢瓦让他去"战死疆场"。卢瓦总是拒绝,不过每次都给他增加薪水。圣·马尔斯的狱吏生涯持续了40年之久。他突然平步青云,从一所监狱调到另一所监狱,最后升为巴士底狱的司令官。人称巴士底狱是"狱吏的元帅宝座"。

有一天,圣·马尔斯在比内罗洛接受了一名新囚犯,并同时接到了非常特殊的命令。对于后来在上流社会里有关他所看守的人的传说,他毫无所闻。而这位囚犯,不折不扣地就是历史上有名的"铁面人"。

不知道铁面人是何时到达比内罗洛的。至少,人们不知道他到达的日期,这一点是无可非议的。否则,人们知道日期,就等于了解到铁面人的身份了。对于德·圣·马尔斯先生所管理的监狱,许多档案资料作了准确的记载。这些文件详尽地告诉我们比内罗洛发生的种种事件:犯人到达,他们的姓名,他们被监禁的原因,他们监禁期间的各个悲惨阶段,他们生了什么病,如何死去,如果有可能,他们何时获释等等。当然,获释的情况绝无仅有。

可以准确无误地肯定的是,在公元1665年以后的某一日子,人们把一位犯人交给圣·马尔斯,而这位犯人就是铁面人。为了了解这位讳莫如深的人物的身份,应采用筛选法,在犯人的名单中,挑选出那些具备足够的必要条件拥有这一"称号"的人。

确有把握,毋庸置疑的是,这位"埋没姓名"的犯人即铁面人,随同圣·马尔斯来到了巴士底狱。公元1687年,圣·马尔斯成为圣·玛格丽特岛的司令官,所以,这位犯人和他本人一同去了那里。这样过了11年。狱吏与囚犯在地中海上共老他乡。圣·马尔斯到了72岁,总算被任命为巴士底狱的司令官。他开始有点犹豫,后来同意干了。这么多年之后,卢瓦的命令仍然有效:任何人不能看见"老犯人",也不能同他谈话。卢瓦之子和继承人巴尔博齐厄大臣在给圣·马尔斯的信中写道:"国王认为,你最好离开圣·玛格丽特诸岛,来巴士底狱。当然你要带上你的老犯人,特别要小心别让他被任何人看见或被任何人认出。你可以预先写信给负责看管巴士底狱城堡的国王陛下的中尉,请他准备一个房间,一俟你们到达,就可以马上安置他。"

圣·马尔斯乐于从命,他永远是俯首听命的。但是,怎样办才好呢?他突然有了一个主意:不必把整个犯人全遮起来,仅仅把他的脸盖起来不就行了吗?铁面人的由来也许就是因为这一"主意"。我们还要说明的是,在这之前,犯人从未戴过面罩。圣·马尔斯只是加强了警卫,在他周围增加了卫兵。犯人第一次被迫戴上面罩,以完成巴黎之行。与此同时,他也成了历史人物……然而,面罩只是用黑绒布制成,伏尔泰又给面罩加上了钢制弹簧。后来的作者均将此说成是"完全用钢制成的"面具了。有些历史学家甚至探讨这位不幸的囚犯怎么刮胡子。有人解释说,他有一个"也是用钢制成的"小镊子,他用此来拔胡须!更有甚者,1885年,有人在朗格尔城的一堆废铁中,发现了那具面罩,其形状与伏尔泰所描写的完全一样。对于面罩的来历已毫无问题,上面有一行拉丁文,说明它是真品……

公元1698年8月,圣·马尔斯及其犯人出发上路了。一同旅行的还有圣·马尔斯的侄子福尔马努瓦尔中尉,司祭神父吉罗,罗萨尔热"参谋",莱居耶尔中士和狱卒安托万·拉吕,外号叫吕。他们在路上约走了一个月。也许,此次远行对铁面人的传说的流行起了很大作用。有人说,戴面罩的犯人沿途引起了不折不扣的"轰动"。对此,我们有一名证人。

圣·马尔斯很富有,非常富有。卢瓦也承认,圣·马尔斯的薪俸"同弗朗德尔的大区司令一样丰厚"。然而,在监狱里是花不了多少钱的……铁面人的看守者死后,被追认为贵族。他除了在迪蒙、帕尔托、伊里蒙拥有地产和"精致的家具"之外,还留下60万银法郎的现金。但是,可惜的是,可怜的圣·马尔斯同他的那些犯人,特别是他的那一位犯人结下了不解之缘,连自己购置的土地,他自己也没有看见过一眼。他想利用此次去巴黎的机会,在维尔纳夫勒路瓦附近的帕尔托停一停,那是"亨利四世式的住宅,建在一个小山丘顶上,山丘长满葡萄和树木"。70年以后,圣·马尔斯的侄孙,帕尔托的福尔马努瓦尔向伏尔泰的敌人福雷龙叙述了那次值得回忆的访问：

"铁面人乘轿子到达，跟在后面的是圣·马尔斯的轿子；有好几个骑马的人尾随其后。农民们来到领主面前请安，德·圣·马尔斯先生同犯人一起吃饭。犯人的背对着餐厅朝院子开的窗户。我曾询问过的农民们说，他们说不清犯人是不是戴着面罩吃饭。但是，他们看得很清楚，德·圣·马尔斯是面对犯人而坐，盘子两边放了两支手枪。只有一位仆人伺候他们二人，仆人去前厅取别人做好放在那里的菜，然后小心翼翼地关好餐厅的各扇门。当犯人穿过庭院时，他一直带着面罩。农民们还说，能看见他的牙齿和嘴唇，他的个子高大，头发已白……德·圣·马尔斯先生睡在事先为他铺好的床上，铁面人的床就在他身边。没有听说他讲话时有外国口音。"

帕尔托风景宜人，葡萄在阳光下呈现出金黄色。但是，可怜的圣·马尔斯对他的城堡，他的土地以及由此而来的乐趣，只好忍痛割爱了。他无可奈何地又担当起狱吏的角色。他又同铁面人一起向巴黎进发了。

9月18日，下午3点左右，这一小队人马通过圣·安托万门，通过巴士底狱的吊桥，在大院子里停了下来。德·圣·马尔斯首先从帘幕垂下的轿子里走出来。后来，监狱的看守人员以及警卫人员看见"一个巨大的黑色幽灵"出现了，脸上戴着面罩，白发苍苍。当时人们惊愕的情景，可想而知。

国王的中尉迪朱恩卡在犯人花名册上写下了这样的记载：

"9月18日星期四下午3时，巴士底狱城堡司令官德·圣·马尔斯先生，第一次从圣·玛格丽特和奥诺拉诸岛司令部来到这里。与他同轿而来的有一位原来囚禁在比内罗洛的老犯人。这位犯人一直戴着面罩，其姓名恕不相告。他下轿后，被安置在巴齐尼埃尔塔楼的第一个房间里。等到了晚上9时，我和司令官带来的中士之一德罗萨尔热先生一起将犯人带到贝尔托迪埃尔塔楼的第三个房间里。在他到达的前几天，我已叫人在这个房间放上各种家具，因为我接到德·圣·马尔斯先生的命令，说该犯将由德罗萨尔热先生照顾，司令官先生亲自负责其饭食。"

巴士底狱的每一个塔楼，特别是贝尔托迪埃尔塔楼有7层，每一层均有一个带壁炉的八角形房间，其长、宽、高均为12法尺，"房顶是石膏的，地板是水泥的"。每一间牢房均有一个通风窗，墙里有一个壁凹，"用来放私人物品"。

4年之后，迪朱恩卡先生重新打开巴士底城堡的犯人花名册。牢房里发生了一件令人悲哀的事:德·圣·马尔斯先生刚刚失去了他手下最老的犯人。

迪朱恩卡先生这样写道:

"同一天,即公元 1703 年 11 月 19 日星期一,这一位不知姓名,永远戴着黑绒布面罩的、德·圣·马尔斯司令官先生从圣·玛格丽特岛带来并由他亲自看管多年的犯人,做完弥撒之后有点不舒服,在没有患什么重大疾病的情况下,于当天夜里 10 时去世。我们的司祭神父吉罗昨天为他举行了忏悔仪式。由于他死得突然,没有来得及为他举行宗教仪式。在他去世之前,我们的司祭神父还曾为他鼓气。这位被关押如此长久的不知姓名的犯人,于星期二下午 4 时被埋在我们乡间的圣—保尔墓地。在死亡登记簿上,人们写下了一个同样令人陌生的名字:德·罗萨尔热中士。外科医生赖尔赫先生在死亡登记簿上签了字。"

过了一段时间,迪朱恩卡先生设法了解到犯人是用什么名字在死亡簿上登记的。于是他在簿子的书眉认真地写下了一句话,这里我照抄如下:

"我得知,在死亡簿上,别人写的是马尔齐埃勒先生,埋葬费花了 40 镑。"

这位精明的王国中士犯了几个拼写错误,这并不值得大惊小怪,因为他的记录完全是给自己看的。在圣·保尔的死亡登记簿上,人们确实可以看到马尔齐阿利这一姓名。

显而易见,这只是一个"假名",是一个借用的名字,目的在于迷惑那些不怀好意的好奇的人们。但是,戴铁面罩的人到底是谁呢?

*　　　　　*　　　　　*

首先,有一点是肯定的:使巴士底狱的工作人员感到异常惊诧的,于 1689 年到达的这位铁面人,当圣·马尔斯"统治"比内罗洛时,已经是圣·马尔斯的阶下囚了。

然而,圣·马尔斯于 1681 年离开了比内罗洛。在此时期,除了洛赞①之外,他只看守了 5 名犯人。毫无疑问,应从这 5 名犯人中去寻找戴面罩的人。正如莫里斯·迪维维埃所说的那样,这是"以确凿的资料为基础而得出的数字推理"。

这些犯人都是何许人也?首先应排除那位众所周知的洛赞,他是"大小姐"②的"未婚夫",于 1681 年获释,从来没有人怀疑他是那位铁面人。剩下的 5 位犯

---

① 洛赞(1633—1723),法国贵族军官,后娶国王路易十四的堂妹为妻,在路易十四的宫廷里起过重要作用。

② 大小姐,指国王路易十三的兄弟加斯东·奥尔良的女儿,路易十四的堂妹。

人是：厄斯塔什·多热尔，1669年被关押；一位天主教修士，他于1674年4月7日被关押在比内罗洛；一位叫拉里维埃的人；一位叫迪布勒伊的间谍，他于1676年6月被关押；马托利伯爵，他是德芒图公爵的大臣，1679年5月2日被关押。

让我们再重复一次：戴铁面罩的人一定在这个名单里，其他任何名字均是想象之产物，也一定会被历史否决。

"什么！"失望的读者一定会叫起来，"那位大名鼎鼎的戴铁面罩的人就是这些鲜为人知、平淡无奇、名不见经传的人中的一个？是迪布勒伊、马托利、多热尔，甚至拉里维埃之流！这可能吗？路易十四的长兄到哪里去了？"

请读者一定要坚决相信这一令人悲哀的既定事实。伏尔泰先生取得了大家异口同声赞扬的成功，他使他那个世纪发抖。亲爱的大仲马也曾使他那个世纪发抖。让我们对此表示高兴，但也到此为止。让我们回到我们应坚持有的"数学推算"吧。

*　　　*　　　*

公元1669年7月19日，卢瓦通知圣·马尔斯说，一位囚犯将要押到比内罗洛。他说："德·圣·马尔斯先生，国王委托我将一位名叫厄斯塔什·多热尔的人押到比内罗洛。至关重要的是，一定要把他看守好，不能让他通过信件或其他任何方式将消息透露出去。我事先通知你，你好预先安排一个牢房，将他妥善地关押起来。他被关押处的窗孔不能通向那些有人能到达的地方，而且各地的门要层层关紧，外面的哨兵什么也听不见才行。你要亲自给这位可怜虫每天送一次足够他吃一天的饭，而且你不能以任何借口听他讲话。你要警告他，如果他开口对你讲的不是他的日常的生活需要，你就要处死他。我下令给普帕尔先生，让他随时按照你的意志办事。你叫人准备一些家具，好带给你的那人使用。还要说明的是，他只是一名仆人而已，他并不需要太多的东西……"

他犯了什么罪，值得这样大动干戈？卢瓦只字未提，他以后也从不提出。该犯"只是一名仆人"，但是无疑染指了某一重大案件。他所知道的秘密大概是非常可怕的，因为卢瓦竭力强调不能让任何人知道他的罪行，甚至连圣·马尔斯也不能知道。即使是司令官，除了这位多热尔的"日常需要"外，也什么都不能听。

对于这个人来说，一切是沉默和绝对的孤独。前边说过，"比内罗洛是国家监狱中的地狱"。富凯和洛赞都是例外，这也正是说明规律的存在。他们二人均有仆人；他们可以看书写字。那些被关在"黑暗的塔楼"里的人，绝无此非分之想。我们前边提到过大仲马，谈到他对戴面罩人传说所作出的贡献。我们这里还要提一下他的《基督山伯爵》的某些篇章，它们充分说明一个被单独监禁的人的命运是多么悲惨。又高又厚的墙，任何声音也透不过来。小小的铁窗透过的微弱的光线。几件简陋的家具。门的插锁每天只打开一次，让出一道缝，让司令官把几样饭菜带进屋里。讲话只有三言两语，而且只能说"生活必需的事情"。偶尔，圣·马尔斯"视察牢房，用手敲敲窗上铁条，搜查犯人身上，搜查犯人的床和衣物"。门又关上，再度沉默，毫无希望的等待。

犯人表现很好，其他人不是喊叫就是哀求，或者干脆发疯。他被允许去望弥撒，其条件仍是他不能同任何人谈话，不能让任何人看见。

多热尔被关押4年后，圣·马尔斯向卢瓦报告："那位沃鲁瓦先生送来的塔楼犯人，什么也不说，他活得很自在，似乎甘心服从上帝与国王的旨意。"

圣·马尔斯一直被一个微妙的问题所困扰：富凯先生是他手下犯人中时间最长最有身份的人。像这样重要的人物，不能没有仆人。但是，司令官又找不到自愿当犯人的服务人员。只有两名忠心耿耿的人作出了这一勇敢的决定：一位叫尚帕涅，但他于1674年死去，另一位叫拉里维埃，但是他总是生病。圣·马尔斯找到一个解决办法：既然卢瓦承认多热尔过去是一名仆人，他为什么不能伺候富凯呢？卢瓦表示同意。富凯被判终身监禁。即使多热尔将自己知道的秘密告诉给他，这位沃市的市长一死，秘密也就带到了棺材里去了。卢瓦在表示同意的同时，强调要采取一切措施，防止多热尔与洛赞见面，因为洛赞总有一天会出狱的。卢瓦在信中给圣·马尔斯这样写道："如果你能找到一个适合伺候洛赞的人，可以为他提供一名仆人。但不能以任何理由为借口，让沃鲁瓦送来的犯人去伺候洛赞，如果需要，他只能伺候富凯，就像我以前对你所要求的那样。"

事实上，害怕多热尔说出真相，已成为这位大臣的一块心病。他太害怕了，结果写信给富凯本人，想打听多热尔是否已将秘密泄露出去。这一做法太幼稚了，富凯会承认吗？

富凯1680年去世时，有人在他的牢房里发现一个用来与洛赞传递消息的洞。可想而知，狱吏与大臣是多么惊慌与愤怒。圣·马尔斯声称，多热尔与他的同伴，即富凯生前的仆人拉里维埃肯定是串通一气的。

08 铁面人

图二十一　富凯(1615—1680)

卢瓦当机立断:他下令将多热尔与拉里维埃"关在同一个房间里。应对国王陛下保证,在那里,他们无法通过口头或通过书信与任何人联系"。

这样一来,在比内罗洛忠心为富凯效劳的仆人拉里维埃就成了一名钦犯,他也取而代之,成了"5人"之一了。

对于多热尔来说,一切又重新成了绝对秘密,尤其是他过去曾从事过一些奇怪的活动。在卢瓦与圣·马尔斯的通信中,谈到多热尔过去曾使用过"毒品"。卢瓦这样写道:"请你告诉我,那位名叫厄斯塔什的人怎么可能做了你请求我做的事情,而且,其间他还弄到了必要的毒品以完成此项工作,我无法设想你会给他提供毒品。"

那是什么"毒品"? 不得而知。值得注意的是,卢瓦在安排多热尔与拉里维埃的命运时所使用的一些词句:"国王通过上个月23日你给我的信,知道富凯已经死去,也知道了你的估计,即洛赞已经掌握了富凯先生所知道的大部分重要情况,而且拉里维埃对此也是知情的。为此,国王陛下命令我通知你,你应将富凯先生与洛赞先生背着你用来进行联络的洞堵死,而且要堵得十分牢固,使人无法再从中搞鬼;你应将已故的富凯的房间通向你为他的女儿所准备的房间的台阶拆掉。陛下的意思是,你让洛赞先生住进已故的富凯先生的房间……你还应设法让洛赞先生相信,那两个叫厄斯塔什·多热尔和拉里维埃的人已经获释,并且你可以将此情况告诉给所有向你打听消息的人,与此同时,你应将他们两人关在一个房间里,你要向陛下担保,他们无法同任何人进行口头或书面联系,而且要使洛赞先生根本无法发现他们两人仍然被关押着。"

在卢瓦的思想里,洛赞、多热尔、拉里维埃3个人与富凯的秘密是紧紧相连的。因此,要"说服"洛赞相信,同他分享秘密的多热尔与拉里维埃已经被释放。这里,洛赞就不会通过比他更知情的人进一步了解这些秘密了……

多热尔又重新回到下面的塔楼,又沦于黑暗与寂静之中。唯一的安慰是,他不再是一个人了。但是,在富凯身边,他曾能与同类人接触,并且过着半自由的生活;现在,又重新被打入底楼,这对他来说是多么残酷啊!

在同一时期,其他犯人也感到同样的苦恼,同样的绝望。1674年4月,一位天主教多明我教派修士来到比内罗洛。卢瓦在向圣·马尔斯宣布这一消息时,虽然说明这位修士是一位名不见经传的人,却仍然把他说成"要犯"。对他应该"毫不留情。除了天气太冷或者生病的情况外,绝对不能给他的房间生火;除了面包、葡萄酒和水以外,不能给他其他任何食品。他是一个十足的无赖,再怎么虐待他,给他罪受,都不过分。但是,你可以让他去望弥撒,但不能让他被别人看见,也不能让他有机会向任何人传递消息。国王认为,你最好给他一本日课经和几本祈祷用的书"。

这位修士做了什么事情值得这么严厉的制裁?他似乎曾"污辱"过当时的"知名人物"达尔马纳克夫人和德符腾堡小姐。他以炼丹术为手段,骗取了她们的大笔钱财。普里米·维斯孔蒂所谈到的正是这位"法国称为多明我教修士"的人。维斯孔蒂还补充说,这位修士"自称他已找到了点金石,结果闹得所有的夫人都围着他团团转……人们纷纷谈论说,此人老是在达马纳克夫人家里鬼混。后来他被当作骗子关进了监狱"。

孟德斯潘夫人的仇恨可能由此而起。符腾堡的玛丽公主是宫廷中的红人,她有倾国之貌。人们私下谈论说,国王也对她频送秋波。孟德斯潘对此顿生醋意。她报告路易十四说:"公主卖身给多明我教修士",他就是我们所谈的那位修士。

这一切阴谋诡计使这位不幸的人儿来到了比内罗洛。一到那里,卢瓦很快就把他给遗忘了。在卢瓦的通信里,很少提到这位修士,但是,这位大臣却那么关心多热尔。当他到达两年后,即公元1676年,人们才谈到他。此时,修士已经疯了。

圣·马尔斯以为,只要让他从可怕的孤独中解脱出来,他的病就会好的。于是给他派去了一个名叫迪布勒伊的人,去同修士作伴。

✳   ✳   ✳

在5人中,我们已经知道多热尔、拉里维埃和多明我修士。让我们向后来者迪布勒伊致敬。历史学家艾扬已经将他的生平表述出来:他是一名法国军官,被当做间谍使用。他曾在波尔多被关押,越狱之后,1675年他住在巴塞尔,化名桑松。他向莱茵河军军长蒙克拉尔提供了有关德国驻扎在蒙特库库利军队的情报:这支军队的人数,调动情况等。卢瓦对此曾表示默许,甚至答应给他"高额奖赏"。不幸的是,迪布勒伊并未到此却步,他又无耻地去给蒙特库库利的德国人出卖情报。该军后勤军需官拉格朗热很快就揭发了他。

他向卢瓦请示说:"我看,只有一个办法可以使他就范,即派一个人去巴塞尔,监视他,跟踪他。当他到达国王势力所及地方时,就抓住他。"

第一次出击失败,但4月28日,这位间谍落网,被关在布里萨克要塞。之后不久,卢瓦下令将他押到贝桑松,后来又押到里昂。在那里,大主教接见了他然后把他押解到比内罗洛。在那里,他被交给圣·马尔斯看守起来,他被关在城堡的主塔里。

这位大臣专门对圣·马尔斯下达指示:"可以将他同最后一名犯人(多明我教派修士)关在一起。你应随时向我报告有关他的情况。"

以后,每当卢瓦谈到迪布勒伊时,总是明显地表现出轻蔑的口气。他说,间谍是"世界上最大的无赖","他的行为是卑劣的,他信口开河,不值得人们尊敬"。再说,他可以"去望富凯先生或洛赞先生的弥撒",对此也不必采取特殊的防范措施。

比内罗洛的监禁生活使迪布勒伊感到很不习惯。孤独使他半疯,待到让多明我教修士陪伴他时,他差不多已经全疯了。后来修士撤走,此后修士便同洛赞的仆人在一起。多明我教派修士没有享受几天清静,就"发疯了"。只好把他绑起来进行"治疗":即对他进行医学界竭力主张的疗法:棒打。他是不闹了,不过人也傻了。

公元1680年,圣·马尔斯在描述他时,把他说成是痴呆的和阴郁的。此时他同前一年到达的犯人马托利关在一起,这位犯人为5人中的最后一名。

* * *

为什么这位意大利人出现在比内罗洛?路易十四对芒图公爵的意大利卡萨尔要塞觊觎已久。为了圆满地进行这一项困难的谈判,埃居尔——安托万·马托利伯爵被选为中人。这是一位卑劣的小人,谁出的钱多,他就把自己出卖给谁。在此事件中,他大耍两面派手法,既背叛了芒图公爵,又背叛了法国国王。

但是,这种两面手法并没有得逞,在法国,欺骗"太阳王"①是难以逃脱惩罚的。于是约马托利到都灵不远的地方见面。他毫无戒心地去了,而且高高兴兴地上了法国驻威尼斯大使德斯特拉德教士的马车。车行到法国边界不远的一个小旅馆前停了下来。突然,一队骑兵包围了马车。马托利高声呼救,但无济于事,他被逮捕并送到了比内罗洛。

一位意大利大臣在意大利国土上被捕,这是明目张胆地违反人权,历史学家们也只好承认这一点。是卢瓦下的逮捕令,卡蒂纳是执行者。他们最关心的是,如何尽一切可能,掩盖这一可能授人以柄的行动。卡蒂纳对卢瓦这样写道:"这一切都是在未发生任何暴力的情况下完成的,谁也不知道这个无赖叫什么名字,甚至连那位参与逮捕他的军官也毫无所知……"他又写道:"我将向第一个主教大人报告,说明我对马托利所采取的一切行动。在这里,我给他取名莱唐,因为任何人都不知道他是谁。"

圣·马尔斯接到的命令说明,国王对这个意大利人十分生气。卢瓦曾写信说,对莱唐应"毫不客气"。他还说明,"国王的意图是对莱唐其人不能心慈手软。陛下已下旨,除了生活必需品之外,不能让他拥有其他任何可能使他生活愉快的物品。"

比内罗洛的几个月的监禁生活,对马托利产生了通常的效果。1680年1月6日,圣·马尔斯在给卢瓦的信中写道:"我将向阁下报告,莱唐其人已变成同我看守的修士一样,即已变得疯疯癫癫了。"

1680年7月10日,卢瓦给圣·马尔斯写道,"关于莱唐其人,我佩服你的耐心。你接到命令后,如果他再对你不尊重,你就可以像对待无赖那样对待他"。

---

① 太阳王,指法国国王路易十四。

1680年11月7日,圣·马尔斯对卢瓦写道,"自从阁下让我把马托利同多明我教修士一起关在下面塔楼里之后,在四五天之中,这位马托利一直以为,多明我教修士是我派去监视他的行动的。马托利发疯的程度不亚于多明我教修士,他整天把大衣拉到鼻子上踱方步,声称他绝不会上我的当,他知道的实情比他说出来的要多得多。多明我教修士则终日闷坐破床,两手架在膝盖上,神色庄严地瞪着马托利,但却听而不闻。马托利先生一直认为,给他派来的是一名奸细。只是到了有一天,多明我教修士光着身子从床上下来,无缘无故地念起经文时,马托利才恍然大悟。我和我的尉官们,通过门上的一个洞,窥视他们的一切行动。"

然而,善于为晋升和奖金而钻营的圣·马尔斯弄到了埃克西尔司令官的职务。因莱斯迪居埃尔公爵去世,这一位置空缺出来。他对此毫不谦让。卢瓦这样写道:"陛下要求将圣·马尔斯看守的两名犯人也转移到这里,并且也要像在比内罗洛那样,做到万无一失。"

这两位犯人是谁?这一问题至关重要。在5名犯人中,哪两位有幸——请允许我如此形容——跟随圣·马尔斯呢?卢瓦在另一封信中说明,跟随圣·马尔斯的犯人只是那些"因案情重大,除了你之外不能托付给他人"的犯人。另外,他还指明,被选中的两名犯人就是"下面塔楼"的犯人。然而,在"下面塔楼"里,一边是马托利和发疯的多明我教修士,另一边是多热尔和拉里维埃。

是谁呢?圣·马尔斯1681年6月25日在给德斯特拉德教士的信中,给我们作出了澄清:"我直到昨天才领到埃克西尔司令官的薪俸,共2000法郎;我的独立连和两名尉官留了下来,我将带走这里的两名无赖,他们没有名字,大家只称他们为'下面塔楼先生'。马托利将同另外两名犯人留在此地。我的一名叫维尔布瓦的尉官将负责看守他们。"

还有一个情况十分重要,即马托利的案情没有被认为严重得应该随同圣·马尔斯转移。卢瓦后来的一封信告诉我们,迪布勒伊同马托利一样,也留在比内罗洛了。这样,圣·马尔斯帮走的两名"无赖"就自然是多热尔和拉里维埃了,因为他们是"下面塔楼"里仅剩的两名"房客"了。

*   *   *

埃克西尔要塞坐落在比内罗洛不远的地方,它那令人望而生畏的庞大建筑离该地只有十多法里。要塞建筑在一个"比较陡峭"的山冈上,踞守着拉多里亚山谷。它同比内罗洛一样，有一座尖顶的四边形主塔，那就是城墙和堡垒的中心部位。主塔的边塔之一叫"恺撒塔"。圣·马尔斯选中它作为监禁多热尔和拉里维埃的地方。

这两个人又再次被关进可怕的牢房里。各种绝望中，最令人感到痛苦的绝望是伴随着忍耐的绝望。日子一天天地数着过去，一模一样。卢瓦对多热尔和他的伙伴总是严加防范。他曾向圣·马尔斯提醒说，"最重要的是防止埃克西尔的犯人，即比内罗洛的人称为'下面塔楼的人'同外界进行任何来往。"你应"采取措施，使你可以向陛下担保他们不向任何人谈话，不仅不能同要塞以外的人，也不能同要塞内部的人谈话"。圣·马尔斯向大臣保证："除了我本人、我手下的军官、忏悔神甫维农和从普拉日拉来的医生之外，任何人都不能同他们谈话，而且从6点钟开始，他们就同我待在一起。关于换衣服以及其他日常生活问题，我将像对过去的犯人那样，对他们严加防范。"

1683年，卢瓦禁止犯人进行忏悔，规定只有在"死亡的危险出现时才允许犯人忏悔"。此时，防范措施似乎有点草木皆兵的味道了。1686年，犯人中的一个出现了类似的危险，因为他浑身水肿。1687年1月5日，圣·马尔斯向卢瓦报告了这一犯人的死讯。

多热尔和拉里维埃两人中，是谁死了？圣·马尔斯没有说明。

尸骨未寒，圣·马尔斯就喜讯来临：国王任命他为圣·玛格丽特群岛的司令官。在埃克西尔，圣·马尔斯司令官总是埋怨生活无聊透顶，现在，他该是多么高兴！他当然要把剩下的犯人带走，这里自然是指那些"案情重大"的犯人。他写道："我将下达严格命令，注意看守犯人。我可向阁下担保，犯人绝对安全，我一直设法防止犯人同我的尉官谈话，我也下令禁止尉官同犯人谈话。我做到了令行禁止。如果我把犯人带到岛上去，最可靠的运输工具将是一座轿子，上面用涂了蜡的布盖住。这样，在路上，他透气方便，但谁也看不见他，谁也无法同他谈话，即使是我选出来的抬轿子的士兵也无法做到这一点。轿子比担架好，因为担架随时会折断。"

1687年9月30日，圣·马尔斯同他的犯人一起到达圣·玛格丽特岛。除了那位可怜的犯人差一点被闷死之外，一切顺利。他到达圣·玛格丽特岛时，几乎憋死过去，但预想的结果总算达到了："我可以向阁下保证，没有任何人看见他。在整个路途中，我采取的看守与押送的办法使得每个人都在猜测这位犯人到底是何人……"

这里可以看到传奇的前奏。在公众看来,采取过分的防范措施这一事实本身就说明犯人是多么重要。人们对此进一步加以夸张也是合乎逻辑的。一俟厄斯塔什·多热尔到达比内罗洛,圣·马尔斯就指出了这一点。他是这样写的:"这里有很多人以为那是一位法国元帅,另一些人则说那是国家总统。" 1670 年 4 月,仍然是关于多热尔其人,他在比内罗洛写道:"一些人十分好奇,向我打听犯人的情况,询问我为什么为了某人安全,竟如临大敌。我只好对他们胡诌一通,以此来嘲笑他们。"

圣·马尔斯同他的犯人到达圣·玛格丽特岛刚刚 9 个月,他就向卢瓦夸口说:"省的人都说我手下的犯人是博福尔①,其他人则说是已故伟人克伦威尔②的儿子。"

原埃克西尔的这名犯人一直是岛上的唯一犯人,这种情况一直持续到 1690 年。后来他有了邻居,他们是一些新教牧师,是南特赦令③宣布撤销之后的受害者。其中一个人在墙上、床单上、盘子上等任何可以写字的地方都写满字。也许,关于铁面人在一只银盘上刻下了他出身的秘密,后来这只银盘子又被一渔夫拾到的故事,大概就是来源于此……

公元 1691 年,发生了一件大事:卢瓦去世了。他的儿子巴尔博齐厄继承了他的职位。有一细节使人迷惑不解:巴尔博齐厄在他父亲去世的那一个月,就写信给圣·马尔斯,表示最关心的问题是他父亲的那位犯人……此外,这封快信里还透露了能向我们揭示犯人身份的情况:"如果你对你已经看守 20 年的犯人,还有什么情况要向我询问的话,请你像当年向卢瓦先生写信时说的那样,采取相同的防范措施。"

"你已经看守 20 年的犯人"。这句话无论如何不能适用于拉里维埃,因为多热尔是 1669 年 7 月被捕的,已服刑 22 年了。

结论必然如下,在埃克西尔死去的人是拉里维埃。多热尔是被用轿子押送到圣·玛格丽特岛的途中,差一点在漆布下被闷死的人。多热尔是圣·马尔斯自比内罗洛以后从未离开过他的唯一幸存的犯人;他又是唯一被认为案情重大、

---

① 博福尔(1616—1669),国王亨利四世的孙子,投石党的领袖。
② 克伦威尔(1599—1658),英国共和国时代的护国公。
③ 南特赦令,法国国王亨利四世 1598 年在南特颁布的宗教宽容法令。

时刻不能脱离狱吏头头监护的人；他也是巴尔博齐厄上任之后唯一使他感到忧虑的人。

公元1694年，岛上到了一些新人，打破了岛上的沉寂。圣·马尔斯重新见到这些人时，总是怀着某种奇特的激情：这位狱吏时常怀念这些犯人。巴尔博齐厄早就决定，留在比内罗洛的犯人统统解往圣·玛格丽特岛。同年的1月，比内罗洛"最老"的犯人去世了：多明我教修士再也不必为他犯下的双重罪——幻想染指点金石和对孟德斯潘夫人不恭——而服刑了。两位幸存者，即迪布勒伊和马托利则去伴随可敬的圣·马尔斯先生。当然，马托利带了一名仆人。

巴尔博齐厄按照自己的习惯，向狱吏下达了最详尽的指示。德拉普拉德先生将负责押送，因为"他根本不想离开比内罗洛，而且士官们也没有到达。所以，他只能分批地将上述犯人押送走。尽管国王希望马上把这些犯人全都交到你的手中，但是，还是要叫这些士官们沿途尽可能地小心谨慎，一俟他们到达后，你应有地方马上安排他们。你也知道，他们同目前留在岛上的人相比，案情更为严重，至少其中有一个人是如此。为此，你最好将他安置在最可靠的监狱里"。

我们不得不承认，这一推理越来越严谨了。现在，铁面人这一"头衔"只剩下三个候选人，即多热尔、马托利和迪布勒伊。1694年4月，三人在圣·玛格丽特岛会合。他们三人中谁是戴铁面罩的人呢？

然而，就在1694年4月，发生了一个偶然事件，一名囚犯死了，但我们不知道死者是谁。

圣·马尔斯在圣·玛格丽特岛看守的人，除了上述三者之外，还有：

一、德泽祖特骑士，我们对此人一无所知；

二、其他囚犯，其数目不详，其中有三四位新教牧师。

是他们中间的某人刚刚死去了吗？或者死去的是比内罗洛的原先的囚犯？怎样才能知道这一点呢？巴尔博齐厄在5月10日写的一封信为我们提供了一个重要情况。他对圣·马尔斯写道："上月29日函悉。你可以按照你的建议，将死去的犯人的仆人安置在拱顶牢房里，但看守时要同其他人一样小心，不能让他同任何人讲话或通信。"

乔治·蒙格雷迪安先生是一部杰作的作者，这部书是关于戴面罩的人问题的最新作品，也是最客观的作品。他指出，对于一个犯人来说，如果他有仆人，这说明他的身份非同一般,只有显要人物才有此待遇。在比内罗洛,只有富凯和洛赞有仆人。芒图公爵的大臣马托利伯爵也有仆人。

在比内罗洛的三位幸存者马托利、多热尔和迪布勒伊当中,只有那位意大利人①受到这种照顾。

如果说,圣·马尔斯在圣·玛格丽特岛上只看守多热尔,迪布勒伊和马托利三个人,那么,我们就可以得出结论说,1694年4月去世的囚犯无疑是意大利人了,因为三人中只有他有仆人。

但是,圣·马尔斯在岛上还同时看守了其他的人,他们之中是否有人也有仆人?不过这种可能性不大。但是,历史学家们不能仅仅根据可能性来作出判断。因此,还不能断言,马托利就是死于1694年4月。

当圣·马尔斯于1698年出发去巴士底狱时,与他同行的是他"原来的犯人",而且这位犯人不能"被任何人看见或认出"。这一点人们还记忆犹新。人们也记得起,正是在这一次,圣·马尔斯灵机一动,想出了面罩这一办法,致使后来这一作法风靡一时。

1698年10月3日,《阿姆斯特丹日报》发表了如下消息:"圣·马尔斯先生主持巴士底狱。他将把他原先手下的一名囚犯押解到巴士底狱,另一名囚犯则在经过里昂时留在了皮埃尔昂西兹。"

这之后,铁面人进入巴士底狱,也成为历史人物了。

*　　　　　*　　　　　*

他是谁?

这句问话再次在这里出现。在所有的疑问中,这句问话最使人恼怒。

他是谁?

是马托利、多热尔还是迪布勒伊?

我们这里要提醒注意一点:迪布勒伊是一个名不见经传的区区间谍。他一旦被逮捕,卢瓦和后来的巴尔博齐厄就再也不管他了。大臣们都不断询问圣·马尔斯有关富凯、洛赞、马托利或多热尔的情况。在他们的信中,从未出现过迪布勒伊的名字。

只有一次,维尔布瓦中尉埋怨他表现不好。对此,卢瓦的回答是下面几句毫不客气的话:"本月10日信收到。得知这位迪布勒伊给你制造麻烦。如果他

---

① 即指马托利。

继续装疯卖傻,你就像对待所有失去理智的人一样对待他。也就是说,狠狠地揍他,你很快就会看到,这样才能使他头脑清醒。"

从完全客观的角度讲,迪布勒伊这一"候选人"应该被排除。这样就剩下多热尔和马托利两人了。

过去和现在仍有一些人坚决主张那个人应是马托利。最近出现的、很有点说服力的人之一便是弗朗克·方克—布朗塔诺。马托利论者所提出的论据是什么?

首先,他们认为他们的"候选人"是很有分量的,至于多热尔与迪布勒伊,第一个人是"仆人",第二个人是个"小间谍"。他们认为,只有通过意大利人才能对秘密和面罩作出解释,因为他被监禁这一事实"涉及国家利益,必须严加保密"。

之后,他们重新提到,1694年最后一批囚犯从比内罗洛转移到圣·玛格丽特岛时,巴尔博齐厄说明的情况:"他们当中至少有一名犯人的案情比目前岛上的其他犯人更重。"这位"案情更重的犯人"只能是马托利。

此外,只是当马托利到达岛上之后,通信中才出现"我的以前的犯人","你的以前的犯人"等提法。按照马托利论派的观点,这些说法肯定是指过去由圣·马尔斯在比内罗洛看管的、目前再次由他看管的那个人。他就是马托利。

当铁面人死去时,人们称呼死者为"马尔切阿利"或"马尔切奥利"。这肯定是指马托利,只是名字里稍微多了一两个音节而已。

最后,玛丽·安托瓦内特[①]的女佣人康宠曾提到,路易十六当着她的面对王后谈到过一件秘密,即铁面人"是一般的犯人,是芒图公爵的臣民,因精通权术而变成危险人物"。迪滕斯在他的著作《被裁断的通信》中,也提到路易十五曾向蓬帕杜尔夫人[②]谈到过同一秘闻,国王被逼问得没有办法,回答说:"那是意大利某一王国的大臣。"

以上是马托利论者的论点。说句实话,这些论点有点似是而非,认真地客观地推敲这些论点之后,人们会感到惊奇,为什么这么多人竟会如此轻率地相信如此苍白无力的推论。

有一个简单的事实足以推翻马托利的"候选人"的资格,即马托利的身世在

---

① 玛丽·安托瓦内特(1755—1793),法国国王路易十六的王后。
② 蓬帕杜尔(1721—1764),法国国王路易十五的情妇。

当时绝对不是保密的。他叛变之后，被人劫持，后被监禁，这一切是路人皆知的。《荷兰日时报》已经将这一切向整个欧洲广为传播。更有甚者，法国的敌人西班牙人或萨瓦人，早就在一部小册子里公布了谈判的全部经过和大臣被捕的经过。据说这部小册子"旨在唤起舆论对马托利的同情"。

当然，在这位意大利人被捕时，外交大臣蓬波内在给德斯特拉德教士的信中这样写道："不能让任何人知道此人的下落。"马托利论派马上抓住这一句话大作文章。我们对此的看法是，这一提法没有任何特殊之处。

当1691年巴尔博齐厄继承他父亲卢瓦的职位时，他给狱吏的第一封信就打听后者看守了"20年"的犯人的情况。这个犯人不可能是马托利，因为他是1679年被捕的，也就是说，12年以前被捕的。这时间上的差距太大了，这不可能是巴尔博齐厄的笔误。

自1693年以后，马托利的名字从书信中消失了。书信一直以姓称呼意大利人已达10年之久，这证明，人们并不把这一点看成是秘密。因此看不出为什么突然改叫他为"以前的犯人"。很有可能，马托利是1694年去世的那一个犯人。而且他也有一名仆人，这一特殊情况又促使人们进一步这样推测。

在死亡登记簿上写的是"马尔切阿利"这一点，并不能证明那就是马托利，相反，却成了否定马托利的一个重要证明。当人们隐藏一个人的身份如此长时间之后，为什么又突然向一名神父透露出来并且写到公开的死亡登记簿上？当时的习惯作法是，钦犯被埋葬时均用假名。圣·马尔斯之所以称犯人为马尔切阿利，正是因为他不叫马托利。也有可能，他脑子里想起了在圣·玛格丽特岛死去的过去的一名犯人的姓名。朱尔·卢瓦兹勒尔这样写道："在公开的登记簿上写上与马托利如此接近的名字，我认为，这非但不能证明马托利就是铁面人，恰恰相反，是否定这一说法的最具有决定意义的论据之一。"

让我们再回到"数学论证法"。我们在5个人中，已先后排除了拉里维埃，他于1687年死于埃克西尔；多明我教修士，他于1694年死于比内罗洛；马托利，他很可能于1694年死于圣·玛格丽特岛，其候选人资格几乎完全被否定；迪布勒伊，他是一钱不值的间谍，肯定在1697年被圣·马尔斯留在里昂的皮埃尔昂西兹镇了。

结论自然得出：铁面人是厄斯塔什·多热尔。

＊　　　　　＊　　　　　＊

所有材料均完全一致，例如，在逮捕和监禁他时，卢瓦下令所采取的异乎寻常的防范作法和特殊措施均说明了这一点。上述措施一度有所放松，但是，当人们知道多热尔已经了解富凯的秘密时，又再度加强了。

还有一个事实，即多热尔从未离开过圣·马尔斯一步。卢瓦对多热尔如此关照，在他眼里，多热尔这名犯人是如此重要，当圣·马尔斯被调到埃克西尔当司令官时，大臣则命令他将多热尔与拉里维埃一起带走。拉里维埃也无可奈何地遭受同样命运。大臣不愿意多热尔的看守者是圣·马尔斯以外的人。

然而，马托利却完全可以留在比内罗洛。

圣·马尔斯去埃克西尔之前，卢瓦曾要求圣·马尔斯给他寄去一份有关犯人的情况的完整资料，其中包括"你所了解到的犯人被监禁的原因"。但是，"下面塔楼"的两名犯人，也就是说多热尔与拉里维埃，不在此列。卢瓦对上述两人的情况了如指掌，根本不需要别人提供任何情况。他这样写道："至于下面塔楼的两个人，你只要这样称呼他们就够了，不用附加任何说明。"

我们要提醒一点，即卢瓦的话是毫不含糊的。他给圣·马尔斯写信时说，只有多热尔与拉里维埃"案情严重，除了你，不能将他们交给其他任何人"。

在埃克西尔，在从埃克西尔去圣·玛格丽特岛的途中，对多热尔所采取的措施是在比内罗洛所采取的措施的合乎逻辑的结果，两者也是一致的。在比内罗洛，除了圣·马尔斯之外，多热尔不能同任何人讲话，结果许多人误认为他是元帅或总统，司令官只好就他的身世乱编了一套故事。在埃克西尔，圣·马尔斯不敢越雷池一步，甚至于他手下的尉官也无权同犯人讲话，因为"这一命令得到了严格的执行"。

从埃克西尔去圣·玛格丽特岛途中，轿子盖上漆布，也是为了"防止任何人在途中看见他，同他讲话"。

当巴尔博齐厄第一次给圣·马尔斯写信时，是为了同他谈谈"那位你看守20年之久的犯人"。这里，无可争议地是指多热尔。新上任的大臣首先想到的是多热尔。

以此为根据，"你的原来的犯人"这一提法就很容易解释了。原来的犯人不是别人，就是自20年以来同圣·马尔斯寸步不离的那个人。马托利论派的人在使用语言方面的技艺实在高超，不知怎么一弄，居然把这一提法用来为他们的主人公服务了。

我认为，至关重要的、应强调提出的是，关于铁面人的传说之所以不胫而走，起因全在多热尔。在比内罗洛，人们私下传说多热尔是元帅或总统。当多热尔坐在盖上漆布的轿子经过时，才使普罗旺斯省的居民感到震惊。1688年初，5个人中唯独只有多热尔尚留在圣·玛格丽特岛了，而马托利在比内罗洛已经呆了整整6年了。我们不要忘记，此时圣·马尔斯写过十分精彩的句子："在全省，人们都说我的犯人是德博福尔[①]。其他人则声称是已故的克伦威尔之子。"

人们已经知道，多热尔不可能是1694年死去的那个犯人。再说，他也没有仆人。当圣·马尔斯被任命为巴士底狱司令官时，他再一次随同圣·马尔斯前去，这有什么地方值得怀疑呢？

人们再一次向圣·马尔斯下达那些同样的意见和指令，而这些意见和指令过去一直是针对多热尔的，而且只针对多热尔一个人："……你带着原来的犯人去巴士底狱时，要防止他被任何人看见与认出。"

当多热尔1703年在巴士底狱去世时，他已经服刑34年。

*   *   *

多热尔犯的是什么罪？说句实话，大家一无所知。毫无疑问，罪行是严重的，后果是可怕的，因此才导致了上述让人难以忍受的严厉措施。在34年中，秘密竟滴水不漏。

由于这一大家不知道的罪行，才使得多热尔显得十分重要，并使他成为铁面人。大家对多热尔的兴趣并不是因为他个人如何，而是这究竟是为了什么。

还应强调一点，即在他服刑期间，当他偶然得知富凯的秘密之后，他的罪行加重了。

我们还记得起伏尔泰提到的有人泄漏给夏米亚尔的那句话：

"此人知道富凯先生的秘密。"

蒙格雷迪安先生还发现，1698年将犯人押解巴士底狱时，洛赞与富凯夫人及其孩子还活着，这就说明，虽然时过境迁，大臣仍然一定要"强调隐瞒多热尔身份的绝对必要性，并且一定要让洛赞相信多热尔早已不在人世。"

多热尔论的最狂热信徒之一莫里斯·迪维维埃先生在一部著名的书里提出

[①] 德博福尔(1616—1669)，法国国王亨利四世之孙，法国17世纪反专制组织"投石党"的领袖之一。

了补充说明。迪维维埃先生以为厄斯塔什·多热尔就是厄所塔什·多热尔·德卡瓦。两者之间的情况十分相似。德卡瓦骑士是一个黑道中人物,他参加过有名的罗瓦西盛宴。那次盛宴正值复活节的星期五,人们把一只小猪崽命名为"鲤鱼"。之后,他很可能染指了"放毒事件"①。因为他在路易十四面前装疯卖傻,国王免他一死,只是判他终身监禁。迪维维埃先生认为,圣·马尔斯在他身上发现"毒品"这一点证明,他很可能受科尔贝尔②的指使去毒死富凯的。因此,他应带着他的新罪行的秘密死去。这样,就必然说他已经死去,就必然强迫他戴上面罩。

我们应该承认这一点:迪维维埃先生提供的线索还是比较经得起推敲的。但从历史学的角度讲,他的论点仍然是一种假设。

如果说厄斯塔什·多热尔是历史上最有名的人物之一,即铁面人的话,他被监禁的原因仍是一个谜。这一名字是否掩盖了另外一个人?不得而知。但无论如何,他绝不是路易十四的兄弟,因为太阳王永远不会让有他的血统的人去给富凯当仆人!

因为我们已经知道铁面人是谁,因此,谜已解开,但是,我们并不知道为什么世上出现了这么一个铁面人,所以,谜仍然存在。

---

① 放毒事件,1670年至1680年在法国发生的一系列放毒案件,案件涉及面很宽,许多重要人物受到牵连。审判结果,34人被处死。
② 科尔贝尔(1619—1683),法国政治家,路易十四手下大臣,他是富凯的政敌,后告发富凯,使富凯入狱,并取而代之成为财政总监。

09 伯爵真的活了800岁吗?

> 长生不老术啊,人们用你的名义写下了多少小说!

一个人,作为芸芸众生的一员,假如他摆脱了人类的共同的命运,能否说他已经超越了生命的正常界线?

一个要死的人,作为千万个要死的人中的一员,他能够战胜死亡吗?他能够实现那个影响了最古老的传说、影响了各朝各代的信仰与各国人民的信仰的人所共有的愿望——长生不老吗?

对于异人圣日尔曼伯爵来说,恰恰要提出这个非同一般的问题。

圣日尔曼是何许人也?他是一个陌生人,一个18世纪突然冒出来的人,一个谁也不知道来自何方、生在何处、其知识与财产如何得来的人。

一个冒险分子?一个江湖骗子?全然不是。一些不太了解真相的作者,常常以某些不可靠的文字为根据,给此人勾画出虚假的形像。

例如,把他说成是卡廖蒂①一类的人。通过最近时期的研究,我们可以描绘出圣日尔曼的庐山真面目了,这将使我们揭开——至少是部分地揭开——有关他的谜。

＊　　　　　＊　　　　　＊

法国人所知道的这一故事,开始于1758年2月。一位从德国来的、在德国拥有地产的贵族突然出现在巴黎。他在法国首都住了下来。不过,只是在几个月之后,人们才开始谈论他。

实际情况是,同年的4月,他向蓬帕杜尔夫人的兄弟、王宫建筑局长、手工场业局局长马里尼伯爵用陈情表的形式写了一封信,想得到"一所适合用来安置我从德国带来的人的国王房产的完全使用权"。他为什么提出这一显得有点唐突的请求？圣日尔曼先生解释说,他在他的地产上作出了一个重大的发明；他20年以来就想将此"发明"奉献给法国国王。

百科全书时代也是实用艺术的时代。狄德罗先生②、阿朗贝尔先生③或者伏尔泰先生,无论是在摆弄曲颈瓶或是鹅毛笔方面,均享有盛名。宫廷贵妇们为了赶时髦,也在她们王宫的小客厅里,建起了实验室。

这一切交待清楚后,马里尼先生的反应就不足为怪了。对于这位谁也不认识的、请求"王家房产"的外国人,宠妃蓬帕杜尔夫人的兄弟却满口答应。也许,圣日尔曼先生那一套天花乱坠的说法使他动心了,因为圣日尔曼先生声称他决心将自己所拥有的"空前的、最盈利的工场的权利"交给国王路易十五,而且"将全部利润留给路易十五的王国"。马里尼先生将尚保尔城堡赠给他的伙伴,而且无任何条件。

圣日尔曼伯爵去过好几次他的新住宅,塔斯切尔·德拉帕热里教士是布卢瓦教堂的议事司铎,他会见了圣日尔曼,并且在写给马里尼的一封信中颇有相见恨晚之意。他写道:"我觉得他很有学问,说理时逻辑清楚。"

这位尚保尔城堡的德萨克森元帅的继承人是个什么模样？目前只留下他的一张肖像,这张像估计是罗塔里伯爵的作品,为于尔菲伯爵夫人所有。原画已经丢失,幸好,雕刻家托马斯的临摹画保存了下来。圣日尔曼的最后一位传

---

① 卡廖蒂(1743—1795),意大利冒险家、魔术师、江湖骗子,曾在巴黎上流社会红极一时,兜售长生不老药与点金术,后被判无期徒刑。
② 狄德罗(1713—1784),法国著名哲学家、作家、戏剧家。
③ 阿郎贝尔(1717—1783),法国哲学家、作家、数学家。

图二十二　圣·日尔曼伯爵(1707-1784)

记作家莫里斯·海姆先生是这样描述他的："他身穿镶有皮边的紧身绒衣,这位面对你的伯爵看上去还相当年轻。他前额戴着一个出自名匠的卷曲的假发套,显得又宽又光滑。面部表情坚毅,目光机敏。鹰钩鼻子和轮廓分明的嘴唇使他的面部具有某种贵族气质,而且又丝毫不露出傲慢的痕迹。他的面部似乎向注视他的人提出一个谜,因此显得十分动人。"

这是一位红极一时的人物,因此,对比一下他给同代人留下的印象,绝不是没有意义的。让利夫人认为:"他的身材中等偏高,十分匀称,行走时不慌不忙;他的眼珠是黑色的,肤色深褐色,整个表情富于内涵,五官清秀。"这位著名的女才子于1759年同圣日尔曼邂逅。她认为,看上去他当时最多40岁。

蓬巴杜夫人的女仆奥塞夫人于1758年第一次见到圣日尔曼,她觉得"他大约50岁,不胖不瘦,样子机敏,有修养;穿着朴素而又讲究;手指上戴了很漂亮的钻石戒指,他的鼻烟盒与怀表上也镶了名贵的钻石"。

那一时代的堂璜①卡萨诺瓦②对圣日尔曼的口才赞不绝口。他说:"很少有人比圣日尔曼更会讲话……他说话时口气自信,但分寸又掌握得恰到好处,所以并不使人感到讨厌。会说大部分国家的语言,他是科学家、大音乐家、大化学家;总之,是讨人喜欢的人物……"

从他的举止与言行里,能发现他出身的痕迹吗?所有见他的人,均反复说明,他的法语讲得很优美;另一些人则声称他有点轻微的意大利口音。他的朋友德格雷琴先生说,他有意大利皮埃蒙特地区的口音。还有一些人说他有法国"阿尔萨斯"口音。

如果不是在巴黎突然传开他成了路易十五的座上客,这位专心致志去搞他的"发明""创造"的人,也许不会在世界各国掀起轩然大波的。

* * *

重述威震天下的君主与人们毫无所知的这位外国人相遇的过程,并不是太困难的事情。

这位国王被生活压得喘不过气来,因此,每天晚上,蓬巴杜夫人的家则成了他的避风港。这位聪慧过人、善解人意而又温柔妩媚、含情脉脉的贵妇人,使他忘记了他的公众生活,那种生活使人太感到压抑了;也忘记了他那世袭的可怕

---

① 堂璜,西班牙传奇人物,后来泛指玩弄女性的花花公子。
② 卡萨诺瓦(1725—1796),意大利冒险家,有《回忆录》等著作,后泛指追逐女性者。

外号"太阳王"。为了他,蓬巴杜夫人巧妙地在自己周围聚集了一批人,这些人是那么可爱、迷人,所以她深知这会使他大为开心。路易十五总是不宣而至,他每次总是通过只有他才有权使用的"小楼梯"登门的。

奥塞夫人说,那一天,在座的人有德贡托先生、德布朗卡夫人、外交大臣德贝尔尼教士以及圣日尔曼先生。圣日尔曼是由马里尼伯爵引见的。

门打开了,路易十五出现了。蓬巴杜夫人事先已向国王说过这位神秘外国人的许多好话。他开始有点矜持。也许,他在会见陌生人之前,想多了解一些此人的情况。

不久,人们发现,他在蓬巴杜夫人家拜访的时间比平常要长一些。他很快又重新召见圣日尔曼先生。很快,圣日尔曼就成为国王定期召见的幸运者之一。

蓬巴杜夫人待圣日尔曼也十分友善。事情不分巨细,她都要征求他的意见。他回答时总是那么彬彬有礼,面带微笑;总是那么温良恭顺。这就促使宠姬设法让他说出他的"秘密",说出其中的任何一项都可以。

因为,奇怪的谣传在巴黎很快传开。大家在讲述某些有关他的故事。例如,有人说,在一次晚宴上,圣日尔曼会见了德热尔吉伯爵夫人。这位夫人年岁太老了,以至于大家说:"死神肯定已经忘记她仍活在世上。"

在整个晚宴上,圣日尔曼非常生动地回忆他漫游欧洲的情景。德热尔吉伯爵夫人听他讲话时那么专心,简直是入迷了。当大家去客厅时,德热尔吉夫人走近伯爵,对他说:

"50年前,我是驻威尼斯大使的夫人,我记得起来,我当时见你时,你也是这一副模样;也许比现在显得更成熟一些,因为自那以后,你反而变得年轻了。"

圣日尔曼伯爵像往常那样笑了笑,一边鞠躬一边说:

"夫人,当时我为拜倒在你的石榴裙下而感到高兴。"

"你当时名叫巴勒蒂侯爵。"

"看来热尔吉伯爵夫人的记忆力同50年前一样好。"

热尔吉夫人的故事传遍了巴黎城和凡尔赛宫。人们说,虽然圣日尔曼伯爵看起来尚年富力强,但实际上已经是好几百岁的老人了。

蓬巴杜夫人也迫不及待地去询问他本人:

"说来说去,你总不愿说出自己的年龄。你自称年纪很大了,如果我没有记错,热尔吉伯爵夫人50年前是驻威尼斯的大使夫人,她说,她当时看见你时,就跟你现在一样。"

"夫人,我认识热尔吉夫人确实已经很久很久了。"

"但是,按照她的说法,你现在有一百多岁了?"

"这不可能。"圣日尔曼伯爵只是笑着回答。

几个月过去了,关于圣日尔曼的"传说"不胫而走,闹得整个欧洲满城风雨。《伦敦纪事报》在1760年6月3日号上刊登这样一则故事:"圣日尔曼先生的一位女朋友当着他的面埋怨岁月使她变老了。他于是给她一瓶'长生不老药',并将其中奥妙告诉给她。这位夫人将药瓶藏在抽屉深处。不幸的是,还是被她的老妈子发现了。老妈子忍不住尝了一口药,觉得味道清爽可口,就干脆全喝光了。这位夫人一进门,就惊叫起来:'天啊!我的老妈子哪里去了?'原来,给她开门的是一个小女孩……"

圣日尔曼深得国王宠爱。人们见他出入于各家沙龙与沼泽区①的大街小巷。他总是板着面孔讲述荒唐的故事。如他曾结识大卫②,参加过《卡纳婚礼》③中的聚会,曾同查理马涅大帝④一起狩猎,同路德⑤一起喝酒等等。如果相信他的话,他至少有2000或3000岁了。他在钢琴前坐下来,弹奏一曲,然后说明,这是亚历山大大帝⑥进入巴比伦时的进行曲。他知道这一点,因为他当时在场。

至于他的朋友耶稣基督,他谈起来时,口气非常随便。

"我同他很熟,他是世界上最善良的人,但有点罗曼蒂克和冒失轻率。我早就预言他不得好死。"

然而,正是他向皮拉特夫人求情,因为他每天都能见到她。可惜毫无结果!他谈到漂亮的安娜和圣母玛丽亚时,心情十分激动:

"她死后,我替她帮了大忙。没有我,她永远不会被封圣。算她有运气,当时我在尼斯的宗教评议会,我认识该会的好几名主教成员,我乞求他们,向他们反

---

① 沼泽区为巴黎的老区,即目前的第三、四区,当时那是上流社会的集中地。
② 圣·大卫(520—600),威尔士的主保圣人。
③ 《卡纳婚礼》,法国名画家保尔·维洛耐斯的名画,现存巴黎卢浮宫内,该画以16世纪历史名人聚会为主题。
④ 查理马涅大帝(742—814),法兰克国王,公元800年称帝。
⑤ 路德(1483—1546),16世纪欧洲宗教改革发起人,新教创始人。
⑥ 亚历山大大帝(336—373),马其顿国王,曾征服埃及、中东等大片土地。

复说明,这是一位非常善良的女人。为她封圣,对他们来说不费吹灰之力。后来,封她的敕书才发出去。"

应该提醒读者,所有上述绝不可信的故事和荒诞无稽的逸事,虽然充斥了以后的各种文集,当然,那并非圣日尔曼本人的所作所为。

当时在巴黎有一名小丑,或者叫他"滑稽演员"。他名叫高夫或叫高尔勋爵,是一名"专搞恶作剧的人"。他具有模仿的天才。他对圣日尔曼的传说极尽夸张之能事,在几个星期的时间里,他大开玩笑,进出各家沙龙,自称他就是那位有名的外国人!所有关于圣日尔曼的寓言均出自于他的口。这说明历史往往是多么靠不住。

而真正的圣日尔曼伯爵却是无可指责的,他从未这样信口开河。没有任何可信的文字曾记叙说,他自称有2000岁。让利夫人提供了下列有意义的说明:"他去过很多地方,他对现代历史了如指掌。其结果是,当他谈到历史人物时,好像他曾经同他们共同生活过似的。我从未听他讲过类似的狂言。"她还补充说,"在我们密切交往的头4个月,他从不胡说八道,也绝不危言耸听;他身上有某种令人肃然起敬的东西,结果连我母亲也不敢就人们传说中的有关他的怪事向他提问。"

对于那些敢于向他提问的人,他总是直言不讳。蓬巴杜夫人很愿意听他讲历史故事。有一天,她当着奥赛夫人的面问他:

"弗朗索瓦一世长得怎么样?我要是见着他,一定会喜欢他的。"

"他非常可爱。"圣日尔曼说。

于是他开始描绘他的音容笑貌,就像对一位非常尊重的人那样:

"他太容易激动了,这非常可惜。如果我在,我会提醒他,使他躲开所有的不幸……但是,他肯定不会听我的意见,因为好像亲王们命中注定地要堵住自己的耳朵。也就是说,堵住心灵的耳朵,拒绝听取最善意的建议。在关键时刻更是如此。"

"王室总管先生,你的意见如何?"蓬巴杜夫人问。

"我不能把他说得太好,也不能把他说得太坏。"

"弗朗索瓦一世的王宫是不是特别漂亮?"

"非常漂亮。但是,他的孙子们的王宫却更胜百倍。而且,在玛丽·斯图亚特[①]

[①] 玛丽·斯图亚特(1542—1587),苏格兰王后。

与玛格丽特·德瓦卢瓦①时代,那是个十分迷人的地方。在这些宫殿里,娱乐与智慧交相辉映。两位王后都很有学问,听她们讲话令人神往。"

宠姬笑着说:

"好像你亲眼看见了这一切。"

他说:"我博闻强记,阅读了大量的法国史书。有时,我故意开玩笑,不明说我在古代生活过,而是暗示我在古代生活过。"

圣日尔曼对格雷琴男爵也吐露同样的心里话。格雷琴说:"他根据听众的接受能力,来掌握他讲话的分寸。"圣日尔曼也向他承认,他为"这些巴黎傻瓜"相信他有"500岁"而感到"十分开心",所以,小心翼翼不将真相告诉他们。他还补充说明,他的年纪比他的外表大得多。

*　　　　*　　　　*

是长寿现象？不是的。圣日尔曼从来不自夸长寿。如果说,对圣日尔曼来说,有一个死而复活的问题,那么,这一问题只能是产生于他18世纪露面之后,而不是露面之前。

他是一个异人？是的。毫无疑问,他是那个时代的科学家之一,也是一名让人感到扑朔迷离的天才艺术家。霍拉斯·韦尔波尔勋爵也证实这一点:"他善于歌唱,小提琴拉得很好,又会作曲。"另一位作者也承认:"当圣日尔曼伯爵在小提琴上即兴作曲时,一位内行可以分辨出完整四重奏的各部分开的音符。拉莫②非常欣赏他的作曲中的大胆与优美的旋律。"

他又是画家,这一点也同样使人吃惊。让利夫人说:"我的父亲有足够的资格对此作出评价,他很欣赏圣日尔曼伯爵在这方面的知识。他(伯爵)的油画虽然不像人们所说的是第一流水平,但是,他画起来十分潇洒。他深知各种美丽色彩的内在秘密,这使他的画非常别致。他的作品属于历史题材画。在画女人时,他总是让她们浑身珠光宝气。此时,他运用绚丽的色彩使得那些装饰品,绿宝石、蓝宝石、红宝石等的光辉、色彩和亮度能够以假乱真。画家拉图尔,范洛以及其他画家曾参观过他的画,对那令人眼花缭乱的色彩赞不绝口……"

他的科学知识较之他的艺术天才则更胜一筹。玛丽·泰莱莎女皇的公使科本茨尔也证明:"他是我一生中所认识的最奇怪的人;他富甲天下,却生活朴素,

---

① 玛格丽特·德瓦卢瓦(1553—1615),国王亨利二世之女,后嫁纳瓦尔亨利三世。

② 拉莫(1683—1764),法国作曲家、音乐理论家。

他言而有信却又心地善良得令人起敬。他对所有的艺术均有很高的造诣。他是诗人、音乐家、作家、医生、物理学家、化学家、机械学家和画家。总之,他所具有的广博学问是我从未见过的。他如此博学,所以大家愿同他来往,我同他度过了许多愉快的时光。"

圣日尔曼当着外交家进行实验,外交家后来将实验的情况报告给奥地利首相考尼茨:"他将木头完全染成鲜艳的颜色,不用靛蓝,也不用胭脂虫,他直接取色,巧妙地采用天青石,就像采用从天青石里炼出来的浆汁一样。最后,他又取了一些普通的油,核桃油或亚麻油,这些是人们通常用作油画颜料的,将其中的味道和气味去掉,这就成了最好的食用油。"

考尼茨还证实:"我们所有的丝、麻布料商人都觉得,料子染得好极了。"

黑森亲王①也声称:"在自然界中,没有任何东西他不能改进并加以利用的。"圣日尔曼还是医生,他配制了汤药、药膏,和以茶为原料的药品。他将茶剂献给黑森亲王,黑森亲王接着将药品在石勒苏益格省免费散发。亲王后来说:"茶剂的效力奇妙,大部分患者均被治愈,而且据他所知,没有任何人死亡。"的确,克尼格公爵也觉得"这一茶剂能使人彻底清火,但药力太强了,差一点没有让他们去见上帝"。

圣日尔曼也搞炼丹术吗?他能制造宝石吗?可以肯定的是,他拥有大量的奇珠异宝。格雷琴公爵有幸目睹他收藏的举世无双的珠宝,他"被大量的宝石特别是被色彩鲜艳、大得出奇、加工精细的钻石迷住了"。他以为看见了阿拉丁②的宝石:"其中有一颗很大的乳白石,一颗大如鸡蛋的浅色蓝宝石。这颗宝石光彩夺目,使我放在旁边作比较的其他宝石黯然失色。我自信对珠宝还算是内行,我可以肯定,肉眼是无法鉴别这些宝石的精美程度的,特别是它们还没有进行镶嵌。"格雷琴心里暗忖,上述宝石也许是伯爵一手制造的。

"有一天,整个宫廷的人都着节日盛装",奥塞夫人看见他在蓬巴杜夫人家中出现。他的皮鞋上带着圆环,袜带上挂着精美的宝石,这一切太漂亮了,结果连这位王妃也说:"国王也不一定有如此漂亮的饰物。"这一天,在凡尔赛的人再一次尖锐地提出整个巴黎城都家喻户晓的问题:"他为什么那么有钱?那么与众不同?"

---

① 黑森亲王,18世纪德国中西部贵族。
② 阿拉丁,《天方夜谭》中的人物。

连路易十五本人也感到蹊跷。让我们再一次听听奥塞夫人的意见:"国王、蓬巴杜夫人和几名领主知道圣日尔曼懂得一项秘密技术:他知道如何使宝石上的斑点消失。国王叫人拿来一颗宝石,宝石大而且有一块斑点。国王叫人把宝石重量称出之后,向伯爵说:'宝石价值约6000镑,如果没有瑕疵,它可值10000镑。你能让我赚4000镑吗?'他将宝石仔细看了一看,说:'这可以办到,一个月后,我将完璧归还陛下。'一个月后,伯爵将一个无瑕疵的宝石还给国王。宝石用石棉布包着,他将石棉布拿掉。国王叫人称一下宝石的重量,宝石重量只差很少一点,几乎一样重。国王叫德贡托先生将宝石送给他的珠宝商,但什么也没有对他说。珠宝商送来9600镑。但是,国王又把宝石赎了回来,他出于好奇,准备把宝石保存下来。国王对此惊诧不已,说圣日尔曼先生的家产有好几百万,特别是他知道将小块宝石变成大块宝石的秘方。他本人对此不置可否,但语气十分肯定地说,他能让珍珠长大并且使珍珠具有最美妙的光辉。"

*   *   *

他就是这样一个人,谁也不知道他来自何方,甚至连他的真实姓名也不知道。他本人也承认,圣日尔曼只是他入伍时的化名。

他是他那一代人中思想最引人注目的人之一。再说,他似乎腰缠万贯。路易十五对他以朋友相待。如果"人们用轻蔑与讽刺口气谈论他",国王就无法忍受。

这里,我们还是回到前面提出的问题:圣日尔曼是何许人也?保尔·夏科尔纳克写过一本关于此人的杰出的传记,这也是关于圣日尔曼传记中叹为观止的作品。他试图在书中对此作出回答。他回顾了伯爵本人的言论。圣日尔曼曾对腓特烈二世①的大使说,他叫拉科齐亲王②,有两个弟弟。他对查里·德黑森说,他是特兰西瓦尼亚地区的拉科齐亲王和他的第一位夫人、一位泰凯利族女人的儿子。

不幸的是,当人们查一查拉科齐家族的历史时,就会发现,拉科齐·弗朗索瓦二世,即特兰西瓦尼亚地区的亲王并未娶一个泰凯利族女人为妻,再说,他的长子早在4岁时就死掉了。

夏科尔纳克很巧妙地将圣日尔曼不留心招认的和无心透露的情况串联起来。他得出结论说,伯爵大概是西班牙王后即查理二世之妻和卡所蒂利亚的司令梅尔加伯爵的私生子。这一家庭出身可以说明他的巨大家产的来源。查理二

---

① 腓特烈二世(1534—1588),挪威国王。
② 拉科齐亲王(1645—1676),匈牙利贵族。

世的遗孀、纽堡的玛丽·安娜的金银财宝堆积如山,"同时她还小心翼翼地将财宝送到国外,以备不时之需"。这一情况是玛丽·安娜的一位传记作家说的。夏科尔纳克先生也说,卡斯蒂利亚的司令在威尼斯、热那亚和阿姆斯特丹的银行里有巨额存款。如果这样,圣日尔曼伯爵只要记账就可以应付一切需要了。

他的这一身份也可以说明,为什么他颇得路易十五的青睐,因为路易十五是非常讲究门第出身的。奥塞夫人不是也说:"国王有时谈到圣日尔曼时,也称他出身名门望族"吗?

当然,如果人们承认他的这一出身,某些疑团将迎刃而解。但是,圣日尔曼是或者不是西班牙王后之子,这一点并不能对关于他的"传说"作出解释。两世纪之后,这一传说仍然不可思议地充满活力。

*　　　　*　　　　*

圣日尔曼于公元1760年离开法国。财政总监富凯的孙子、陆军大臣贝尔岛公爵元帅曾派他非正式出使荷兰。陆军大臣渴望同英国就分别停战问题进行谈判,因此派他去向正在海牙的英国大臣进行试探。

圣日尔曼没有任何正式的委任书,所以他的使命失败了。后来,事情的发展对他十分不利:他同法国外交大臣舒瓦瑟尔闹翻了,因为后者因自己对此次使命事先一无所知而十分恼怒,因此宣布禁止他在法国国土上居留。圣日尔曼到了英国,后来又到了俄国和意大利。公元1776年,人们在萨克斯见到他。他在那里呆了一段时间后,又去普鲁士。腓特烈二世接见了他。最后,黑森亲王收容了他,因为黑森亲王自称是他的"学生"。

黑森亲王认为,圣日尔曼是历史上最伟大的哲学家之一:"他是人类的朋友,他慷慨解囊,把钱全部施舍给了穷人;他又是一切生灵的朋友,他一心追求他人的幸福。他认为,他给人间带来新的欢乐,带来更漂亮的衣料,更绚丽的色彩,更廉价的物品,就能使人间充满幸福。"黑森亲王对他崇拜得五体投地,说:"我从来没有见过头脑像他这样清醒的人。"

公元1779年的某一天,圣日尔曼向亲王承认,他已满88岁。但是,他看上去还并不那么老。黑森亲王透露说,伯爵服用灵丹以保养自己,这种药的配方只有他知道。公元1784年2月27日,这位震撼整个18世纪的人因突然发病而瘫痪,死于埃肯弗尔德。按照他本人的说法,他终年93岁。

在死亡登记簿上,人们只写了这样一句话:"这位名叫圣日尔曼伯爵与韦尔多纳的人在此地去世并葬于本市教堂墓地。"

然而……

"他……去世了？谁散布了这一谎言？"这是德国、法国和其他地方对圣日尔曼讣告的反应。

使公正的观察家一直感到吃惊的是，自1784年以后，定期地甚至经常有人证明圣日尔曼死而复活。

首先应揭穿流行最广的一些说法，即人们一般引用的达德玛尔伯爵夫人写的《回忆录》中的说法。关于圣日尔曼同玛丽·安托瓦内特会晤的传说，伯爵对法国大革命的预言，即将出现"一个贪婪的共和国，其幽灵将是刽子手的斧头"等等，均出自这一部著作。达德玛尔夫人的所谓《回忆录》是典型的伪作，完全出自于德拉莫特·兰贡男爵笔下的丰富想象力。此人是假回忆录的最大制造者。

但是，当我们排除了上述伪著之后，却还有不少其他的传说，这真叫人纳闷。自1785年以后，有人声称在巴黎的共济会大会上看见过伯爵。公元1790年，魔术专家埃泰拉这样写道："圣日尔曼、即那位真正的炼丹术高手仍然活在世上，而且身体健壮。"埃泰拉称他本人于1784年7月22日同圣日尔曼先生共进午餐，那已经是官方宣布圣日尔曼死后5个月了。

在大革命时期，英国考古学家格罗斯利断言，他曾在一所法国监狱中见过他。

在第一帝国时期，著名的女占卜家勒诺尔芒小姐断言，根据"几位传统神学家"的信念，圣日尔曼仍活在人间，因为"他作为新的化身，具有永恒的神力，可以重见他的朋友，不过他以一位少年的姿态出现"。

让利夫人也坚定地认为，她在1814年的维也纳大会上见过圣日尔曼。这一证词实在叫人费解，因为人们说，正是这位路易—菲利普国王的前女家庭教师当时同伯爵过从甚密。

一个叫范达姆的英国人声称，他在路易—菲利普在位的晚期，在巴黎重新见到过他，此时圣日尔曼改名马约尔·弗雷泽："他是巴黎穿得最阔气的人之一，他一人独居，从不谈起他的家庭。他仍然挥金如土，他的财产来源对所有的人都是一个谜。"没有谁能比他更了解欧洲各国："他的记忆力惊人，更令人惊叹的是，他常常暗示他并不是从书本上而是从其他地方知道上述情况的……"他去世后，人们在他家里没有发现任何钱款和任何能对他的出身提供线索的文件。但是，他真的死了吗？

公元1905年,英国科学家利德巴特在西藏见着他。1926年,他再次在罗马与伯爵相遇,对此应作何解释?

*　　　　　*　　　　　*

毫无例外地指责所有这些"证人"弄虚作假,那是最容易不过了。相反,我们好像应该预先断定,他们都是诚心诚意这样做的。

那么实际情况又怎么样呢?

圣日尔曼真是在正式宣布他去世后又复活了吗?

圣日尔曼其人就可为我们提供答案,因为无论如何,他是富有魅力的。此人一俟在上流社会露面,就一鸣惊人。他的无可争辩的智慧,他的多才多艺,围绕他的出身的迷雾以及他的万贯家产,所有这一切均激起了人们的好奇心理。正如一名英国作家所说的那样:"人们处在怀疑一切的时代,与此相对应,人们又轻信一切。"此时,卡廖蒂与梅斯梅尔均来露面。人们对化学入了迷,但还不太能够将化学与炼丹术区分开来。

奥秘常常具有创造的神力。在这一时期,人们对历史的认识只是学院式的,因此,圣日尔曼用记忆方式追述过去的事件就显得异乎寻常,"高尔勋爵"插手之后,他的名声日噪;伯爵在他的每一处住所里均设置了实验室,他自己也绝不否认他了解关于宝石的秘密,在上述种种事实中,可以发现"一个总体"。如果人们从这个总体的角度来进行考虑,就能更清楚地发现,人们并没有把圣日尔曼看成是一个科学家,而把他看成了一名炼丹士。人们想,这位声称能使珍珠"长大"、能够去掉宝石上的瑕疵的人,肯定会点石成金。如果说,他已掌握上述方面的秘密,他为什么不能掌握长生不老药的秘方?人们以街头巷尾的传说为根据,纷纷传他神仙般地长寿,而他本人对此也一笑了之。既然人们断言他过去已经活了那么长的时间,那么,传说他死后还能复活并且活那样长久,也是符合逻辑的。

他的死亡已正式为人证实,这本来应该使这一说法告一段落。但实际情况并不是这样。莫里斯·海姆先生说:"人总是倾向于相信能够实现他们最梦寐以求的最热切的希望,能够完成所有人的共同愿望:长生不老。"

两个世纪以来,所有那些声称再次见到圣日尔曼的人,事实上并没有同路易十五的同代人背道而驰。他们所追求的目标和自以为发现的秘密只不过是所有人的共同梦想罢了。

10 骑士究竟是男身还是女身？

> 这个人是男人，还是女人？这个谜使伏尔泰困惑不解。

令人吃惊的场面！它发生在18世纪末的英国。在一座类似围墙的建筑物里，有两个人在用毯子裹起来的栏杆里边，用花剑进行决斗。四周的观众如其说是在认真观看，不如说是在冷眼嘲笑。到此时为止，决斗似乎没有任何新奇之处。但是，当人们发现，虽然左面的决斗者是一位穿戴正规而又讲究的绅士，而右面的决斗者却是女人打扮时，事情就显得有点蹊跷了。右面决斗者身穿时髦的、拖长到脚面的宽大的裙子，上衣布满花边，而且袒胸露背得"恰到好处"，脖子上挂着项链；无边软帽里的头发很长，但有些花白了。这是男扮女装？还是一名女人从事只有男人才能参加的体育活动？

这两个问题概括了德翁骑士案子的全部内容。

在这一时代，即"哲学家时代"的末期，在伦敦，人们的谈资就是这一非同寻常的案子。一些海报不是已经邀请观众踊跃观看德翁小姐的"击剑表演"吗？而上述海报又特别说明，德翁小姐同意穿上她的龙骑兵上尉军服。

德翁小姐！龙骑兵上尉！这是一个可爱的矛盾体。英国对此津津乐道，喜笑颜开，但也忧心忡忡。一位千金闺秀怎么会成为上尉？而且还是龙骑兵上尉呢？

决斗的消息宣布以后，人们蜂拥而至，摩肩接踵，争先恐后。德翁小姐无论打扮成女人或男人，那场面同样具有刺激性。决斗开始了。人们看见，攻击多么巧妙。人们只盯着"德翁小姐"，喊声四起。这些平时一贯正经的英国人此刻也不能自恃了。一些人发誓说，那是个男人，另一些人则打赌说那是个女人，否则他们可以把手伸进火里！

决斗结束了。当然是"德翁小姐"获胜。他用高雅的动作向对手向观众致敬，然后潇洒地退了出去。

花了很多钱前来观战的观众，慢慢地在伦敦的古老狭窄的大街小巷里走散了。不难预料人们此时的话题是什么。

"是个女人！"

"是个男人！"

"你没有看见她那漂亮丰满的胸脯？"

"那只不过是肌肉发达的男人的胸脯，仅此而已！你能否认，他击剑的手法完全是男人式样？"

"绝对不是！那剑法里恰好有女性特点！"

问题使英国人太入迷了，结果劳埃德协会①正式决定就德翁小姐或德翁上尉——随你怎么称呼都行——的性别进行赌注。

这位神秘人物是谁？

他是夏尔—热纳维埃夫—路易丝—奥古斯特—安德烈—蒂莫泰，即选举产生的枢密院委员、王室地产局局长、贵族路易·德翁·德博蒙的公子，于1728年10月5日生于勃艮第省香槟城附近的托内尔镇。他一共有6个名字，3个是男人名字：夏尔、奥古斯特和蒂莫泰；3个是女人名字：热纳维埃夫、路易丝、安德烈。自他诞生的那一天起，德翁骑士就围上了一层迷雾。他原先叫戴翁(D'eon)，后来变成德翁(D'Eon)，其原因很明显，与大革命前的当东(D'AnTon)变

---

① 劳埃德协会，17世纪由伦敦的船主、保险公司经理组成的俱乐部。

成丹东(Danton)一样①。

公元1748年,年轻的德翁从巴黎的马扎兰中学毕业,获毕业文凭。实际上,到此时为止,这位"年轻的德翁"并没有任何奇特之处。托纳尔镇圣母院的神父宣布"贵族路易·德翁·德博蒙"的儿子诞生。他进马扎兰中学时,还是翩翩少年,毕业时已是毛头小伙子了。他进修法律,学会登王家游艺场的转盘,拜著名的剑客特拉戈里为师习武,并且很快以"快刀"闻名。认识他的许多人都认为他很懂事,他的朋友蒂尔凯·德梅耶内在信中这样对他写道:"你像吕克莱斯②那样贞洁。"

突然,这位骑士——为了跻身上流社会,获得骑士称号——变成了一位千金小姐。怎么变的?为什么要变?

安德烈·弗朗克就"德翁之谜"发表了一部最新、内容最丰富的著作。他认为这一时期就是谜的开始。

让我们同他和其他的关于这位骑士的传记作家一起,特别是同皮埃尔·潘棱一起,去从历史角度寻找那些确凿可靠的东西。

可以肯定,路易十五曾派年轻的骑士出使俄国会见叶利扎维塔女皇。可以肯定,德翁出发时是男人打扮,回来时却是女人装束。为什么?

在这以前的岁月里,德翁骑士也同这一创作十分繁荣时期的其他人一样,想在学术方面出人头地,《文学之年》发表了他的历史论文《路易十四与奥尔良公爵摄政时期法国财政状况之异同》。这对青年人来说是费力不讨好的题目。与此同时,人们曾见他当过律师,甚至在21岁时,就成了"王家历史与文学检察官"。这说明他是一个严肃正经的人。

然而,这位知识分子又是一位讨人喜欢的小白脸。在德尼韦奈公爵的一次舞会上,他竟装扮成女人。为此,路易十五也分不清真假,竟"向他频送青睐"。

难道就是从此刻起,他产生一个念头,以致这个念头后来改变了德翁骑士的命运,使他成为一个历史传奇人物?

在此时期,法国与俄国已经断绝外交关系许多年了。因为国王路易十五的

---

① 法国贵族的名字前要加德(De),戴翁变成德翁(D'eon变成D'Eon)系指名字由普通人的名字变成了贵族的名字。丹东是法国大革命的领袖,他原来是贵族,所以当东(D'Anton)。大革命是反封建的,所以后来改成丹东(Danton),即普通人的名字了。

② 吕克莱斯,罗马女人,她被污辱后自杀,后来成为贞洁的象征。

10 骑士究竟是男身还是女身？

大使拉舍塔尔迪有一天不再讨脾气暴躁的叶利扎维塔女皇的欢心了。自那以后，法国通往圣彼得堡之路就关闭，并且用重兵加以防守。俄国首相别斯图热夫是亲英派和亲普鲁士派，因此，他无情地回绝了所有的法国特使。

路易十五的一位"秘密机关"使者曾企图越过上述障碍。但是，他半途患病，在施拉塞尔堡要塞里躺了几个月。

图二十三　路易十五（1715—1774）

怎么办？

有人出了一个主意，出了一个绝妙的主意！是国王本人回忆起了尼韦奈公爵家的舞会？还是王国"秘密机关"的头头、孔蒂亲王路易-弗朗索瓦出的主意？谁也说不清，主意归结为下面几句话：向沙俄女皇派出一名间谍，但是他必须装扮成女人！这样，别斯图热夫的警察就毫无戒心了。

人们毫不犹豫地确定了间谍人选：德翁骑士。公元1755年7月的一天，他出发了（不如说她出发了）。她的护照上写着莉亚·德博蒙小姐。这位年轻的女旅行家怀里揣着一卷精装的孟德斯鸠先生①的《法意》。一位小姐看这样的书，真是怪事。很有可能，她的旅伴们对此已经感到奇怪了。如果他们还知道，在书的厚封皮里藏有一封国王路易十五、即受人尊敬之王给沙俄女皇叶利扎维塔的亲笔信，他们更会瞠目结舌的。现在就看德翁小姐如何设法让女皇接见她了。

她做到了这一点，而且做得非常巧妙，结果这位骑士似乎成了女皇的"朗读女教师"……夏尔·热纳维埃夫·德翁在后来的一封信中，曾提到，在那个时候，国王第一次派她以"朗读女教师身份秘密出使"，并说明，她的"姑娘衣物"是"装在包上马皮的大箱子里运到翁斯昂布莱饭店的"。

当莉亚·德博蒙小姐回到法国时，她又小心翼翼地带回来那本《法意》，但是，在其秘密封皮里面藏着一封叶利扎维塔女皇给路易十五的信！当然不是德博蒙小姐而是德翁骑士把信交给了收信人。他终于脱下了带白花的粉红波纹绸连衣裙，心情十分畅快。

＊　　　　＊　　　　＊

故事讲到这里，谜可以概括如下：

一、德翁骑士确实是个男人。他是为了完成任务才化装成女人的。

二、如果说，人们选中德翁骑士完成这项使命，那是因为他的确是女人。当然，他在登记户口时，写的是男孩，而且他又作为男孩而长大成人。这也许是某种生理学的错误。德翁化装成女人后，才算穿上了属于其本性的服装。再说，如果他是男人，他怎么可能在那么长的时间里，完全欺骗沙俄女皇叶利扎维塔，甚至于成了她的"朗读女教师"，即她的亲信女伴之一？

以上两种论点是针锋相对的，人们对此的争论也从无休止。德翁故事的后半部分是否能为我们提供能证实上述两个论点之一的证据？

---

① 孟德斯鸠(1689—1755)，法国著名作家、启蒙思想家。

10 骑士究竟是男身还是女身？

此时发生了戏剧性的变化。他一生所经历的类似变化是很多的，不过这一次的变化更使人感到意外。德翁不久出使圣彼得堡。由于他的第一次出使取得完全成功，俄国与法国重新建立了正式关系，这样就要任命新设的法国使馆的工作人员，而德翁骑士刚好被任命为使馆秘书！叶利扎维塔女皇会不会认出他来？这一点已在预料之中。届时德翁骑士就自己说是德博蒙小姐的兄弟，这样，他们相似的外表就得到解释了！

公元1756年6月20日，他身穿男装，离开巴黎，于8月3日到达圣彼得堡，他在那里呆了近一年，他参与筹划，进行谈判。他的行动又获得完全成功。在回巴黎之前，他竟收到女皇陛下赠给他的300金币。

路易十五也同样热情地接待了他。德翁受到接见，接受别人的祝贺和颂扬。他所得到的不仅仅是恭维的话，他还收到"一份龙骑兵中尉证书，一个王宫首饰盒，一个镶有珍珠和国王陛下肖像的金鼻烟壶"。

龙骑兵中尉？这么说，他肯定是男人了。

他再次出使俄国，他再次得到女皇宠爱，以至于女皇让他留在俄国宫廷服务。他婉言拒绝了。法国大使将骑士的答复转告给贝尼所红衣主教。德翁宣布："即使将人间所有的金子全给他，他也只为一个主子即国王效劳。"贝尼斯在给德翁的信中这样写道："你拒绝了这位大使向你提出的建议，我对此毫不介意。相反，我们完全同意你提出坚决不同意的理由。先生，请继续为陛下尽忠吧……我已写信给贝尔岛元帅，请他向你授予你所希望的上尉军衔，当我听到你的这一晋升消息时，一定会为你高兴的。"

这一军衔并不是理论上的摆设。他在从事外交之后，又驰骋沙场了！夏尔—热纳维埃夫在战场上英勇作战并获圣路易勋章。德拉福尔泰先生目睹他的战功："在厄斯特维克，德翁骑士是奥蒂尚和德拉费罗内所团下属的由80人组成的龙骑兵队——这支部队是派去增援圣·维克多的志愿兵——和20名轻骑兵队的第二上尉，因该部队的第一上尉不在，他另有任务，被派往别处去了。德翁骑士勇敢地、巧妙地向普鲁士的雷斯独立营发起冲锋，因为这支普鲁士部队切断了法军通向沃尔劳比特尔的道路。结果，这支六七百人的普鲁士队伍只好放下武器，乖乖投降。此次杰出行动的后续部分，则是格扎维埃·德萨克斯亲王打开通路并攻下了沃尔劳比特尔。

他是战士、战略家还是英雄？毫无疑问，无论是哪一种人，他肯定是一个男

图二十四　德翁骑士

10 骑士究竟是男身还是女身？

人！

不过，德翁又再一次踏上了外交生涯。路易十五派他去伦敦，其任务是监督大使盖尔希伯爵，如果需要，甚至于可以阻止他进行正式活动。这就是可尊敬的国王执行的对外政策、阴谋、诡计、劫持、放毒，在大使和他憎恨的助手之间进行的这一场力量悬殊的决斗中，双方是不择手段的。

男助手还是女助手？在伦敦逗留期间，男骑士德翁好几次变成了女骑士德翁。而且，看上去，这种变化又没有明显的政治考虑。

他不但身穿女服，而且在书信中，也用阴性词自称。为了迷惑他政治上的敌人，使用这一伪装，这是可以理解的。使人困惑不解的是，他的内弟在给他的私信中，也这样写："我亲爱的女朋友。"难道真是一个女人？

这样一来，秘密就公开化了。某些在法国有幸见过龙骑兵上尉德翁的英国人，又在英国看见女外交官、德翁女骑士。他们自问也问别人：是同一个男人吗？是同一个女人吗？他们问自己也问别人：在什么地方，在什么时候将他们搞混了？因为在巴黎，他们以为遇见的是一位男人，在伦敦，他们又以为在同一位女人讲话。

于是人们开始打赌，而且一赌就是20年。在伦敦赌，也在其他英国城市赌。公元1771年，赌注的总额达到了28万英镑，简直不可想象！人们到处征求意见，寻求证人。俄国人见过莉亚·德博蒙小姐，所以，打赌的人特别愿意听取他们的意见。德翁向布罗伊①伯爵诉苦："自从波拉斯兰公爵②失宠以来，我不幸地听到或读到英国报界发表的来自巴黎、伦敦甚至来自圣彼得堡的关于我的性别不明确的奇怪报导。这些报导在我国这样热情好客的国家里也得到反响，而且事情闹得这样乌烟瘴气，人们甚至在宫廷与城里就这样一个见不得人的问题开展了大宗的保险业务。"

有一天，骑士大胆地混进打赌人群里捣乱。他写道："上周六，我去了交易所和附近的咖啡馆，人们在那里参加保险和进行各式各样的投机买卖。我身穿军装，手拿拐杖，站在那里，要求银行家比尔德向我道歉，因为他带头进行无礼的保险活动。我向在场的人中间的最顽固者，或最勇敢者，或最横蛮者提出挑战。当时在场的有几千人。我表示，接受挑战者可以采用他自己选定的武器同

---

① 布罗伊伯爵(1671—1745)，法国路易十四、十五时的陆军大臣，元帅。
② 波拉斯兰公爵(1712—1785)，法国外交家与海军统帅，曾任海军大臣。

我决斗。他们都对我恭恭敬敬。使我吃惊的是,在这个城市的所有男性对手中,没有一个人敢就我的手杖进行打赌或者敢同我面对面地决斗。我在他们中间从中午呆到下午两点,好让他们有充裕的时间作出决断。后来,我当众给他们留下地址,如果他们有人改变主意,可随时来找我。"

德翁的怨气很大,但并未就自己的性别作出任何说明。

博马舍又掺和到这团乱麻里。为什么博马舍要掺和进来?因为男骑士和女骑士本人拥有至关重要的文件,博马舍授命收回这些文件。德翁的性别问题也使费加罗之父感到困扰。他对骑士穷问不休,德翁骑士开始一直缄默不语,后来总算下决心公开表态。德翁骑士第一次要公开讲话了。他说了些什么?他居然说他是女人!

博马舍对此兴高采烈,他向此时登基的路易十六上一奏折:"一旦人们想到,这个饱经沧桑的人属于一切都可以原谅的性别,人们心中就充满了甜蜜的恻隐之情……"

在当今,报纸一定会用大标题发表消息:"真相大白,德翁先生是女人。"但是,在18世纪,消息的传播则慢得多。在凡尔赛,当人们得知博马舍的奏折时,群情激昂,事情成了街头巷尾的谈资。路易十六和年轻的王后玛丽·安托瓦内特手下的人,也只有这一个话题。

于是一道命令传到伦敦,这似乎是德翁招供的符合逻辑的但又是最令人惊叹的结果。国王下旨:"既然夏尔—热纳维埃夫·德翁是女性,那么,她永远也不应脱下女人衣服。"博马舍被留在英国,负责说服"这位饱受磨难的人"。

博马舍纠缠不放,德翁烦透了,只好同意了这一要求。于是,"负责传达法国国王圣旨的皮埃尔—奥古斯特·卡隆·德博马舍"同"法国国王派驻大不列颠国王全权公使布罗伊伯爵和公爵元帅的侍卫官、圣路易王家军事组织骑士、原龙骑兵上尉、宫廷侍卫、成年女孩、前民法与教会法博士、巴黎最高法院律师、王家历史与纯文学检查官、同道格拉斯骑士一同被派往俄国以安排两国宫廷会晤的特使,德洛斯皮塔尔侯爵主持的使馆秘书,驻英国特命全权大使尼韦奈公爵主持的负责签署最近一次和约的使馆秘书夏尔—热纳维埃夫—路易丝—奥古斯特—安德烈—蒂莫泰·德翁·德博蒙小姐"签署了一项契约。

协议——这的确是一项协议——后边列举了博马舍的各项要求:"我以国王的名义,坚决要求德翁骑士的幽灵完全消失,在其到达法国与重着裙裾之前,公开地、明白地、准确地、毫不含糊地宣布夏尔—热纳维埃夫·德翁·德博蒙的真正性别,以使公众对其人有一个明确的看法。她对此应绝对服从,尤其是因为她的生涯、勇气和才干已使男性女性大增光彩。这样,她在男人女人的眼中,只能显得更有魅力……"

换言之,这是重弹艾吉永公爵对德翁表示过的两难推理:"你在政治舞台上和战场上为国王和祖国作出的贡献无论多么大,多么卓越,对于我们来说并没有任何与众不同的地方。但是,如果不是男人而是女人作出了上述贡献时,那么,这些贡献马上就大大增值了,达到了稀世罕见的奇异高度。"

德翁签了字,即她签了字。她亲手写道:"我服从以国王名义所规定的上述所有条件……我谨公开宣布我的性别,以消除对我的身体状况的任何疑问,重着女服并且到死为止……"

对于德翁小姐来说,公开讲明性别已经成了关系到自己名誉的一项保证。后来,很多具体事实证明她履行了这一保证。德翁小姐回到法国后的情况,可以援引两个人的声明。其一是医生勒古的声明:"几年前,我曾为德翁骑士进行过治疗。不幸的是,他的身体尤其是生殖器官患有疾病,必须检查患病的部位。检查的结果,我发现了他的性别。现在我完全可以肯定……她是一位女骑士。"至于诽谤短文作者莫朗德,他也毫不含糊:"1774年7月3日,夏尔—热纳维埃夫·德翁允许我随意检查她的性别,她让我观察了她的乳房,允许我把手伸进她的被单里检查。确实是女人。"

对于任何没有偏见的人来说,问题已经解决。

公元1777年8月17日,德翁小姐在凡尔赛出现,却身穿龙骑兵上尉军装!说句实话,德翁小姐穿上女人服装总感到不自在。到那时为止,她只有在特殊情况下才穿女装。久而久之,这种特殊情况变成了某种规律。她心里肯定是想不通的。的确,她已经签字画押。不过,她仍然请求韦尔热纳[①]去到国王面前求情,以免去她作出的保证。她得到的回答是,路易十六于8月27日再次下旨,禁止德翁小姐"在王国穿戴通常的妇女服装以外的任何服装出现"。

国王如此固执己见,这其中定有奥妙。因为话说穿了,德翁小姐穿不穿男人的衣服,对他又有什么关系呢?关于问题的这一侧面,我们往后还要谈,也许谜底就在其中……

---

① 韦尔热纳(1719—1787),法国外交家,曾任外交大臣。

上述圣旨通过玛丽—安托瓦内特而得到证实,她将亲自过问德翁的服装,更有甚者,她将自己的女服装设计师贝尔丹小姐交给"上尉"使用!王后将一把扇子和一张25000镑的银票送给德翁,并且嘱咐:

"请转告她,我用扇子换下她的剑并封她为女骑士!"

德翁小姐如何才能摆脱她的新命运?女骑士给韦尔热纳写信说:"我十分愿意在国王面前与我的保护者们如韦尔热纳伯爵与莫尔帕伯爵等人面前,表现得无可指责,因为他们能给我力量,促使我战胜自己,变得温文尔雅;只有这样的性格才能符合人们要求我选择的新生活。对于我来说,扮演雄狮比扮演绵羊更容易;扮演龙骑兵上尉比扮演温柔驯服的女孩更容易。除了上帝、国王和他的大臣们之外,就算贝尔丹小姐对于我的神奇的脱胎换骨贡献最大了。"

而这位被伏尔泰称作非男非女的"两栖动物"的人的签字是"不久人世的德翁骑士"。

男骑士已死,女骑士德翁将接替他生活33年。

* * *

革命的继承人拿破仑将革命继续进行下去。在伦敦一套狭小简陋的住宅里,住着两位老太太,第一位名叫玛丽·科尔太太,第二位叫德翁小姐。

女骑士在路易十六垮台之前回到了英国,后来一直待在英国,也从未脱下女装。国王的头颅在桑松的铡刀下被切掉,但是德翁小姐仍然严格遵守圣旨,她从不脱下"属于她那个性别的服装"。

她日渐衰老,陪伴她的是忠心耿耿的玛丽·科尔。每天晚上,她都要写一些晦涩、夸张和富有哲理的文字。在这些文字里,她叙述自己时都是用阴性词:"我不再遗憾自己失去了充满臭气的男子头衔,我不再害怕不穿军装,只穿女服在公众场合出现了;既然我从内心深处已是女人,我在外表上也应是女人。"她还写道:"如果当今的天主教会同古代教会一样,也没有女执事一职的话,那么,我的唯一愿望就是担任此职,剃光了头,让铁锅在火上慢慢地煮着,光着身子,躺在被窝里睡懒觉……"

这篇自我忏悔的文字是安德烈·弗朗克发现的,她不是为别人而是为自己阅读写的。这段文章按理说应该解决问题了:

德翁骑士是一个女人。

她于1810年5月21日在伦敦去世。这一"两栖人"的故事按说也应到此

10 骑士究竟是男身还是女身？

告一段落。人们充其量留下这样一个记忆：一个女人因受其癖好与本能驱使，穿上了男人服装；根据伦理方面的考虑，国王下了一道圣旨，使事情回归本源。

如果德翁女骑士的遗体被掩埋之后平安无事，人们也就可以这样盖棺定论了。可是，她的同代人决定让事情朝另外方向发展。人们从法律的角度和从医学的角度检验了女骑士的遗体。检查报告整理出来后，由15名堂堂正正的证人签名。我们将报告全部保存下来。

报告毫不含糊：德翁是男人！

* * *

伏尔泰在会见德翁骑士之后，断言说："这将是历史上的一大难题。"他说得再好不过了。

德翁的一生是一个双重的谜，即心理学方面和历史学方面的谜。德翁因为老穿女装，逐渐产生了女人的心理反应，结果他在写作时也将自己称为女性。这一现象如其说是历史问题，不如说是心理学问题。

然而，如果谈到促使路易十五以及后来的路易十六禁止德翁穿男人服装的原因，那么，这个谜又成了历史学问题了。

很难怀疑说，这两位国王不是经过深思熟虑后才这样行动的。那么，为什么要下这样的命令呢？

是否能相信让—雅克·布鲁松的意见？这位德翁骑士的传记作家提出了下列解释：当德翁到达伦敦时，摄政王是乔治三世①，即梅克伦堡—斯特里茨的索菲·夏洛特的丈夫。德翁早在圣·彼得堡时就与索菲相识，他们重逢后，恋情遽生，他们之间很快有了私情，后来生下一个女孩。

有一天，国王偷听到两位情人的谈话。当时，整个伦敦城就德翁骑士的性别正在进行赌注。索菲·夏洛特拼命抓住这一救命稻草以洗刷自己。她发誓说，德翁是女身！结果国王相信了她的话。

这是一个天真无知、傻里傻气的国王，但是不久，他又疑窦丛生。索菲·夏洛特怕得要命。为了保住名声，她让路易十五出面说情。这位受人尊敬的国王是位风流男子，对于漂亮女人当然唯命是从。路易十六则是萧规曹随，按他祖父意见办事，德翁只好穿上裙子而且以后就再也没脱下来。

这是一项很有吸引力的假设，它可以解释，为什么在路易十六死后，隐居英

---

① 乔治三世（1760年—1820年），英国国王。

国的德翁仍穿女服。但也仅仅是一种假设而已。

真正的解释很可能要简单得多。作为外交官，这位骑士的行为并不那么检点。他手中拥有某些"御批文件"可以用来进行交易。对凡尔赛宫来说，此人已成为危险分子。此时，人们想起他在男扮女装方面颇具天赋。这难道不是一种使骑士变得"无害"的办法？德翁变成了女人，而终生沦为女身，他就毫无威信了。

事实上，情况也确实如此。一旦骑士变成了德翁小姐，谁也不再认真看待他了。这是一件"奇案"，一件"怪事"，仅此而已。这与他是外交官或间谍风马牛不相及。德翁小姐偶尔也试图重新活动，拿出他的"御批文件"。韦尔热纳在一封最为严厉的信中警告他说，他弄虚作假的时代已经一去不复返了，即使是与他通信的这位女人窃取了几份文件——虽然她过去对此作出过保证——上述文件也变得"毫无价值了"。

从某种意义上说，行为不慎的德翁被判处一种奇特的徒刑，即穿女服的徒刑。

有些人身后带着隐秘，就像囚犯拖着脚镣一样。他们的一生有一部分可以得到解释，但另外一部分以后会透露出来，而且更使人感到扑朔迷离。可怜的夏尔—热纳维埃夫—路易丝—奥古斯特—安德烈—蒂莫泰·德翁骑士。

11 可怜的王子路易·夏尔

> 历史学家勒诺特尔说，路易十七之谜就像鳗鱼的皮一样翻来覆去。

圣殿①塔的巨大身影耸立在夜空。它庞大而粗壮，四角建了四座边塔。它，高45米，厚2.5米。公元1212年，圣殿骑士团的骑士们修建了这座古寺，它显而易见成为所有帮会中那个最神秘的帮会的中枢。

圣殿在朦胧夜色下沉浸在宁静之中。巴黎城也万籁俱寂。公元1793年至1794年的冬天，恐怖笼罩着大地。天一黑，巴黎人就闭门不出。

已经是夜里10点钟了。在其中一座边塔的中心部位，有一螺旋楼梯，此刻有一小队男人在风灯微弱灯光的照引下，沿着楼梯的石级向上攀登。4个人一律头上戴着翎毛，腰上缠着三色带。一名狱卒和一名男孩走在他们前面，后者拿着风灯。

---

① 圣殿，圣殿骑士团于公元13世纪在巴黎修建寺院，为圣殿骑士团驻扎之处。路易十六曾被监禁在那里。公元1811年，圣殿被拆除。

他们先来到第四层。有一道门打开了,出现了两个女人,一个已经上了年纪,另一个则十分年轻。男人们默默地看了看她们,摇了摇头。两个女人退了回去,门又关上了。

这一队男人下了一层楼。他们通过一道铁门,然后通过一道木门,最后来到一座候见厅。那里有一只大锅在咕嘟冒气。这只锅很怪,它只是一支巨大的瓷管,它横跨候见厅与另一房间,结果将此房间的门完全堵死了。在锅的上面,剩余的空间被一个木头框架给堵住,这个木架上面又设有一个"窥视孔"。当时的邮差们称它为"天窗"。那是一块长60公分、宽32公分的白色玻璃。这扇玻璃窗能像牢房的窗口那样"滑动"。

这一群人走近烟雾熏黑的窗口。那位男孩举起风灯,大家伸过头去。透过窗户,可以看见一个模糊的人影躺在一张小帆布床上。大家默默地确认:"他在那里。"不过,偶尔也会有一名戴羽翎的人想表现积极一点,那他肯定是新来的。于是,在房顶下的古老石头上,响起了这样的问话:

"卡佩①!你睡了吗?你在哪里?你这条毒蛇,你站起来!"

这一切行动全是因为一个孩子,一个9岁的孩子,一个被监禁的孩子。

就在这里,在这间改装成牢房的房间里,在这无人光顾的陋室,给犯人的食物是通过锅上端的天窗递进来的;在那里生活着法国第40代国王的继承人,即路易十六的儿子。他就是自从1793年1月21日国王在桑松的铡刀下人头落地以来,被所有的君主政体国家承认的法国和纳瓦尔的国王路易十七。

有人朝着这位睡梦中的孩子发出了充满仇恨的喊声,

"卡佩,快起床!"

人们可以想象,可怜的孩子如何在深夜被人从床上叫起来,如何跑向窗口,双眼因睡眠不足而发红,头发贴在脸上:

"是,先生……我已经起来了,先生……"

事情到此告一段落,因为他们认出了小卡佩。沉重的铁门在黑夜里吱嘎作响。保安警察的脚步声在楼梯上渐渐消失。孩子又摸摸索索地回到床上。他的姐姐鲁瓦雅尔女士说:"人们常常不给他点灯。"她本人也同路易十六的妹妹伊丽莎白女士一起被关在上面一层楼。她还说:"这可怜的孩子快被吓死了。"

这种可怕的监禁生活,自1794年1月底以来就一直如此。也就是说,是从

---

① 卡佩,路易十七的父姓,这里指路易十七。

11 可怜的王子路易·夏尔

鞋匠西蒙和他的妻子离开圣殿时开始的。过去,小"卡佩"虽然被关在同一层楼里,但西蒙可以自由地对他进行"训导"。有一天,公社作出决定,迫使鞋匠同他的"学生"分手。人们没有为路易·夏尔①任命新的看守员,只是将他关押在一个改成牢房的房间里。更准确地说,人们将他禁锢起来了。当然,这个词的分量似乎不太够。

为什么?

历史上最大的秘密就产生于这个问题:圣殿之谜。

* * *

公元1792年8月13日傍晚,一列车队驰进了圣殿的院子里,停在毗邻最大塔楼的小塔楼脚下。人们东奔西跑,战士们携带武器,文职官员则穿得五花八门。从一辆大马车上,走下来路易十六、玛丽·安托瓦内特、伊丽莎白女士和国王的两个孩子:年轻的鲁瓦雅尔女士和年幼的路易·夏尔。法国国王一家是遵循命运的安排来到圣殿的。8月10日,暴乱将他们从杜伊勒利宫赶出来。几天之后,共和国宣布成立。

图二十五:王子路易·夏尔

---

① 路易·夏尔,即路易十七。

路易·夏尔是一个很可爱的孩子,他的爵位是他父亲诺曼底公爵留给他的。此时他只有7岁,因为他于1785年3月27日出生在凡尔赛。他身体瘦削,脸却长得很秀气,长长的头发呈黄灰色,两个蓝色的大眼睛显得很深邃。他用带有悲哀的好奇目光,环视这个使他感到迷惑的革命世界。

制宪议会下令将国王与其全家监禁在卢森堡宫。负责组织暴动的巴黎公社却越过这一界线,因为它决心加强专制。它宣布的法令毫无余地,整个国王全家应监禁在圣殿塔里。

主塔共有5层,谜则发生在第三层,因为国王与太子后来就被关押在那里。在各个边塔,后来改修了一个厕所,一个木柴灶和一个衣橱;楼梯则设在第四边塔里。楼梯设有边门,那是些装着沉重铁锁的门;在楼梯上还开了一个出口,只能弯腰迈步才能进去。在底层和第4层之间,类似的障碍有12处。在每一层楼梯平台,设有两扇门,一扇铁门和一扇木门,将进入"套间"的入口关死。在主塔的四周,是圣殿的边缘区,那是一个地地道道的缩小了的城区,也是封建统治的最后遗迹。它四周是一垛圆形墙,里面有好几座建筑:隐修院院长楼或院长宫,一座教堂,一座过去在很长时间里享有盛名的市场。这个面积125公顷的小城市拥有4000居民。当国王全家到达后,各边均新建80米长的围墙,将边缘区同主塔完全隔开了。

这位在凡尔赛宫和杜伊勒利宫长大的小亲王以后就住在这里。1793年1月21日上午,路易十六上了断头台。小亲王为此痛哭一场。当她母亲告诉他说,他已经是国王时,他丝毫不感到骄傲,他太悲伤了。

有一天夜里,几名男人冲进了玛丽·安托瓦内特的房间。他们粗暴地将孩子从母亲的怀里夺走。路易·夏尔哭泣不止。人们强迫把他带走。他又喊又抓,但仍被带到塔楼的下边一层。有人给他介绍他的"家庭教师"鞋匠西蒙。在这位面部毫无表情的男人旁边,站着他的老婆女公民西蒙。她笨拙地哄孩子,但孩子怕生人,不愿让她抱。

新的生活开始了。对于路易·夏尔来说,生活真像人们传说的那么艰苦吗?传说将西蒙夫妇过分丑化了。在一个世纪中,人们把他们刻画成情节剧里的可怕人物,幼王的泰纳尔迪埃[①]。历史学家G·勒诺特尔在国家档案里发现的资料

[①] 泰纳尔迪埃,法国作家维克多·雨果小说《悲惨世界》中凶狠恶毒的反面人物,后来成为面目丑陋、使孩子们害怕的怪物的代称。

图二十六　玛丽·安托瓦内特

意外地恢复了一个历史真相：西蒙夫妇给孩子买花、玩具、鸟等，上述物品的发票已经被发现。说句实话，鞋匠和他的老婆是很忠厚的人，他们尽量设法使"小夏尔"的日子过得愉快一些。

应该承认，太子较好地适应了这一新环境。保安警察多戎曾讲过这样一件事：住在楼上的孩子的母亲与姑妈忙着干活，弄出很大声音，这使太子大为恼火，他高喊："这些臭娘们怎么还没有被砍头？"人们认为这一说法不可靠。

鲁瓦雅尔女士表示，她记得曾听见"太子每天同西蒙一起唱卡马尼奥拉歌，马赛人之歌和许多其他难听的歌曲。"孩子有很高的模仿能力。幼王的体力、智力发展均是正常的。

公元1794年1月19日，第4层只剩下两名女囚犯，即鲁瓦雅尔女士和伊丽莎白女士，玛丽·安托瓦内特此时已离开她们上了断头台。鲁瓦雅尔女士这样写道，"我们听见楼下有很大的响声，这使我们猜想，他（路易十七）可能正在离开圣殿；当我们通过钥匙孔朝外观看时，发现人们在搬行李，我们对此就坚信不疑了……我们一直坚信他已经走了。"

* * *

事实上，不是路易·夏尔，而是西蒙夫妇离开了圣殿。我前边已经说明，他们的离开是很重要的事件，现在应该回头谈谈这一问题。

自从公社"接管"了国王全家人的命运之后，圣殿有了新主人，即肖梅特①公民。

正是肖梅特任命文盲西蒙为小卡佩的"小学教员"的。1794年1月3日，又是肖梅特以公社名义规定："任何因职务与工作需要在国民公会开会时必须缺席的公社社员必须作出选择……"

这一项措施表面上看非常笼统，实际上只针对一名公社社员：西蒙。他将来能干什么？毫无疑问，10000镑的年俸——住房还不算——对他的吸引力是很大的。但是，他是否能够在不丢面子的情况下，放弃公社社员的资格——这是人民对他的信任——而只要他的年俸？当月5日，他作出决定，放弃了卡佩儿子的"小学教员"的职务。这正中肖梅特的下怀。

后来的情况是，没有任命任何人替代他。总安全委员会与公社总务委员会认为进行"特殊监视"是不必要的。于是，1月19日，西蒙夫妇离开圣殿，并且将

---

① 肖梅特(1763—1794)，法国大革命领袖。

他们的衣物也带走了。

一项报告说，当天晚上，西蒙将卡佩"介绍"给4名警卫员。他们是公民勒格朗、拉斯尼埃、科歇菲尔和洛里耐。他们看见孩子"身体健康"，宣布鞋匠交接手续完毕。

从这时候起，采取了奇怪的措施，结果将这个8岁的孩子单独关押和隔离起来。为了将原来路易十六的房间改建成牢房，必要的工程一直进行到1月底。

19世纪的杰出历史学家德博歇斯纳既是保皇党又是科学院院士，他曾详细地描绘过牢房：牢房的门在"扶手的高度被割断，用钉子与螺丝钉牢，从上至下装上铁条。在扶手的高度，装了一块小木条，木条上边的铁条被分开，同其他的活动铁条组成了一个关闭了的窗户，窗户又被一支特大的锁固定起来……房间全靠第一个小房间的炉子的一支管子取暖。房间的唯一照明是装在铁窗对面的路灯。炉子的管道也是通过铁条伸进来的……"

长时间以来，这一描写遭到某些历史学家们的怀疑，他们不承认人们会去隔离一名孩子。这些历史学家们认为，德博歇斯纳先生的想象力促使他超越了历史的真实性所规定的这个唯一界限。

不幸的是，德博歇斯纳先生一点也没有夸大其词。几年前，保尔·圣—克莱尔·德维尔先生在国家档案里发现的丰富的资料和路易·阿斯蒂埃先生又对此进行的补充，完全证实了上述描绘。

所有的通路都上了锁。就连关起来的窗户上，还装上了安全锁与铁条栅栏。一个炉子就像前面所描述的那样安放着，这样犯人就无法玩火。人们说，犯人同样是通过装有铁条的"天窗"接受食物。

在牢房里，光线一直是半明半暗的，一到下午，则成了一团漆黑。

小卡佩极少离开那张床。再说，床单也从来不换洗。床上满是虱子跳蚤。由于窗户从不打开，整个房间的气味很快就让人受不了……

保安警察每天来"认人"两次。他们要在记录本上写明，他们亲眼看见卡佩儿子在场。真实情况是，此时他们只看见一个孩子在场，他们通过牢房的昏暗光线，猜想那就是他。

这种可怕的监禁生活持续了6个月。

而谜就从这里开始……

因为人们很难理解为什么会对一个8岁的孩子采取如此残忍凶暴的措施。

当然,公社的社员和国民大会的议员不是些感情用事的人,为了达到他们的目标,即实现自由,他们是不惜牺牲他们认为是"人民敌人"的那些分子。但是,他们并不是刽子手,也不是施刑者。在法国革命的历史中,未发现任何用毒刑拷打来进行审问的情况。因此,人们认为,采取上述措施,即将小路易·夏尔隔离起来,不是没有原因的。

有一点可以肯定,即在西蒙夫妇离开之前,人们相信,那孩子是路易十七。每天傍晚,有几十人看见他在房间或花园里玩。可是突然一切全变了。人们将孩子关在谁也看不清楚的牢房里。自那时候起,就很难有把握地断言,警卫员在一间黑屋子深处所看见的人影就是路易十六之子。

※　　　　　※　　　　　※

只是到了罗伯斯庇尔去世的那一天,即1794年7月28日,巴黎的新主人巴拉斯①才下令打开牢房。下列事实意义重大:巴拉斯"上任"的当天,他有成百件事情急需他去办理,但是,他认为仍有必要抽身去圣殿,去亲眼证实路易十七的存在。

眼前的情景使巴拉斯大惊失色。一个个子比较高大的孩子躺在床上,脸色苍白,枯瘦如柴。巴拉斯想让他起来走一走,孩子好像感到浑身剧痛难忍。他宣称膝盖一带很痛。确实,他的膝盖已经肿得很大,皮肤颜色发青。

巴拉斯十分感动,下令给孩子派一名"常务"看守员。于是任命让·克里斯托夫·洛朗担任此职。自那以后,孩子的条件大为改善。不久,又任命了戈曼作为洛朗的副手。两人负责使孩子保持卫生,穿戴整齐,并且同他玩耍,任务是很艰巨的。7个月前,那么欢乐活泼的孩子,现在竟变得那样麻木死板,几乎与痴呆无异了。

让·巴蒂斯特·戈曼是巴黎人。他到圣殿就职的第一天,洛朗接待了他并领他到了第三层。洛朗还问他过去见过太子没有。

"我从来没有见过他。"戈曼回答。

"在这种情况下,他可能要等很长时间才同你开口说话。"

的确如此,戈曼上任时,孩子不说话,或很少说话。有一名意想不到的证人向我们证实了这一点,他就是国民公会议员阿尔芒·德拉默兹。

公元1794年12月19日,阿尔芒受安全委员会的委托,在同事马蒂厄与勒

---

① 巴拉斯(1755—1829),法国政治家、国民公会议员、督政府成员。

韦雄的陪同下,来到了圣殿。

他离开时,感到非常惊愕,甚至于有点吓坏了。洛朗领他去孩子住的房间。当这两位国民公会议员出现时,孩子对他们毫不理睬,他坐在一个小方桌前玩,用纸牌搭楼房。他只顾自己玩。

阿尔芒发现,小犯人身穿"新的灰呢水手服"。议员们继续视察房间,他们认为房间"干净,光线充足"。床与床单看上去"漂亮和质地好"。

阿尔芒走近孩子,孩子的脸上毫无表情。阿尔芒用几句话向他表示,听说他拒绝到"室外运动",对此感到伤心。他继续说,他"授权让孩子散步时走得远一点,给他提供他想要的娱乐消遣物品"。

孩子闭口不答。"孩子瞪着眼睛看着我,姿态纹丝不动;他听我讲话时好像非常注意听,但就是不开口",他这样写道。

阿尔芒问孩子是不是想要"一匹马、一只狗、一些鸟、各种玩具、一个或几个同年龄的伙伴……要不要水果糖、点心……"孩子仍保持沉默:"他一句话也不回答,他甚至连一个姿势,一个动作也没有,他虽然头转过来对着我,目光令人吃惊地盯着我不动,但眼神却麻木呆板。"

然而,孩子听力很好。阿尔芒问他能不能把手伸出来时,"他就向我伸出手来。我发现他的手腕和肘部有像节结一样的瘤子,那种异样感觉一直伸展到我的腋下,这些瘤子似乎并不疼痛,因为太子一点也没有感觉。"

"先生,请伸出另一只手。"他就伸手,手没有任何异常。"对不起,我想摸一摸你的腿和膝盖。"他站了起来。我发现,他的膝盖的膝弯部分,也有同样的肿块。

这样站着,小亲王就显出了佝偻病和骨骼变形的症状。他的小腿、大腿又长又细,胳膊也是一样;上身很短,胸部前挺,双腿前抬并紧紧闭拢;头却很漂亮,头发又长又美,呈浅栗色,梳得很整齐,阿尔芒对他说:"先生,现在请你走几步。"

很遗憾,孩子只走了几步,就回来坐下了。阿尔芒叫他再走几步,"他沉默并且拒绝,他坐在位子上,胳膊肘靠在桌子上;脸上的表情丝毫不变,没有任何情绪暴露出来;目光也没有任何惊异的表情,仿佛我们根本不存在,我什么话也没有说"。

国民公会议员对此不知所措,他们没有听到小犯人说一句话,只好离开了他的房间。

"第一道门是关着的,我们只好在候见厅停了一刻钟,我们互相交谈我们刚才的所见所闻,交换我们每个人对小亲王的精神状态与身体情况的意见与看法。"

沉寂再一次笼罩了圣殿和它的犯人。

如果我们相信一位外国旅行者私下谈的情况,3个月之后,圣殿的一位警卫员曾见过孩子。当他看见"犯人身材较高,如果站直身子,其姿态一定会不堪入目时,他吓坏了……孩子的嘴唇动了两三次,好像要说话,但是,嘴里发出来的只是吹气声,什么也听不清楚。"

警卫员大动恻隐之心。最后他这样叙述:"这个不幸的孩子是我所见过的最可怜的人。"

＊　　　　＊　　　　＊

真可怜,这也是有名的医生德佐5月份去对小犯人进行检查之后得出的悲惨印象。看守员拉斯纳——他代替了洛朗——和戈曼得到消息后,也向"当局"报告说,卡佩孩子的健康日益恶化,应马上对他进行治疗。

委员会于是指定了王宫医院的主任医生德佐为其治疗。德佐向达尔马耶伯爵夫人这样描述:

"我发现,孩子已经痴呆,快死了。他是最可怕的贫困和完全无人过问的牺牲品,他被那些最残酷的待遇弄傻了,根本无法将他唤回现实生活中来!我问他是否想呼吸新鲜空气,想去花园看一看,看看小鸟、花草,要几样玩具,我尽一切办法对他表示关心,取得他的信任,唤醒他,使他振作起来!他悲哀地看着我,低头不语……

医生开了一张加强营养的处方和当时处于萌芽状态的医药所拥有的两种汤剂。处方规定,病人每天早晨喝"钽土啤酒花汤药,里面还要加一汤匙抗坏血病的糖浆"。

每天早、晚用四滴下列外用药揉擦手腕和膝盖:

甜杏仁油——1滴

氨水——3滴

＊　　　　＊　　　　＊

德佐好几次去圣殿出诊。但是,他自己却突然病倒了,卧床不起。3天之后,

11 可怜的王子路易·夏尔

即1795年6月1日,他溘然长逝。安全委员会立即任命佩利唐医生替换德佐。佩利唐是医院的外科主任。6月5日,他第一次到圣殿出诊,他留下一个很短的处方,开的药与德佐开的药十分相似。6月7日,迪芒然医生被任命为佩利唐的副手。

6月8日上午11时,两位医生应拉斯纳和戈曼的紧急要求,再次来到圣殿。他们对孩子身体的虚弱程度感到吃惊。他们通知委员会说,孩子的身体状况"十分严重"。

下午3时,孩子向拉斯纳做手势,表示他着急做一件事。拉斯纳将他抱在怀里。孩子的双臂抱住拉斯纳的脖子,长长地叹了一口气,头耷拉下来。

圣殿孩子停止了呼吸。

*　　　　*　　　　*

这个孩子是路易十七吗?

问题已经提出来了。在作出回答之前,让我们在圣殿里可怜的孩子尸体旁再呆上几个小时。

在"路易卡佩"的遗体周围,正上演一出奇特的喜剧。委员会告知戈曼和拉斯纳,"最好不要让有关孩子的病情的任何风声和言论透露出去。这是警告,它要求最严格地进行保密。因此,要避免任何疏忽,不要放过最微不足道的细节。"

为什么要采取上述预防措施?为什么这样如临大敌?人们有理由想一想委员会害怕的是什么?委员会是想隐瞒疾病的性质?或者想隐瞒患者本身?

为了执行上述命令,戈曼和拉斯纳甚至叫人去药剂师那里寻找孩子服用的药,他们还叫人将孩子的饭菜从厨房取来。一名叫古尔莱公民的狱卒偶尔得知孩子的死讯,拉斯纳与戈曼立即禁止他离开圣殿。只是到了第二天,他们才把真实情况告诉给圣殿的工作人员。事实上,当医生们已经开始对孩子进行尸体解剖时,他们还继续维持孩子仍然活着的神话,也实在太蠢了……

佩利唐和迪芒然邀请他们的同事让鲁瓦和拉絮斯参加令人讨厌的解剖工作。于是他们就像人们所说的那样"打开了"死孩子的尸体。他们在报告中说,首先让他们吃惊的是"孩子很瘦,属于消瘦病症状"。他们还指出,孩子的肚子"绷得很紧"而且"非常鼓胀"。在进行了上述初步诊断之后,他们才开始了真正的解剖工作。"在右膝部,我们发现一个肿块,其颜色与肤色无异,在左腕的桡骨上,发现另一稍小的肿瘤。膝盖上的肿瘤里面有大约2盎司的灰色的,形状规则的淋巴粘状物,长在骨膜与肌肉之间,腕部的肿瘤里也是同类物体,只是更稠一些。"

"打开肚子后,流出的脓液又黄又臭,足有一品脱还多。肠子十分鼓胀,颜色发白,相互粘连在一起,而且与腹腔内壁也粘在一起了,肠子上分布着大小不同的结核节,将这些结核节割开,里面流出的液体与手腕、膝盖肿块流出来的完全一样。"

在胃的外壁与腹膜深处,也发现了同样的"核节"。"在气管与食道附近也出现了同样的核节"。

在身体其他部位,没有发现任何病灶。为了了解脑子的情况,又将头骨锯开。伸利唐医生后来证实,他是顺着眼眶斜着"锯开头骨的"。他还补充说,这是今后断定孩子头骨的可靠办法,因为"头骨的颅顶部分肯定还在"。

解剖已经结束,医生作出的结论是:"我们刚才仔细描绘的异常之处,显然是长期患结核病的结果,也是造成孩子的死因。"

公元1795年6月10日,黄昏时分,装着圣殿孩子尸体的棺材被抬到圣殿墙脚下。4名男人两前两后轮班将棺材抬到墓地,其间还有军队押送。他们是25名士兵,一同前往的还有警官迪塞尔,圣殿两名看守员拉斯纳和戈曼,当时正在圣殿值班的文职警官盖兰以及小组委员会的两名成员。可怜人的尸体被运到圣·玛格丽特教堂附近的同名墓地。殡仪队伍在晚间9时左右到达后,就进行埋葬。

在这片刚刚挖动过的土地上,我们应停下来,再次想一想刚才提出的问题:刚刚埋葬的孩子尸体是路易十六的儿子吗?

我们首先应该承认,在法国与欧洲流传着有关越狱的消息,类似消息流传时间之久令人震惊。当然,人们可以说,在历史的各个时期,老百姓的想象力对于神秘之死、死里逃生等内容是异常丰富的。每当一名重要人物在没有任何见证人的情况下死去时,马上就会有人声称此人之死是"冒名顶替"。拿破仑死于圣—海伦斯岛,这一情况是十分准确的,是众所周知的,而且连细节也十分清楚。即使这样,有人仍提出异议。美国刚刚出版了一部书,该书用丰富的资料证明,拿破仑当时实际上已经越狱,在朗伍德的人只是替身。

对于路易十七来说,情况似乎不完全一样。自1795年以来,甚至于在19世纪整个上半叶,就不断传出风声说,在圣殿死去的是另一个孩子。

11 可怜的王子路易·夏尔

历史学家们和这一论点的拥护者们不断搜集到有关证据、传说或者一般的传闻。大部分的证据、传说和传闻都倾向于一种说法，即孩子被人冒名顶替了。

公元1796年，西蒙的遗孀玛丽·让娜·阿拉达姆——她的丈夫死于绞刑架——被送进不治之症收容所，不知从哪一天起，她逢人便说，路易十六的儿子，她的"小夏尔"并没有死，只是被人从圣殿劫走了。听过他讲话的某些人对此提供的证词出入相当大。其中一个人说，阿拉达姆只说"太子被人劫走，是用被单裹走的，还是用其他办法，我记不清了"。另一个女人则称，阿拉达姆说，她"曾帮助孩子越狱，孩子是被包在被单里被送走的"。这一女人还补充说，"人们故意把他们的脸弄得比平常更黑，同时，还要让被单保持原样。太子并不怨恨那里用这种办法来救他、帮助他离开圣殿的人"。

布歇医生在不治之症收容所工作了7年，他也听见那个女人说过，"路易十六的儿子没有死，一些虔诚的保王分子将他从圣殿救出，然后找一个孩子代替他。这一孩子不久死去"。

公元1816年和1817年，对西蒙的遗孀进行了正式审问，她的态度斩钉截铁。"她坚信亲王并未死在圣殿塔里，就像当时传说讲的那样。她的看法如此坚定，任何情况均不能使她改变看法。她还具体说明，在她不担任太子的看守员以后，即他的死讯传出的五六个月之前，孩子欢蹦乱跳，没有任何症状说明他得了后来人们诊断出的那种病，她毫不怀疑，孩子被人从圣殿监狱里劫走了，因为当时监狱的厨师将此消息告诉给她。厨师还告诉他，将另一个患佝偻病的身体畸形的孩子弄来取而代之，她本人亲眼看见这个病童是被人装在筐子里，放在装满脏被单的车上，从医学院运出来的。"

上述说法中最离奇的是下面一段：她声称她在11年后的7月见过亲王，他同一名20岁左右的黑人一起走进不治之症收容所的一个房间。当时，她同收容所的18个人正呆在那个房间里，亲王从她身边经过，没有叫她，但朝她点头致意，同时将手放在胸口，意思是请她不要说出去。他走到她的床前，床上有一床蓝色压脚被，于是说："我发现，人们并没有欺骗我。"

当然，人们可以说，这个妇女饱经风霜苦难，可能精神失常。但是，西蒙的遗孀从未出现过神经病的症状。她反复说明自己的看法，从来没有改过口：她的小夏尔并没有死，她后来甚至还见过他。

在她的口供记录里，有几行字值得我们思考。她不是说是圣殿的厨师告诉她路易十七越狱了吗？令人奇怪的是，在罗伯斯庇尔死后，在他家里发现一张废纸，上有这位"无法收买的人"①写的几行字。这一页纸上没有日期，但根据前后的文件推算，应是1794年5月。G·勒诺特尔也坚持这一看法。现将原文如实抄录如下：

一、任命厨师；二、逮捕原来厨师；三、起用圣·鞠斯特②的朋友维利埃；四、委任市长和市政豁免委员；五、尼古拉将把情况告诉给维利埃；六、鸦片；七、一名医生；八、任命委员会名单；九、头两三天安排新人；十、当面写出记录。（原文如此）

如果分析一下这一文件，就会发现，这只能是指圣殿孩子越狱的可能性。事实上，厨师加尼埃是圣殿里唯一重要的服务人员。维利埃与尼古垃完全忠于"无法收买的人"。因此，"任命委员会委员；头两三天，在委员会安排新人"只能适用于圣殿委员会。鸦片可能是用来麻醉什么人，也许是麻醉太子的。一名医生负责这一行动。罗伯斯庇尔要求当面写出记录这一事实说明，他对此事十分重视。

值得注意的是，罗伯斯庇尔在研究劫持的准备工作时，竟然想到了厨师。这说明"无法收买的人"对他多么重视。当人们将上述两份文件加以对照时，厨师的重要地位就明显地使西蒙的遗孀的说法十分突出了。

认为发生越狱的绝不只是西蒙遗孀一个人。历史学家们耐心地把一团乱麻清理出来了。

这样，公元1803年，人们在布鲁塞尔听取了巴拉斯当着布罗格利—索拉里侯爵夫人的面所作的声明。侯爵夫人曾于1840年被流放伦敦。人们也知道，巴拉斯曾设法使波拿巴在意大利军队中任职，因此，他也同样被放逐。

这位前督政府成员高呼，"我希望能活到看见这位科西嘉的恶棍被吊死的那一天，因为他对我忘恩负义。我成全了他今天的一切，他却反而将我流放。不过，他的野心不会得逞，因为路易十六的儿子还活在人世。"

如果人们承认上述说法，那么，当巴拉斯热月③9日叫人打开牢房时，他没有认出那个孩子就是路易十七。

---

① 无法收买的人，罗伯斯庇尔的外号。
② 圣·鞠斯特(1767—1794)，法国政治家。
③ 热月，法兰西共和历的11月，相当于公历7月19—20日至8月17-18日。

还有一人也有资格"了解"这一情况,他就是国民公会议员古皮洛·德芳特内。为了证实卡佩儿子的存在,他曾去过圣殿好几次。他的一位后裔贝尔纳·科尔拉曾向路易·阿斯蒂埃先生发表过一项声明。通过这项声明,我们最近才得知,科尔拉先生的祖母(她过去认识国民公会议员)经常重复下面几句话:

"我知道,1795年6月8日死在圣殿的孩子不是太子;我还知道,那些自称为太子的人都是些骗子。"

最后,当我在准备写一本关于使人敏感的路易十七问题的著作时,我在1946年得到一份宝贵的证词,即让鲁瓦上校的证词。他曾是军队历史处的科长,让鲁瓦医生的侄孙。这一声明是根据让鲁瓦医生的手迹而起草的。声明说,让鲁瓦医生在太子童年时曾为他治过病,所以他知道太子身上有三个标记:几个种牛痘的疤,上嘴唇有一伤疤……以及一个形状像鸽子的玫瑰色斑记。"

声明的关键段落如下:

"在圣殿去世的孩子尸体上没有上述任何一种标记。"

这一切均加深了佩利唐后来对他所解剖的孩子尸体身份的怀疑。实际情况是,他利用同事们不留心的机会,取走了孩子的心脏,因为他想到未来这会有用。在复辟王朝的最初的日子里,这位处事谨慎的医生将"宝贵的古迹"献给路易十八,但却遭到路易十八的拒绝。他去找后来成为昂古列姆公爵夫人的鲁瓦雅尔夫人,也遭到同样的冷遇。毫不气馁的佩利唐医生后来又找过其他亲王,均被拒之门外。

保安警察达蒙的遭遇也是一样不幸。路易十七临终时他在场,并且把从尸体上剪下来的一撮头发,用当天的一张报纸包好保存起来。还要说明,这撮头发是佩利唐医生在解剖时交给他的。

公元1817年7月,达蒙让人制作了一个"精致的摩洛哥红色皮革盒子",将那卷头发放在里面,然后去杜伊勒利宫,想把这一切献给鲁瓦雅尔夫人。可惜,她拒绝接见这位后来成为糕点师傅的前保安警察。只有国王卫队长格拉蒙公爵接见了来访者。他看了一眼那撮头发,说:

"你被人骗了,这不是太子殿下的头发……"

达蒙一时说不出话来,只是解释说,"他亲眼看见将头发从小国王的头上剪下来"。于是格拉蒙公爵反驳道:

"太子的头发是浅黄色,我在凡尔赛时就认识太子了。"

可怜的糕点师傅只好将头发放在报纸里,将报纸放在盒子里,怏怏不乐地回到家里。

虽然上述全部证词,声明和传说似乎给人以深刻印象,但是,它们本身也只能说明人们倾向于认为路易十七越狱的说法。企图寻求无可辩驳的证据的历史学家们,从中找不到能最终说明问题的材料。

公元1794年1月仍然是"身体健康"的欢蹦乱跳的孩子,6个月后,当巴拉斯叫人打开牢房时,已变成傻乎乎的、被扩散性结核所折磨得只剩下可怜躯壳的孩子了,而且他的身材之高又使所有的证人感到意外。关于这一点,人的理智是很难接受的。这一事实本身可以使人得到一个信念,但那还不是确凿的证据。

要得到这一确凿的证据,要解开这一个谜,就应重新进行解剖。佩利唐、拉絮斯、让鲁瓦和迪芒然在他们的报告中均避而不谈被解剖的孩子的年龄。然而,在这一方面,人们可以采用一些具有决定意义的方法:只要鉴定牙齿和某些部位的骨骼发育情况,即可得出很准确的结论。

再次解剖?唉!人们叹息道,已经不可能了。

这就错了。被圣殿的医生们"所遗忘的"鉴定就是在这样的条件下进行的,可以说,它部分地解开了圣殿之谜。

*　　　　　*　　　　　*

我们曾目睹一个小棺材运进圣·玛格丽特墓地。官方急忙宣布,那里面装着路易·卡佩之子的尸体。

让我们再次来到这同一墓地。此墓地现今在巴黎第十一区的圣贝尔纳街。这是一处面积不大的被围起来的空地,与圣·玛格丽特教堂相毗邻,此时,教堂已变成"收容所学生"的学校了。这是绿树成荫、古木过墙的僻静去处。在一个角落,有一所"破瓦房",掘墓人贝特朗古和他的妻子就住在那里。20年以后,贝特朗古太太叙述了圣殿孩子被埋葬的经过:

"人们在黄昏时分将他埋葬。那时,天还没有完全黑,人也不多;我很容易就靠近了那里;我看见棺材就像现在看见你一样清楚。人们将他埋在公共墓穴里。不管小孩大人,穷人和富人,什么人都可以埋在这个墓穴里。所有的人都埋在这里,因为据说要人人平等……"

埋在公共墓穴?这一说法是笼统的,几乎是不可能的。读者已经明白,我是

11 可怜的王子路易·夏尔

为了寻找圣殿孩子的遗骸才请读者来这里的。然而,在一个公共墓穴里,怎样才能找到某人的尸体或遗骨呢?

问题并不如此简单……

在复辟王朝初期,路易十八下令寻找路易十六和玛丽·安托瓦内特的陵墓。公元 1815 年 1 月 21 日,他们的遗骸发现后被庄严地运到了圣德尼。

令人感到奇怪的是,路易十七似乎完全被人遗忘了。以至于到了公元 1816 年 1 月 9 日,夏托布里昂①从这一遗忘中找到了灵感,才在众议院用抒情诗的形式提出了质询,而他本人是了解这一质询所含的秘密的:

"厄运的伙伴、圣殿孤女的兄弟在何处?我在何处能向他提出这一可怕的众所周知的问题:'卡佩,你在沉睡吗?起床吧!'先生们,他起来了,他带着天上的荣誉,向你们索要一座陵墓!"

公安大臣德卡兹马上惊醒起来,命令警察局长昂格莱靳"继续进行必要的发掘,以找到路易十七的遗骸"。不幸的是,"继续"进行发掘是很困难的,其原因很简单,因为发掘工作根本就没有开始。

昂格莱斯委托两名警察负责确定圣殿孩子的埋葬地点,他们是市政府区警官皮蒂和圣殿区警官西蒙。

警官们四出打听情况,进行调查,四处查访。应该承认,他们在 3 月 15 日提出了一份典型的既清楚又有说服力的报告。西蒙与皮蒂先后找到与询问了圣殿警察分队的前警官迪塞尔和瓦赞,前殡仪车驾驶员比罗、公墓看守人、圣·玛格丽特教堂的神父杜布瓦教士,掘墓人贝特朗古的遗孀和贝特朗古生前好友、甘兹万教区的教堂执事德古弗莱。两位警官从上述所有人的手中得到了按规定签字画押的证词。这一点是很重要的。他们两人认为,可以大致上确定"路易十七国王陛下陵墓"的地点。

两位警官得出上述结论绝非轻而易举。值此历史转折时期,同代人很容易在政治上见风转舵。人们轻易地毁掉过去所珍爱的东西,抓住一切机会向新政权献媚取宠。人们夸大其词,把自己的作用夸大到与过去的实际情况相距甚远。例如,前警官迪塞大肯定,在埋葬的当天晚上,他力争使"幼王的遗体被埋在一个单独的墓穴里而不是埋在公共墓穴里"。他还借此补充说,这是他"对波旁家族表示忠心的唯一机会",因此,这给他留下了最美好的回忆云云。如果相信他

---

① 夏托布里昂(1768—1848),法国作家、诗人,曾任大使、外交大臣。

的话,他采取这一大胆行动差一点送了命,到了最后关头,上莱思省议员路易出面,在全国委员会上替他辩护,才救了他一命,才使他幸免于革命法庭的审判,因为当时有人以此威胁他。

说得多么动听!可惜的是,在圣殿孩子去世前10天,革命法庭已经被解散了。至于下莱思省议员路易,他退出委员会已经有8个月了!

再说,警官皮蒂与西蒙再三要求迪塞尔准确指出他所挖掘的墓穴地点。他吞吞吐吐,托词说,时间太久了,"根本记不起来墓穴在什么方向了"。

西蒙与皮蒂在报告里表示,这一遗忘实在令人费解,对于他们的看法,我们完全表示同意!

那位"前圣殿区与波平古尔区殡仪车驾驶员、皮匠瓦赞"也玩弄了同一手法。他声称,他亲手挖了一个单独的墓穴。我们同意西蒙与皮蒂的意见,认为这一说法的不正常之处在于:殡仪车驾驶员一下子变成了掘墓人,这确实叫人感到奇怪。但是,瓦赞比迪塞尔更善谈,他毫不犹豫地提供了某些"细节"。他在"回到教堂方向,离十字架3个图瓦兹的地方,划出一块长12法尺,宽10法尺的地面,并肯定"埋葬年轻国王遗体的墓穴是由他亲手在这块地面上挖掘的"。

我们应对这一说法认真看待吗?可惜不能!

当年6月30日,瓦赞又重新说明他挖的墓穴的地点,这一次他说地点在"距建在墓地边缘的学校校舍8法尺的地方……"瓦赞说法中使人不敢苟同的是,此次说得十分具体的地点离他在3月仍指出的地点相离达25米之远。

再说,正当瓦赞胡乱提供证词时,原墓地看守人比罗先生跑了出来,愤怒地大喊大叫,说:"根本没有单独墓穴,而且当时根本不准许单独挖掘墓穴。"

警官们报告说,两个老头吵了起来,"而且吵得很凶":

"我单独挖了一个坑",瓦赞重复说。

"不对,你根本没有挖,即使你想挖,也不敢挖!"另一个人喊道。

西蒙和皮蒂对此不知所措的情景,就可想而知了,他们突然发现,比罗的一个说法重新引起了他们的兴趣。比罗建议他们去找圣·玛格丽特教堂的神父杜布瓦教士。他认为,杜布瓦可以向调查员提供有关"路易十七的遗骸从公共墓穴取出来后,又被埋葬在墓地某一单独地方"等许多情况。

杜皮瓦教士被问及此事时,并不否认他也了解上述情况,他还"暗示说",年幼亲王的遗体被一位忠于王朝的掘墓人从公共墓穴里挖了出来,这个人就是贝特朗古，又名瓦朗丹。神父完全了解埋葬地点，他已将此事报告了"国王，昂古莱姆公爵夫人和图尔泽尔伯爵夫人"。除此之外，他再不愿多说一句话，因为他正等待"上级指令，以正当使用上述消息"。

人们可以理解，警官没有再问下去。他们径直朝掘墓人贝特朗古的遗孀家里走去。

后者非常痛快地承认说，她的丈夫生前曾同她讲过，他不能眼看路易十七的遗骸"这样混杂在别的尸体当中"，因此，他在"教堂领圣体门的附近，沿着教堂墙并与教堂垂直的地方"挖了"一个单独的坑"。"这个坑从墙外伸进墙里，一直通到墙的下面。坑在墙内部分的大小可以放下半个棺材。"此外她补充说，贝特朗古曾将地点指给一个名叫德克弗莱的朋友看过，后者是袜子织造商和教堂执事。

显而易见，调查进入一个新的转折点，一个可以寄予希望的有利的转折点。西蒙和皮蒂感到由衷的高兴。他们快步走向夏朗东街，不一会儿就到了甘兹万教堂。他们要求会见教堂执事。此人立即来到他们面前，他就是德古弗莱。他从所有的方面证实了贝特朗古寡妇所说的情况。公元1802年3月的某一天，他单独同朋友贝特朗古呆在圣·玛格丽特墓地。掘墓人拉着他的胳膊，把他带到教堂的墙边。那个地方位于"从墓地进门后的左边，即领圣体小教堂的门柱下面"。贝特朗古拿起铁铲，开始向下挖，他"沿着教堂的墙根向下挖，一直挖到大约一法尺半到二法尺深的地方"。

德古弗莱此时发现，在墙基的一块石头上，刻了一个"二法寸长和二法寸宽的十字架"。贝特朗古此时告诉他："下面埋的是已故的路易十七的尸体。这一尸体是从圣殿运来，它原来埋在墓地内临时挖的公共墓穴里。他说，根据他的记忆，他是当夜或第二天夜里将尸体取出来，然后在他指给我们看的地方挖了一个单独的墓穴。这个坑，有一半伸进墙根下面，另一半在墙内的墓地里，深约五至六法尺。"这一艰苦困难的调查到此告一段落。西蒙与皮蒂调查到了这一步，就准备作出结论了。

关于圣殿孩子的葬身之处，人们给他们指出了三个可能的地点。人们可以毫无差错地排除迪塞尔那些把自己过分地卷进去的说法。在他的"证词"里，一切都似是而非。另外，我们同西蒙与皮蒂一样，认为瓦赞之流的自相矛盾的说法不可信。再说，他们的说法不是已经被比罗公开否定了吗？

现在只剩下贝特朗古的说法了。西蒙和皮蒂将发现这一说法更为可靠，也只有这一说法值得他们去注意。只有身居墓地的贝特朗古才有条件搬迁孩子的尸体。只有贝特朗古的寡妇指明的、后来被德古弗莱证实的地点是准确的。

警官们毫不犹豫地在报告里作出结论。他们认为"很有可能（单独）墓穴是由贝特朗古挖掘的"。

西蒙与皮蒂的报告后来躺在警察局的抽屉里……从来没有人在圣·玛格丽特墓地进行过挖掘工作。"杜布瓦先生去世时，因没有能够亲眼看见幼王遗骸出土而深感遗憾……"杜布瓦的副神父雷诺教士这样写道。

复辟王朝政府似乎绝对不想使人们的注意力集中到不幸的圣殿孩子身上。昂古莱姆公爵夫人的挚友德拉法尔红衣主教不是向当迪尼将军谈到这一点了吗？而这位将军在他的《回忆录》里不是也写道："太妃坚信，她的弟弟并没有死在圣殿"吗？

然后，公元1817年，即西蒙和皮蒂调查后的一年，人们又得到了关于圣殿孩子埋葬的其他资料。历史学家西米安·德普洛在搜集材料写一本关于路易十七的书的过程中，得到了上述资料并将资料告知了司法部国务秘书、掌玺大臣帕斯基埃男爵，而国王又恰好在1817年3月委托这位大臣去了解"路易十七陛下死亡前的情况、死亡的过程和死亡后的情况"。

么元1817年8月3日至18日，西米安·德普洛给帕斯基埃写了5封信，将自己调查的主要结果告诉他。同以前发表西蒙和皮蒂的报告一样，我们通过一部杰出著作的作者圣—克莱尔·德维尔①得到这份材料，现公布如下：

西米安·德普洛提醒说，佩利唐是解剖尸体时锯开头盖骨的，因此，这一截面成为确定身份的可靠办法。他还指出，负责死亡鉴定的医生们发现了两个肿块，一个在右膝盖内侧，另一个在左腕桡骨上。这位非官方调查员最后下结论说，肿瘤对邻近骨骼造成了更为明显的破坏。

至于埋葬地点，这位历史学家又仔细地了解了西蒙和皮蒂的调查经过，他得出的结论完全一致：路易十七肯定埋葬在贝特朗古对他老婆说过的、并且得到德古弗莱证实的那个地方。

西米安·德普洛完全有把握地认为，"陛下的遗骸就埋葬在这一准确地点"。由于政府对此沉默和不愿采取行动，他慷慨地提出，由他个人负责马上组织发

---

① 圣—克莱尔·德维尔(1818—1881)，法国化学家，著有《寻找路易十七》等作品。

11 可怜的王子路易·夏尔

图二十七　路易·菲利普

掘。他的信目前保存在国家档案馆,信的背面有帕斯基埃大臣的亲笔批语:"请写信告诉他不要采取行动。特急。"可怜的历史学家对此并不理解,但他还是"克制住自己"。他死前感到绝望,因为人们不愿听取他的意见。

＊　　　　＊　　　　＊

　　30年过去了,三个朝代更替:路易十八,查理第十,路易·菲利普。圣殿孩子的遗骸在地下安息。然而,30年来,人们经常谈起路易十七。"小卡佩"死后不久,通俗小说《马德莱纳墓地》出版了,小说取得巨大成功并且在公众的心目中造成了路易十六的儿子可能被人冒名顶替或越狱逃跑的印象。之后,1798年,一名举止文雅、满头金发,长得鹰钩鼻子的少年露面了。他名叫让·玛丽·埃尔瓦戈尔,自称是从圣殿越狱逃出来的路易十七。

　　虽然他被原维维埃市的大主教拉丰·德萨维尼阁下"承认",虽然他本人声称他在里斯本被九国君主的大使宣布为法国国王并且当场与葡萄牙国王的女儿订婚,警察还是宣布结束这位"年轻的亲王"的活动,他于1812年5月8日在比斯特去世。

公元1815年,又出现了一位新的觊觎者。他从圣马洛给路易十八写了一封信,但是,这封借并没有说服路易十八。信文如下:

"陛下,谨通知陛下,我就是太子,即路易十六之子。我已到达圣马洛,并恳请将我接到陛下身边……我一俟到达陛下身边,陛下就会明白,我并不是想强加于陛下……"这封动人的信署名是波旁太子。

他是鞋匠的儿子,名叫马图兰·布昌诺。他被判刑5年,后来又被监禁2年,他还没有刑满,就死在圣米歇山的监狱里。

公元1846年之前,又出现两位比较严肃的觊觎者。其中一位自称是埃特贝尔—路易—埃克托尔—阿尔弗雷德·德·里什蒙,又称诺曼底公爵即路易十七。他根据不同场合,同时叫七八个名字。他的身份没有完全得到证实前,他似乎仍然应该叫克洛德·佩兰,仍然是拉尼欧城一名屠夫的儿子。

他的竞争对手于1833年从德国来到巴黎,名叫夏尔—纪尧姆·瑙多尔夫。毫无疑问,他一个人造的声势比其他所有人加起来还要大。公元1811年,人们发现他在柏林,当时他是钟表匠。过了不久,他结了婚,安了家,成了父亲。因为被牵连到一桩伪造钞票的案子里,他为了逃避拷打,就自称是王公之子。但是,他仍然被判处好几年徒刑。判决书上说,他被判刑,并不是因为他犯有罪行,而是因为"他对自己出身的明显撒谎"。出狱后,他与家人逃到普鲁士的克罗森。一名叫佩左尔博士的官员对他发生了兴趣。瑙多尔夫第一次向佩左尔透露了他的"秘密":他不是别人,正是从圣殿越狱的路易十七!

佩左尔去世后,瑙多尔夫决定去法国要求得到他的"权力"。他步行走完全程,到达时精疲力竭,身无分文,几乎饿死。他找到与佩左尔博士通信的人即德卡奥尔城的法官阿尔布伊斯。后者因发现自己国家的国王而大惊失色,四处奔波并且承认了他的身份。这段故事中最惊人之处在于,这样做的并不止他一人。好几名过去在宫中侍奉过王族的人——他们均是十分正经的人——见到他之后,均正式承认瑙多尔夫是路易十七。例如,其中有诺曼底公爵的前保姆朗博太太,路易十六手下的大臣德若利,凡尔赛宫的前掌门官德·圣伊莱尔,路易十六的前年轻侍从德拉福雅德侯爵,等等。像蒙莫朗西与德拉罗什富科等人也对此感到震惊。虽然这位觊觎者讲的是德语与法语混在一起的蹩脚话,但他似乎使昂古莱姆公爵夫人更感到担忧。她写信给一位熟人说:"他比别人更使我烦恼"。

闹来闹去的结果，路易·菲利普发火了，于是瑙多尔夫于1836年被驱逐出法国。之后，他到英国与荷兰避难。这位非同一般的人物不仅发誓说他是路易十六的儿子，他还研究神学，同时还发明了一种炸药，荷兰很快用重金买下了他的发明。1845年他去世时，是德尔夫特花炮制造车间的主任，荷兰为他举行了国葬仪式。1914年，荷兰军队仍使用瑙多尔夫研制的"波旁炸弹"。

＊　　　　＊　　　　＊

瑙多尔夫之死，在很长时间内成为报纸的热门话题，并再次引起人们对"路易十七问题"的注意。瑙多尔夫死后一年，圣·玛格丽特教堂的新神父奥梅教士在1846年11月的某一天，突然觉得应该在与他的教堂相邻的墓地上搭一个库房。无独有偶，他恰好选择了过去德古弗莱所指明的地点，也就是说，在"从墓地进门后的左边，靠近领圣体小教堂的门的柱子下面！"

工程开始了。刚刚挖地不久，在离地面近一米深的地方，工人们的铁铲碰见了一个硬物。人们将泥土拨开后，发现一个长五法尺的铅棺。奥梅教士叫人把棺材从坑里取出来，搬到神父住宅里。又是出于偶然，既令人高兴又让人奇怪的偶然，该教区的圣——樊尚·德保尔讲习会主席米勒桑医生也刚巧到达那里。

在场的人吃惊地看到，在铅棺的一个侧面上，有一朵刻得很粗糙的百合花，看上去像是用刀尖刻成的。打开棺材盖子后，里面躺着一个男孩的遗骸。教士与医生的目光一同投向头盖骨：就像佩利唐所说明的那样，头骨的颅顶部被锯开了。"

米勒桑医生曾长期研究路易十七问题，这一次他到这里来则是新的完全的"巧合"。他记起了阿尔芒与德拉莫兹的叙述；他还记起了国民公会议员曾提到的膝盖与手腕上的肿瘤；他也读过解剖报告，在报告里，曾提到有上述肿瘤存在。他仔细观看摆在面前的这副骨骼，在人们原来发现肿瘤的地方，他发现了骨疽。

他在自己起草的报告里指出："过去阿尔芒在报告中曾明确说明骨骼构成已变形，发现了装满白色淋巴液的肿块或瘤子；一句话，医生们发现了结核性肿块，而这些肿块常常伴随骨骼本身的变形。而我们恰好在这具孩子的遗骸上发现了这种骨骼变形的情况。"

米勒桑医生深知,他得出的结论是多么严重。但是,他一分钟也没有怀疑过,这具骨骸就是在圣殿去世的孩子的遗骸。他还提到佩利唐的声明。在此项声明中,佩利唐描绘了头盖骨是如何被锯开的,并且还特别指明:"应该找到复原的颅顶。"米勒桑医生对此说明,"这正是我所看见的。"

既然米勒桑医生已经确信这具遗骸是谁,所以,他接着去考虑同样重要的另一问题,即孩子死时的年龄。他很快发现,这副骨骼不可能是一个10岁的孩子,而只能是一个16至18岁的男孩的骨骼。

米勒桑医生也许是被他自己得出的结论的后果吓坏了,为了做到万无一失,便去请教两位同事。第一位同事是泰西埃医生,他完全同意米勒桑的意见;第二位同事是雷卡米埃医生,他认为死者年龄最小是12岁,最大为16岁,至少要大于1795年6月8日才10岁2个月的路易十七。

奥梅教士原想在教堂旁边建一车库,却证明了路易十七被人冒名顶替!

公元1894年6日5月,人们再次挖出遗骸,因为自1846年以来,人们就一直在议论米勒桑医生和他的同事们的结论是否确有价值。而这一次,参加鉴定的均是极有地位的医学界人士:"防腐杂志社"社长费利克斯·德贝克博士,"国际医院"儿外科医生比勒欧博士,医学科学院院士,前"人种学学会"主席马吉托博士,"人种学学会"副秘书长L·马努弗里埃博士。

这一次得出了什么结论?新专家们的意见十分肯定:死者已满14岁,甚至于还要大一点,其中两位专家倾向18岁到20岁。死者患脊柱侧凸,胸廓发育不足,同时"左膝轻度外翻"。

死者身高估计在1.53米和1.63米之间。马努弗里埃博士这样写道:"由于死者生前体弱(这一点可以从胸廓狭小而看出来)和骨骼较细,可以设想他是属于那些与身子相比四肢较长的人。这样,身材可以降低到1.53米,比较有把握的数字是1.53米至1.63之间。"按照标准,10岁2个月的孩子的身材约1.30米左右。

最后,专家们还下结论说,各骨片相同的颜色以及相同的骨化程度证明,骨片来自于同一人的骨骼。如果通过测定肱骨、股骨与胫骨的大小,得出的结果也是一致的。

结果如何?

很难想象,面对如此准确、如此有说服力的资料面前,还会产生分歧。

所有情况均是一致的。贝特朗古寡妇与教堂执事德古弗莱在1816年已指明埋葬圣殿孩子的准确地点。由警官西蒙与皮蒂进行的调查和历史学家西米安·德普洛进行的调查，也得出同样的结果：圣殿孩子埋葬在寡妇与教堂执事所指明的地点。

公元1846年，就是在这个地点进行了挖掘。人们发现了一个刻有百合花的棺材。棺材里装有一具男孩的骨骸，他的头盖骨被锯开了。怎么可能还要怀疑那就是公元1795年6月8日在圣殿死去的孩子呢？

要否定这一明显事实，按勒诺特尔的说法，就得承认"这一切全是魔鬼的巧合"。我们并不这样认为。因此，我们说，毫无疑问，在圣—玛格丽特教堂发现的男孩就是公元1795年6月8日在圣殿死去的孩子。

按照逻辑，这个孩子也就不是路易十七。

＊　　　　＊　　　　＊

从这一角度来解释，许多模糊之处自然得到澄清。人们也就明白，为什么要选择谁也不去的阴暗可怕的牢房单独监禁孩子，那是为进行冒名顶替而创造条件。

巴拉斯到达圣殿后所见到的孩子已经不是太子了。在西蒙出走后与热月9日之间，太子已被人劫走。

太子命运如何？

谜在这里仍然未解。他是在越狱后不久默默无闻地死去？他是否因逃避使他父母走上断头台的头衔与荣誉时，散失在千万名老百姓之中？相反，是否应在那些声称"我就是路易十七"的人中间去寻找他？在这些人中间，只有瑙多尔夫拥有一些狂热的支持者，同时也有一些顽固的反对者。

也许某一天，某些档案会对外开放；也许，人们会找到这个孩子的下落。但因父亲是国王而无辜受苦，从而湮没在过去的迷雾里，他神秘的命运给人们留下了历史上最令人头痛的问题。

12 沙皇亚历山大一世①为何放弃皇位?

> 在西伯利亚,一个可怜的隐士在会见主教和大公时说:"我是库斯米奇。""你是我们原来的沙皇。"人们对他回答。

公元1836年秋,俄国大地被紫红的枯枝与落叶所覆盖。彼尔姆省的原野上是一片沉寂,地平线上只呈现出乌拉尔山的山脊。

在克拉斯努劳斯克附近,一个马蹄铁匠在炉子前的铁砧上打铁。马蹄声使他抬起头来。一个60来岁的老者骑着一匹雄壮的马走近他。马蹄铁匠先是对那匹马十分称赞,这是完全合乎情理的事情,之后,他才认出,骑马人是外地人,真是出人意料!

外地人停在铁匠炉前:"能给我的马钉掌吗?"铁匠马上开始工作。游历者默默地看着他干活。铁匠带着可以理解的好奇心,很快同他聊起天来。游历者从何处来?去何方?他的姓名是什么?他借机提出一连串的问题。

游历者对所有问题只是含含糊糊地回答。他的穿戴像农民。然而,"他的主子派头,他的堂堂仪表和不屑一顾的沉默"与他的奇装异

---

① 亚历山大一世(1777—1825),俄国沙皇,1801—1825年在位,后人对其死争论很大。

服极不协调。这立即使铁匠警觉起来。

在村子里,外地人到达的消息很快传开来。在彼尔姆省如同在所有的大部分居民不识字的国家一样,人们对此类事情的反应是相同的,因为游历者成为大家了解情况,打听"新闻"的最有效途径。这一天,人们带着友好和渴望的心情,把骑马的人围在铁匠炉旁边。村民与铁匠一样,均感到外地人的态度有点异样。为什么他的举止像老爷却又穿着农民的衣服?也许他是一名越狱的犯人?在俄国,人们一贯尊重并且害怕警察。

有几位村民急切想证实他们的怀疑,互相进行了商量,认为这位陌生人肯定是危险人物,应该将他送到警察局去!

虽然陌生人再三抗议,他仍然被送进城里。警察们对他进行了审问。外地人拒绝提供有关他本人的任何情况。他的神态更加傲慢,只是说他是"流浪汉";至于他出生地点,则一点也记不起来了。他说他的姓名是费多尔·库斯米奇。警察们对此不知所措。此人的不凡气度使他们肃然起敬。如果陌生人真是一名大老爷,能像一般流浪汉那样去对待他吗?这会不会影响这些可怜的公务员们今后的晋升?

人们耐心地、几乎是恭恭敬敬地要求那个人说出真情,说清他的身份,其目的是为了避免流浪汉带来可怕后果。

这一次,"费多尔·库斯米奇"连口也懒得开了。警察们不得不执行法律:陌生人被判鞭笞20下。之后,他被流放到西伯利亚。

那一时期的叙述已经使我们熟悉那种排成长长队列的囚徒与流放犯人缓步向西伯利亚走去的情景。公元1837年3月26日,第43组流放犯人到达指定地点:托木斯克政府下属的博戈雅凌斯克营区。在这些疲惫不堪的人中,就有费多尔·库斯米奇。

* * *

好几年过去了。流浪汉费多尔·库斯米奇没有离开过西伯利亚。他能够离开吗?

他在一个酒厂干了5年,然后被送到一个金矿上。

随着时间的流逝,这位蓄着长长的银白胡须、卷曲的白发垂至肩下的老人,反而名声日噪。他的整个躯体均流露出一种肉体与精神上的高贵感;更有甚者,还流露出某种圣洁性。大家尊敬他,钦佩他。他渐渐获得了自由:谁也不忍心迫使这位圣人像普通流放犯人那样去干活了。

一位很有钱的农民约翰·拉蒂斯切夫为他建造了一幢小屋。库斯米奇住进这幢小屋，像隐士一样，整天进行祈祷。大家都把他看成是圣人。但谁也不再去问他过去的情况和他的真实身份。他在家里接待克拉斯诺尔琴斯克村的孩子们，教他们识字，读圣经，教他们学习历史和地理⋯⋯

多少月多少年过去了，老者的名声越传越远。人们从四面八方来会见他，乞求他的祝福。有时一些外乡人绕一个大圈子来拜谒这位被称为斯塔尔兹的人，也就是说，圣人。一位见证人这样说："伊尔库茨克的主教阁下阿萨纳兹有一天表示希望认识这位斯塔尔兹。于是拉蒂斯切夫就驾了一匹马拉的两轮小车，来到斯塔尔兹身边。后者还没有来得及走下房前的台阶，主教阁下就赶忙迎了上去。斯塔尔兹看见他，匍伏在地；主教也接着伏在斯塔尔兹面前，两人均用额头碰地；在拥抱之后，他们又互相吻对方的手。主教阁下停步，想让斯塔尔兹先行；斯塔尔兹不肯。最后，主教只好拉着他的手，把他请进屋子里。他们二人手牵手，亲如兄弟，在屋子里来回踱步，用一种陌生的方言讲话，有时又低声地笑一笑；大家均极度惊讶，实在想不出，这位同教会最高领导人之一如此亲密地用外语交谈的费多尔·库斯米奇·斯塔尔兹，究竟是何许人也。

毋庸置疑，这位被当作"流浪汉"而被判刑的人，曾跻身于世界伟人之间。以什么身份？用什么方式？最了解他的人之一的J·奇斯季亚科夫对此提供了以下重要的证据："斯塔尔兹能流利地说好几种外语，对所有政治事件以及当代的领导阶层有深刻的了解。当他叙述1812年战争的经过时，他的双眼闪烁着光芒，他极为准确地描绘他那一时代的各种事件，就像他亲身经历过一样。除此之外，他曾论述亚历山大一世胜利进入巴黎的情景，群众如何欢声雷动，在他的马的蹄子下铺上绸子，女人们又如何在他路过的地方投掷鲜花等等。他还具体说明，皇帝的随从人员此时站在什么地方，例如麦特尼茨伯爵就骑着马站在皇帝右边，他还在马鞍上放了一个厚厚的垫子⋯⋯"

这些话出自一个"流浪汉"之口，实在非同寻常。另一名证人，托木斯克的居民约翰·扎伊科夫也证实了这一点，"在50年代和60年代，在托木斯克有一位名叫莱昂·萨福斯金的法院推事。他一直同斯塔尔兹保持联系，经常在我的陪同下同他聊天。斯塔尔兹有一只耳朵有点聋，在听对方讲话时，要稍微歪着头。他在讲话时，总是习惯在房间里走来走去，右手的手指伸进皮带下面，就像军人那样。或者他全身挺直，背朝窗户。我们走进他的房间后，我们就远远地先同他打招呼，然后默默地坐到位子上。总是斯塔尔兹提问，萨福斯金回答……斯塔尔兹讲到他的想法时，语气坚定，妙言珠玑。有时候，我们用外语讲话。我们谈论当时进行的改革，全面义务兵役制，解放农奴等。我们谈古论今，特别爱谈1812年战争。斯塔尔兹有时显示出他十分博学和对国家大事的了解十分透彻。无法不承认他具有当代重要政治家的风度。事后不久，政府在处理他同萨福斯金所讨论的那些问题时，基本上起按照他的预言去解决的。"

隐士在这西伯利亚遥远的村庄引起轰动是不言而喻的。当初，马蹄铁匠出于好奇，想打听出这位外地人到底是什么人，而现在，有成千上万的人也被这种好奇心所驱动，而且他们的情绪更为激烈！

有一天，一位从军队下来的退伍士兵看见了费多尔·库斯米奇。他惊叫起来，向库斯米奇跑过去。他好像得到上帝的启示，高呼他认出了斯塔尔兹：

"他是我们的沙皇！是国父亚历山大·巴甫洛维奇！"

他瞠目结舌，站在老人面前，保持敬礼姿态僵直不动。但是，费多尔不满意地摇了摇头，小声说：

"别说了，我只是一个流浪汉。如果让别人看见你，会把你关进监狱，我也只好离开此地。别向任何人说我是沙皇。"

士兵答应照办，他连嘴也没有张，就走开了。库斯米奇再一次采用他习惯的简便解释："我只是一名流浪汉。"然而是否有可能让这一天真的士兵说对了？

虽然这一问题显得那么离奇，但是，人们将马上看到，它的提出是有道理的。

＊　　　　　＊　　　　　＊

在俄国的历史上，荒诞古怪的事情和异乎寻常的人物是层出不穷的，而沙皇亚历山大一世的形象又别具一格。在经过漫长而又艰苦的战争之后，最终战胜拿破仑的不正是他吗？

科西嘉人[①]在俄国君主面前甘拜下风。1812年的战争消灭了法国军队，因为莫斯科大火将这支军队赶到雪地里。自滑铁卢以后，欧洲已经明白，它今后再也听不见人们谈论圣·海伦斯岛的囚犯[②]了。

[①] 科西嘉人，指出生在科西嘉岛的拿破仑。

[②] 圣·海伦斯岛囚犯，指拿破仑。拿破仑最后被囚禁在圣·海伦斯岛并死在那里。

公元 1815 年 12 月 15 日，沙皇亚历山大一世返回首都圣彼得堡。他载誉而归，无限的荣耀曾伴随他到巴黎和维也纳。然而，人们奇怪地发现，这一切在他的面部表情上却毫无痕迹。

图二十八　亚历山大一世
（1777—1825）

亚历山大那时年方 37 岁，但他已经度过了多少危险而又艰难的紧张岁月！但是，此时他却无所事事。这一位在世界各处、在各国首都刚刚经历过上述历史事件的人，对于这一突然转变是多么不适应。麦特尼茨也承认，他多么怀念那些波拿巴的作战计划迫使他度过的不眠之夜。

亚历山大在他的圣彼得堡皇宫里感到十分无聊。人们曾看见他驰骋在那长期被人忽视的帝国疆土上。沙皇似乎在一处永远待不住。他从圣彼得堡到莫斯科，从梁赞到图拉，从奥廖尔到库尔斯克，从切尔尼哥夫到基辅，从华沙到斯摩棱斯克，从维帖布斯克到诺夫哥德罗，他总是戎马倥偬。如何才能跟得上他呢？维亚赞斯基亲王这样说："俄国是从驿站快车的车厢里进行统治的。"

的确，沙皇似乎被一固定的想法所缠绕。人们经常看见他坐着，眼光茫然而不知所视。这目光充满了多少悲哀！谁敢去干扰他的阴郁沉思，则一定没有好结果。他的一名医生发现，"有时，他早晚祈祷时跪在地上长时间不起，连他双腿前侧都跪出了大片老茧"。

每一年的同一天，亚历山大似乎被一个可怕的回忆所折磨，即 3 月 23 日。那是他父亲保罗一世的逝世周年祭日。

那是一个可怕的黑夜。保罗一世是遭众人痛恨的暴君，他的疯狂行为引起了整个俄罗斯的愤怒，后来被他的卫队中的军官杀掉。那是名符其实的屠杀。谋反者差不多都喝醉了，他们用靴子乱踩遭人憎恨的沙皇的头部和躯体。

在这次谋杀事件中，当时还是沙皇继承人的亚历山大，从个人的角度讲，起了什么作用？谋反者曾要求他支持。亚历山大表示同意请他父亲下台。但是，他

12 沙皇亚历山大一世为何放弃皇位？

事先说明，只能把保罗一世流放到一个舒适的避难场所。而当时，那些人也答应照办。

当谋反者事情办完后，撞进他的房间，将一切经过告诉给他。亚历山大悲痛欲绝。

"别人会把我看成弑父之人！你们曾答应不害他的命啊！我是人间最不幸的人！"

圣彼得堡的军区司令帕赫连伯爵只是冷冷地反驳说：

"别孩子气了！"

这种看上去似乎是出自内心的失望情绪并没有妨碍新沙皇用金钱与荣誉赏赐杀人犯们。

当亚历山大同拿破仑作战时，他比较容易地忘记3月22日这一天。1815年之后，因不再有军事行动，他又记起那个阴森的夜晚，其记忆的清晰程度令人可怕。悔恨之感浸透他的心灵，而且日趋激烈，后来干脆成了一种顽念，一种摆脱不掉的固定想法。

英里斯·帕雷奥洛格①的诊断是："令人不安与消沉的忧郁症以及神秘阴郁的强制性观念。"一名现代的心理病医生也会对亚历山大的病情也作出同样诊断。

＊　　　　＊　　　　＊

公元1825年11月16日，亚历山大从塞瓦斯托波尔和克里米亚来到塔甘罗格。那里有他在亚速海边的一个行宫。

在那里，在亚速海北部顶端，有一座当年彼得大帝兴建的要塞。过去，人们称亚速海为"腐烂的海"。显而易见，这一地区没有任何吸引旅游者的地方：那是一片"不毛的沼泽地"，乌拉尔和西伯利亚的狂风从那里吹过。

为什么亚历山大挑中这一偏僻地方进行休息？他的健康状况不佳。他到达塔甘罗格时，因高烧而全身发抖。人们也发现他面色如土，筋疲力尽，每时每刻不停地战栗。他只好卧床。他的夫人叶利扎维塔皇后赶到病榻前并且从此不再离开。沙皇的医生们马上被召来。维利医生和塔拉索夫医生诊断为疟疾。

此时人们还未发明疟疾的特效药奎宁，所有的治疗均告无效。11月22日晚上，亚历山大的病情恶化，好几次失去知觉。

---

① 莫里斯·帕雷奥洛格(1859—1944)，法国外交家，曾任法国驻俄国大使，著有《回忆录》等书。

11月26日,医生们警告皇后说,已经毫无希望了。

叶利扎维塔走近亚历山大,说:

"有一件事恳求你。我知道,医生们开的药,你一律拒绝服用,但我只希望你能接受我给你提出的建议。"

"什么药?"

"临终圣事。"

亚历山大明白了,回答:

"谢谢。你下命令吧,我已准备好。"

第二天清晨,临终者从塔甘罗格总本堂神甫费多托夫手中领取了圣体。

12月1日上午10点50分,亚历山大辞世。

他的突然去世使整个俄国感到意外。一种使人不安的谣传几乎同时传遍这个辽阔的帝国:亚历山大一世可能是假装生病,假装死去,其目的是彻底消失,以通过祈祷与隐居去赎使他痛苦自责的罪孽。有人已经在说,在御棺里装的是一个陌生人,一名皇家卫队士兵或哥萨克士兵。

关于亚历山大仍然活着的秘闻越传越玄。莫里斯·帕雷奥洛格也写道,这里提出的问题是"历史学家们所面临的最含混不清,最令人迷惑的问题之一"。

因为许多作家均认为,群众中的传说是有根据的,即亚历山大并没有死在塔甘罗格。不过,他的病,临终与逝世又怎么解释呢?他认为,这一切均是精心导演的一幕剧的各个片断,沙皇是想成功地进行欺骗,以终身去进行祈祷和忏悔……

这里我们有一点是可以肯定的,即亚历山大早就想隐退,以恢复自己个人的生活。公元1812年,他在维尔诺对季赞霍斯小姐说:"当皇帝不是我的特长,如果我能体面地改变生活条件,我将乐意这样做。"公元1815年,他在基辅对米海洛维奇·达尼尔符斯基说:"如果某人有幸担任像我们这样民族的首脑,他应该在自己体力所允许的范围之内。也就是说,只要他能骑马,他就应该坚守在自己的岗位上。但是,如果做不到这一点,他就应该引退。我现在身体尚好,但是10年、15年之后,当我到了50岁时,我就……"公元1819年,他向康斯坦丁大公①说:"我想退位,我感到疲劳,我再没有力气承受政府这个包袱了。我现在提醒你,是想让你有时间思考一下,到时候你应该如何办。"

① 康斯坦丁大公(1779—1831),沙皇尼古拉一世之子。

12 沙皇亚历山大一世为何放弃皇位？

在1819年的同一年，他又同尼古拉大公及其夫人说到这一问题："如果我能混在人群里，看见你经过时，我会向空中挥动帽子，向你高呼乌拉，那时我将会多么高兴！"6年以后，他的表兄弟奥兰治亲王也听到他吐露这一心里话："我已决定退位，去过普通人的生活。"

最近，曾写过一部关于亚历山大一世优秀传记的康斯坦丁·德格吕德瓦尔德又找到一份被人遗忘的证词。这份资料就是亚历山大的表兄普鲁士亲王纪尧姆·尼古拉即后来的德国皇帝所写的《回忆录》的摘要。亲王在书中谈到他于公元1823年11月13日或14日在加特契纳同亚历山大进行的一次长时间谈话。沙皇将自己考虑的一项计划向他详细说明。他说：

"如果我在不到50岁时就死去，或者我自动退位——因为我到50岁时将退位——康斯坦丁将不会继位，因为他放弃了王位。你别感到奇怪，我感到我的精力正在衰竭，在我这个年纪，处于我目前的情况，这也并不奇怪。我对自己了如指掌，所以我敢说，不出两年，我就再没有精力和体力来治理这个巨大的帝国了。如果一名俄国皇帝在24小时之内不能跑300多俄里，不能检阅军队，不能同各级机关议论公务，不能满足社会的通常需要，他就没有资格领导俄国。我的计划已经完全拟好……我的堂兄弟尼古拉是个通情达理的人，是正确掌握俄国命运和欧洲政治的合适人选。当我退位之后，我将是第一个宣誓忠于他的人，如果他向我请教，我将乐于从命，我将完全归隐山林……"

亚历山大在谈到他的继承人时，还补充说："他加冕的那一天，我将混在克里姆林宫仪仗台阶下的人群里，我将第一个向他高呼乌拉。"

纪尧姆亲王《回忆录》的这一段是这样结尾的："我就这样得知，两年后将有重大事件发生。"

毫无疑问，亚历山大的想法是一贯的，他的计划从来没有改变过。也就是说，他将在满50岁之前退位。公元1825年11月，他到达塔甘罗格后，他刚刚满49岁。

我们对沙皇的临终时刻知道些什么呢？如果对照一下资料，就会发现有一些奇怪的疑点。因为此类文件不但存在，而且名目繁多。维利医生写日记，他的副手塔拉索夫作笔记，符尔康斯基亲王写下自己的感想，叶利扎维塔皇后写过书札和回忆录草稿。另一方面，还有多贝尔医生和一名仆人的证词。令人感到麻烦的是，所有这些叙述却完全互相矛盾！例如，11月28日，塔拉索夫发现：

"沙皇夜里十分平静,体温下降。"但维利却是这样记录的:"君主夜间显得很烦躁,情况越来越严重。"

第二天,维利的日记有这样一条消息:"病情恶化。"但是,皇后却写道:"今天,情况明显好转……维利今天告诉我们说,我们亲爱的病人的情况完全令人满意。"

对于上述并不十分可靠的文字,能够完全相信吗?

还有一份文件,即尸体解剖报告。此份报告保存在帝国档案局里,上面有10名医生的签字。事件发生的那一天,他们均在塔甘罗格。但是,当我们得知塔拉索夫在他的《回忆录》里提到,他并没有在报告上签字时,我们就有点不知所措了。而实际上,报告上有他的签字。看来,那只能是伪造的。

至于报告本身,它的说服力似乎也不大。导致亚历山大死亡的发病的初期,人们诊断是疟疾;疟疾的最明显的临床表现是脾脏肿大,这一点,在解剖报告里应有说明,但实际上没有。相反,在解剖脑部时,却发现梅毒病的损伤,然而亚历山大从来没有患过此病。最后,沙皇在1824年左腿曾患过丹毒。根据报告,尸体只是在右腿上有旧伤疤。因此,无法不同意康斯坦丁·德格吕内瓦尔德的结论:"所有上述事实给我们提出了令人困惑的永远也无法解开的谜。"

按照东正教的习俗,沙皇的遗体应露头露脸陈放好几天。去塔甘罗格教堂的群众均感到吃惊,到处都是惊叹声:

"怎么?这就是他……他可变多了……都认不出来了!"

对此,两位法国医生留下了强有力的证词。当他们见到躺在棺材里的沙皇时,他们感到惊讶。他们无法理解,在如此低的气温下,他的面部居然会完全变了形,尸体也迅速腐烂。

✳   ✳   ✳

尼古拉一世统治了整个俄国,但是,从帝国的各个角落谣传蜂起,虽然隐隐约约,却持续不断:沙皇亚历山大仍活在人世,他将回来主持公道,扬善惩恶。

从这一点来看,可以想象,当费多尔·库斯米奇出现时,有关舆论方面的条件已经"准备"好了。

但是,他一直拒绝说出自己的身份。在斯塔尔兹周围,人们兴高采烈地重复:"他就是沙皇亚历山大!"

助长这种信念的机会太多了!最高一级宗教领导人都来拜见圣人,除了伊尔库茨克的主教外,还有托木斯克与堪察加的主教。更令人吃惊的一件小事是,两名皇族成员也经过长途跋涉,来这里同费多尔谈话。他们是亚历山大二世的长子尼古拉·亚历山大罗维奇和阿列克赛·亚历山大罗维奇大公。

尼古拉同库斯米奇一起呆了两小时,当他离开隐者时,还吻了他的手。费多尔于是向赫罗莫夫和他的女儿说:

"祖父一辈人见我时是多么气派!父亲一辈人见我时是多么气派!而今孙子一辈人见我时又是多么寒酸!"

房东赫罗莫夫的妻子在1864年1月临死前,曾要求库斯米奇将他的天使名圣徒名告诉她,以便将来好为他灵魂的安息而祈祷。

"只有天主知道",隐者回答。

我们还要指出的一点补充情况是,后来的尼古拉二世在1891年去日本访问后,从西伯利亚回来途中,曾到这位苦行者的墓上进行祭奠。

历史学家们提出的问题是一个双重问题:亚历山大"正式"逝世后,有可能继续生活很长时间吗?如果回答是肯定的,那么,是否应承认费多尔·库斯米奇和亚历山大根本就是同一个人?

* * *

图二十九　沙皇尼古拉二世
　　　　　(1868—1918)

如果参考一下关于沙皇亚历山大神秘之死的卷帙浩繁的传记作品，就会很快发现，大部分历史学家们倾向于沙皇死而复活这一说法。

在那些坚信沙皇死于塔甘罗格的人当中，首先要推尼古拉·米海洛维奇。这位亲王兼历史学家在写完亚历山大一世的传记之后，坚决反对"传说"论。他写道："任何一个人，只要他仔细地研究一下亚历山大一世的性格，就会发现，他的性格中绝无出现此类倾向变化的任何标记，更不用说在他临近老年时，他还有这种毅力在如此离奇古怪的方式下去忍受那种屈辱和贫困的生活。"

除此之外，这样"金蝉脱壳"需要有大量的同谋，特别是要得到皇后叶利扎维塔的支持。"然而，正是因为她不会装假，才部分地造成了她一生的不幸。另外，所有的同谋者均能招之即来，而且那些所有热爱沙皇或想依靠他的人，也都心甘情愿去从事这种史无前例的策划活动，这有可能吗？"尼古拉·米海洛维奇大公的意见是很有说服力的："在根据一般道理从所有的角度研究过这一问题之后，我们得出结论，认为这种传说本身就不是十分可信的，也没有任何可以拿得出来的严肃论据来证实它。"

至于库斯米奇，大公的意见也是毫不含糊的："可以回忆一下——而且游历者本人也证实——库斯米奇因流浪而被罚以笞杖。沙皇亚历山大甘心情愿在公众之下接受这种体罚，这有可能吗？即使是想象力最丰富的人也不会同意这一点。"

意味深长的是——这也使大公的坚定的立场大为失色——在很长时间里，同一位大公也曾承认费多尔·库斯米奇就是亚历山大，但他突然退缩了。曾出任驻俄国大使的莫里斯·帕雷奥洛格这样说：

"由于我同大公保持良好关系，所以我们好几次谈到了费多尔·库斯米奇，每一次我都有这样一种印象，他平时讲话条理分明甚至于很大胆，但此时却吞吞吐吐了。"

康斯坦丁·德格吕瓦尔德解释说："今天，我们确切地知道，尼古拉·米海洛维奇在他的著作里同意官方对他的叔祖之死的说法，是违背自己的观点的。他在私下同季米特里大公和其他朋友谈话时，承认他是按照当时在位的沙皇下达的直接命令行事的。"当时最优秀的历史学家希勒德将军也是如此行事的。

令人吃惊的是，大部分皇族成员似乎都承认亚历山大与费多尔·库斯米奇是同一个人。

然而，关于沙皇死而复活的论点也存在着无法否认的弱点。沙皇的夫人患结核病，他也知道她不久于人世。因此，沙皇有意抛下夫人不管，也似乎是使人费解的事，因为她果然在几个月后去世。更令人吃惊的是，在筹备这一计划时，他并没有将皇位的继承问题安排好，以至于在他死后，这一问题给帝国政府造成了严重混乱。

主张沙皇死而复活的人并未对上述异议感到为难，他们强调，亚历山大一直声称他想在50岁前退位。他们还指出，塔甘罗格的证人的叙述是相互矛盾的，起草的报告是经过伪造的。他们提醒人们注意1825年12月7日符尔康斯基亲王写的一封信。亲王说：

"我坚持想知道，起柩时殡仪队应从这里出发呢或者应从圣彼得堡出发；我甚至冒昧地说，最好从这里出发。虽然遗体已经涂上防腐香料，但是，因此地气候潮湿，尸体面部已经发黑，甚至连死者的五官也完全变了样"

*　　　*　　　*

那么，费多尔·库斯米奇呢？

对此，莫里斯·帕雷奥洛格提出了一个很有意思的假设：他是保罗一世的私生子，这种血缘关系使他长得与亚历山大很像，因此得到如此多的上层人士的吹捧。

康斯坦丁·德格吕内瓦尔德表示不能接受这一解释。他认为，保罗一世的儿子于1784年死在西印度群岛海面上的英国船"先锋号"上，他的死在俄国海军档案中有确凿的材料可以证实。

应相信什么？应相信谁？当然，塔甘罗格的冒名顶替绝不是毫无可能的，从心理学的角度讲，可能性甚至是很大的。因为没有确凿的材料，所以关于费多尔·库斯米奇的身份，只能在下面两个词中进行斟酌：可能与很有可能……

几年以前，安德烈大公和加布里埃尔大公这样说："我们缺少资料，但我们宁愿相信传说。"莱昂·托尔斯泰也表示过相同的意见"即使我们不可能从历史角度证实亚历山大和费多尔·库斯米奇是同一个人，但是，传说仍保持了它的魅力和它的内在的真实性。"

还要说一句话。

公元1866年，亚历山大三世被在整个俄罗斯不胫而走的关于他的先祖死而复活的传说所惊动，他下命令打开亚历山大一世的陵墓，结果棺材是空的……

13 欧洲的孤儿豪泽尔

> 我是文静的孤儿,我依靠我唯一的财富——
> 冷漠的双眼,跻身于大城市居民的行列中间
> ——摘自保尔·韦莱纳①《加斯帕尔·豪泽儿》

这里要叙述的故事具有双重特点:一方面它是神话,另一方面它又是情节剧。

首先它是神话。

在执政府时期②,在距佩里格城一小时路程的地方,有一道深深的山谷。在山谷里的伊斯尔河畔,有一座贵族庄园,当地人夸张地称它为"特雷利萨克城堡"。不过,要想从中寻找豪华设备和成群结队的仆从,那是徒劳的!只有两位老小姐住在那里,家务事由她们照管已经足够了。说句实话,她们是被大革命从修道院赶出来的两名老修女。那是两位虔诚的饱经生活沧桑的老姑娘。所谓生活,她们则称之为"世态炎凉"。同她们一起生活的还有一位小姑娘,她漂亮聪明,体态婀娜。小姑娘在温柔宁静的环境中长大,只是上教堂时,才离开这

---

① 保尔·韦莱纳(1844—1896),法国诗人。
② 执政府,1799—1804 年期间的法国政府。

13 欧洲的孤儿豪泽尔

偏僻的住所。两位前修女很穷,当这位名叫斯特法尼的小姑娘长到11岁时,就帮助她们搞家务。

＊　　　　＊　　　　＊

斯特法尼是谁？对此,她自己也差不多忘却了,因为那一切太遥远了。她的脑海里不时出现某些模糊的回忆,这时,她就去询问两位修女。她知道自己是克洛德·德博阿尔耐伯爵的女儿,生于1789年,正如两位老姑娘所说的,那是"风暴降临不幸的法兰西王国时期"。斯特法尼还知道,她的父亲已移居国外,后来就杳无音信了。不久,她那留在法国的母亲也与世长辞了。当时她太小,什么也不知道,一位朋友、爱尔兰女人劳拉·巴特伯爵夫人将她收容起来。这位夫人很爱这个长着金发和蓝色大眼睛的小姑娘,她很想将孩子留下来抚养。不幸的是,战争爆发了,对路易十六进行了审判。外国人在法国也越来越感到威胁。劳拉·巴特夫人只好回爱尔兰去了。临行前,她把当时只有4岁的斯特法尼托付给圣西尔修道院的老修女特雷利萨克小姐。这位小姐为了逃避恐怖,就动身来到她家祖传的在佩里戈尔省的城堡。一位杂务修女陪同她同住。

斯特法尼就这样在特雷利萨克长大成人。但她绝不是在快乐中长大的,因为两位修女脸上很少有笑容。为了节省,她们只住了第一层的三间房子。吃的是粗茶淡饭,整天不断地进行祈祷,巴特伯爵夫人不时寄一点钱来。她们与邻居老死不相往来,因为特雷利萨克小姐只要求一件事：让别人忘掉她。外部世界的消息很少透过城堡的厚墙。偶尔,人们也念叨那些相继执政的"魔鬼"的名字,如魔鬼罗伯斯庇尔,魔鬼巴拉斯等。最近以来,则谈论一位名叫波拿巴的科西嘉魔鬼。斯特法尼也知道,这位魔鬼并不比其他魔鬼更好。

此时,斯特法尼已经14岁,稍微瘦削一点,但脸蛋却是最漂亮的,眼珠滴溜溜乱转,鼻子也很秀气。她对等待她的未来想得不多。特雷利萨克小姐说,也许有一天,修道院会重新开放,斯特法尼到那时会找到归宿的。

＊　　　　＊　　　　＊

有一天,一位骑马人进了城堡院子。在特雷利萨克居然出现了一位男人！斯特法尼不敢相信自己的眼睛。那是一位来自巴黎的公民,他询问两位修女,交给他们监护的那位女孤儿情况如何。特雷利萨克小姐战战兢兢地讲述了斯特法尼的经历。那位男人点了点头说："就是她。"他声称他受命将小女孩带回巴黎,去一位表姐家。两位修女坚决抗议,表示绝不能从命,声称这是"劫持"。

那个人也不勉强，就退出去了。

可惜，几周之后，又来了一位陌生人。不过此次是乘车而来，是一辆斯特法尼从未见过的精致的轿式马车。来访者拿出了手续完备的证件，那是由省长签字的正式命令。他的任务是立即将斯特法尼带走。两位妇人与少女均痛哭流涕。但是，在法律面前，又有何办法？斯特法尼穿上她最漂亮的家制的连衣裙，上了马车。于是她走上了通向那个可怕城市巴黎的大道。

马车到了杜伊勒利宫才停了下来。斯特法尼从特雷利萨克的三间破房一下子来到了一座雄伟的宫殿。在那座宫殿里，革命的伤痕已经被修复，一切均油漆粉刷一新。她目瞪口呆，哆哆嗦嗦地穿过大厅前厅，候见厅；她看见成群的仆人、军官和侍从。她被带到一个房间里，在那里，她面前突然出现一个矮个子，棕色头发、黄皮肤，目光异常犀利，身穿卫队上校服装的男人和一位笑容可掬，穿戴华丽而又考究的女人。他们是"魔鬼"波拿巴和"魔鬼"的夫人约瑟芬。

发生了什么事情？有一天，约瑟芬向首席执政谈起她娘家的一名表妹斯特

图三十　皇后约瑟芬（1763—1814）

13 欧洲的孤儿豪泽尔

法尼,但在大革命期间失去联系。波拿巴听了很感动,命令警察局查找。局长富谢精明能干,轻而易举地在特雷利萨克找到了斯特法尼。

结果如何?特雷利萨克的野孩子现在俨然成了一位公主。她在杜伊勒利宫拥有一套房间,接见宫廷女官和女仆。那简直是一座小王宫。康宠夫人在自己的会馆里教她学习宫廷礼节。她是在做梦吗?不是,这一切全是真的,表姐夫拿破仑和表姐的加冕更是真的。新登基的皇上对她父亲般的爱也是真的,因为他喜欢她的乐观与淘气性格。这位小博阿尔耐对这个以前的魔鬼一点也不害怕,这使法国的主子大为开心。

神话并没有到此为止!斯特法尼在康宠夫人的会馆里刚刚庆祝完她的16岁生日,接着,令人难以置信的消息就传了过来:皇帝将她过继为女儿,并且刚刚将此消息通知上议院。国家各团体的代表蜂拥来到候见厅向她表示祝贺。这里有一细节要提一下:皇帝赐给她150万法郎作为嫁妆,450万法郎和2万银法朗作为零用钱,至于僮仆、衣裙、珠宝和一串精美的钻石项链,尚未计算在内。历史学家G·勒诺特尔这样说明:"自从灰姑娘看见她楼顶上的老鼠变成僮仆,咬她衣服的老鼠突然变成文质彬彬的佣人的奇遇以来,历史还未记载过这种突变。"

*　　　　　*　　　　　*

拿破仑过继斯特法尼,绝不是单单出于感情方面的原因。波拿巴不打自招地说过,他当皇帝是为了"进入欧洲"。然而,当时的欧洲仍是君主制度的天下。进入欧洲就意味着与各国王族结盟。各国国王均声称乐意娶波拿巴家族的公主为妻。讨厌的是,她们不是已经罗敷有夫,就是尚未及笄。拿破仑只好从约瑟芬的亲戚这方面来寻找对象。例如欧仁·德博阿尔耐就娶了奥古斯塔·德巴维尔公主;斯特法尼·德塔切尔公主就嫁给了阿朗贝尔亲王。

皇帝从奥斯特利茨回来时,正是他的极盛时期。他在慕尼黑参加了前妻的儿子欧仁的婚礼。然后,他出发去卡尔斯鲁赫,从那时起,他的决心已下:他将把斯特法尼许配给巴德的王储。如果不是老总督夫人坚决反对皇上这一计划,一切都会如愿以偿的,拿破仑去她家里,企图说服她。

老太太回答说:

"我是德国公主,因此,我忠于德国。陛下不能期望一位德国公主违背国家荣誉与民族感情。然而,你恰好是想搞乱德国。再说,你又向我的两位女婿宣

图三十一　皇后约瑟芬加冕礼

图三十二　拿破仑一世(1769—1821)

战,我有义务对这二人知恩报德。"

她所说的女婿就是俄国沙皇亚历山大一世和瑞典国王居斯塔夫四世。

皇帝回答说:

"的确,你的两个女儿均找到了好丈夫,你是一位有头脑的女人。"

老总督夫人感到很得意,继续申诉她的理由:

"如果你提出的女孩与你有血缘关系该多好!但是,博阿尔耐小姐与你无任何直系关系,她甚至在皇宫里也没有任何头衔。如果她是你的女儿,情况就不一样了。"

拿破仑敏捷的头脑立即抓住这一破绽,他高声说:

"这没有关系!我将把她变成我的女儿,过继她来。她将是公主殿下!"

老总督夫人还有什么可说的呢?

公元1806年3月4日,斯特法尼·拿破仑正式成为皇帝的女儿。从那时起,她就同其他公主平起平坐了,甚至于同拿破仑的姐妹平分秋色了。在正式场合,她在皇帝右侧而立,当皇帝不在时,她就在皇后右侧而立。

13 欧洲的孤儿豪泽尔

特殊荣誉？美丽的斯特法尼可以这么理解。这一殊荣一直保持到她的未婚夫查理·路易·德·巴德在巴黎出现的那一天，他显得有点羞怯，有点呆傻，按照当时的习惯，他脸上涂粉，头发梳成榔头形状。斯特法尼惊叫起来，要求他马上把头发剪短。于是他把头剃得像小狗一样，得意地回到未婚妻身边。

查理一转身，少女就低声说：

"我发现他更难看了。"

达布朗泰斯公爵夫人①说话尖刻，她形容查理亲王活像"被关押起来生气的孩子，一点也不美，是一个令人讨厌的亲王，更是一个令人讨厌的丈夫"。她补充说："我第一次见到他时，我不禁将目光转向那位将成为他的财产的美人。相形之下，她显得更加迷人。这位亲王真有艳福！这位温柔妩媚的姑娘将是一位多么漂亮的未婚妻啊！在她加冕的宴会上，她笑容可掬。但是，笑中含有凄苦味。她怎么可能不痛苦呢？"

对于斯特法尼结婚时的盛大场面，很久之后人们仍津津乐道：鸣礼炮，奏军乐，众人欢呼，烟火缤纷，在杜伊勒利宫举行了盛大的舞会。皇帝早已下旨"按照过去法国国王女儿出嫁时的规格办理，甚至可以超过"。

最后的花烛熄灭之后，就该上路了。斯特法尼痛哭流涕。卡尔斯鲁赫对她热情款待，但人们也是逢场作戏而已。到处是牌楼，到处是欢呼声！但是，喧嚣之声中透出了巴德人受辱的心情，他们被迫在世袭亲王的家族里，接受这一位"出身"并不高贵的女孩，大公府的王宫虽然有四百间用"德国方式"装备起来的房间，房屋的中间还有高耸的中央塔即铅塔，但这并不能使斯特法尼的心情快活起来。

生活沉闷而压抑。表面上看，总督夫人，大公家族的亲王与公主对斯特法尼以笑脸相迎，但是，每个人又想方设法地去羞辱她。他们恶言中伤她，伤害她的自尊心，就她的出身进行影射等。例如："听说你的奶奶生下来就会告密，是真的吗？"问题表面上天真，实际上十分恶毒。

斯特法尼就这样开始了解她丈夫的家庭。这一家庭的确叫人吃惊，搞阴谋诡计似乎是顺理成章的事情。在位的大公查理·腓德烈已78岁高龄。他的第一房夫人卡罗利娜·德埃斯去世后，他又娶了名叫路易丝·盖尔的女人为妻，并封她为霍赫贝格伯爵夫人。因为这是同非王族女人通婚，伯爵夫人为大公生的三

---

① 达布朗泰斯夫人(1784—1838)，法国朱诺将军的夫人，著有《王朝与复辟王朝回忆录》。

个儿子均无权继承王位。

霍赫贝格不但贪婪成性,而且野心勃勃。看到自己的儿子们与王位无缘,她恨得咬牙切齿。查理·腓德烈的唯一合法男性继承人是查理亲王,他刚刚同斯特法尼结婚。霍赫贝格最担心的是这对年轻夫妇生下儿子,因此,她将竭力阻止发生此事。她的所有阴谋只有一个目的,即让她的儿子们在大公家族里正式继位的权利得到承认。

公元 1815 年之后,她终于如愿以偿。当时,皇帝正在圣海伦斯岛上,斯特法尼无人保护,只好任凭她的敌人摆布。这位可怜的女人只有依靠她的丈夫。查理是一位热情的小伙子,他真心诚意爱他漂亮的妻子。但是,他太胆小怕事了,结果想依靠他也是空想。当霍赫贝格确立她儿子们的合法地位时,查理听之任之,他似乎不明白,也不害怕这个野心勃勃的危险女人。当时,查理和斯特法尼一心照管他们自己的孩子。后来他们有了 5 个孩子,其中 3 个女儿身体强壮,两个儿子均夭折。

*　　　*　　　*

公元 1812 年 9 月 29 日星期二,斯特法尼·德·巴德大公夫人在卡尔斯鲁赫王宫生下一男婴。婴儿的奶奶、老总督夫人给她的女儿沙俄女皇这样写道:"按其母亲的身材来看,孩子的个头很大。"

小亲王的房间位于宫殿首层,"为小教堂附近右侧尽头的一套单独房子"。通过房子的 4 级台阶,可以直接走到花园里。

10 月 15 日深夜,奶妈约瑟法·申德勒睡得正香,突然孩子呻吟起来,而且声音越来越大,终于引起仆从们的注意。人们赶紧去叫大公夫人的内科医生克拉默尔大夫。后者马上宣布病情严重:孩子似乎得了脑膜炎。

在此期间,约瑟法·申德勒终于醒了,她开始给孩子喂奶,孩子显得稍微安静一点。她一直伤心自责,责怪自己睡得太死了。她哭得全身抽搐不止,痛不欲生。于是人们只好命令她回家去给自己的儿子喂奶。

几个小时后,她才回来。她吃惊地痛心地得知,小病人的病情进一步恶化了,而且非常危险。大公身体不能离开病房。一位助产士急急忙忙地为孩子进行了临终代洗。晚上 6 时,孩子咽气了……

查理与斯特法尼的第二个儿子于 1816 年出生。一年之后,也死去了。这样,霍赫贝尔一家人就再也没有障碍了。伯爵夫人胜利了,她的儿子利奥波尔

13 欧洲的孤儿豪泽尔

德于1830年登基。

早在两年之前,巴德的居民已经提出了一个令人难以置信的问题:1812年10月16日宣布死亡的孩子,真是大公查理和大公夫人斯特法尼的儿子吗?

事情是从1828年神灵降临节的星期一,即5月26日开始的。这一天,有两位尼恩贝格的市民即两位皮匠,在城里一个小酒馆里泡了很长时间后回家。他们的名字是魏希曼和贝克。那天下午,他们喝了好多啤酒,这使他们异常兴奋。到了傍晚,他们走起路来已经是晃晃悠悠的了。当时是5点钟。魏希曼突然停下来。贝克出于模仿,自然地跟着他停下来。

两人同时被一个异乎寻常的场面惊呆了:一位衣衫褴褛的少年穿着过于肥大的衣服,跌跌撞撞地在街上行走,同时嘴里发出一些不成句子的喊声。他停了下来,靠在墙上。他给人的整体印象是,他已经精疲力竭,他眼睛半闭,似乎阳光刺眼,而实际上当时的太阳已经西下了。

两个皮匠心中同时升起了一阵怜悯之心,他们走近少年,表示愿意帮助他。他难受吗?他需要什么东西吗?陌生的少年目光惊诧呆滞,似乎从他们的头顶上穿过去。他问新门街从哪里走?他的脸上毫无表情,如果一定要谈表情的话,也是一种极端疲惫的表情。

怎么办?魏希曼和贝克正在考虑这一问题时,少年总算从呆傻中清醒过来。他解开上衣,笨拙地从一个口袋里掏出一个信封,胆怯地递给两位皮匠。他们看见信封上的地址是:尼恩贝格卫戍区第六轻骑兵团第四营营长冯·韦斯尼赫上尉。

两个人没有再商量,他们的想法一致:将少年带到收信人那里去。他们就这样做了。

上尉的夫人接待了他们,因为她的丈夫出门在外。她看见陌生少年后,也顿生恻隐之心:少年的体质太弱了,表情太悲哀了,神情太疲倦了。她让少年坐下,向他提了一大堆问题。也许是对她有了信任感,他终于开口了,这也是他第一次开口。他说的话含混不清。韦斯尼赫太太猜出他讲的是骑兵,这一词他说了好几次。

说完后,他闭口不语,脸色发青。他显得越来越疲乏无力。好心的夫人心想,他也许是饿了,给他拿来吃的。他抢过面包,狼吞虎咽地吃起来。他连喝了几杯水,脸上明显地露出喜悦的表情。当女人给他拿来熟肉与啤酒时,他厌恶地推开了。之后，他闭上双眼，就扒在椅子上睡着了，韦斯尼赫太太让人把他扶到马厩里，少年一下子倒在干草上，又重新睡着了。

上尉回到家时，已经是后半夜了。他听过当天下午发生的事时，自然也惊诧不已。韦斯尼赫夫人当时将信留了下来，上尉马上读起信来。信是用哥特字体写在一张破纸上的，用德语俚语写成，信文如下：

"尊敬的上尉，我给你送来一个男孩，他想参军为国王效劳。他是1812年10月7日被人遗弃在我家里的。我只是一个临时工人，有10个孩子，养活他们已经够我受的了。他母亲将孩子丢给我，但我并不知道她是谁，也没有报告警察。我按照基督教徒的方式将他养大。自1812年以来，他从来没有出过门。谁也不知道我住在哪个城镇，我的家在何处。关于这一点，你们可以尽管问他，但他无法回答。我曾教他简单地读书写字。当人们问他想干什么时，他回答说，他想同他父亲一样去当兵。我把他带到了诺伊马克特，剩下的路程，只好让他自己走了。"

"好心的上尉，不要打他，不要逼他说出他来自什么地方，因为他根本就不知道，我是在黑夜里带他走出来的，他根本找不到回程路途。如果你不想留他，可以把他杀掉或吊死在你的房间里。"

这一篇奇特的文字没有署名。但是，上尉在第一行上找到一张小纸条，上面有这样几行字：

"孩子的名字叫加斯帕尔，请你给他确定一个姓，请拾到孩子的人务必好好照料他。当他长到17岁时，把他送到尼恩贝格的第六骑兵团去，他的父亲过去曾在那里当兵。他出生于1812年4月30日。我是一个可怜的女人，无法留他。他的父亲已经去世。"

这张纸条按理说应是他母亲16年前写的，但是，使用的纸却与信纸一样，墨水也是一样，这就说明这一切是伪造的，是谎言！当然，出于并不高明的手段，第二张纸条是用拉丁字体写成，而第一张信纸是写的哥特体……伪造文件已经明显地得到证实，因为写纸条的人似乎不知道，到了1828年，轻骑兵第六团才来到尼恩贝格驻防，而那位所谓被遗弃孩子的母亲早在1812年就预料到这一点！

冯·韦斯尼赫上尉径直朝马厩走去，把少年叫醒。他毫不客气地怀疑他在搞恶作剧。他命令少年跟他走，并将少年送到警察局。

人们请来市长宾德尔先生审问他。经过一样,吃惊的程度也一样。陌生人几乎不开口,好像怎么也听不懂别人的问话,除了面包和水,其他食品一律拒绝。有人给他手里塞了一支铅笔,他总算用笨拙的儿童字体写下几个字:加斯帕尔·豪泽尔。显而易见,这是他的姓名。

* * *

尼恩贝格市收留了加斯帕尔·豪泽尔。医生和法官对他进行了检查和审问。在谈话过程中,加斯帕尔说话时逐渐能组成句子了。有一天,他终于能够回忆过去了。不过,他说出的事情实在叫人大吃一惊。

这个16岁的男孩一直生活在牢房里。他本人形容说,那个地方是泥土地面,通风窗安得很高。他每天晚上睡在麦秸上,光着脚,只穿一件衬衣和一条皮短裤。在他身边不远的地面上,有一个坑,坑上放一个便盆。在他睡觉时,有人负责把便盆倒了。他醒来时,身边总有一壶水和一块面包。每过四五天,一个男人来看他,同他说几句话。在他的记忆里,这是个黑面人。在他被监禁的末期,黑面人来教他看书写字,教他重复几句话,例如"我要当骑兵"等。过了一些时候,这个男人又教加斯帕尔走路。过了几天,又给他穿上衣服,把他从牢房里放出来。有时拖着他走,有时背着他走,把他带向某一个城市。后来,加斯帕尔才知道,这个城市就是尼恩贝格。黑面人命令加斯帕尔去尼恩贝格城。少年哭着服从了。他到达十字路时,就碰见了两位好心的皮匠。

不难理解,宾德尔先生听完上述故事后,感到非常新奇。故事很快在城里不胫而走。大家不约而同地提出一个同样的问题:将一个可怜的、也就是说无辜的孩子用如此不人道的方式关押起来,到底是出自什么原因?报纸也来凑热闹,结果一下子成了一个国际事件。法国、英国、俄国和奥地利等国对加斯帕尔·豪泽尔均极为关注。人们称他为"欧洲孤儿"。

加斯帕尔·豪泽尔身高4法尺9法寸,头发为灰黄色,细而卷曲,眼珠为浅蓝色,脸色苍白,皮肤细腻。人们估计他16岁或17岁。

他的叙述中,哪些是可信的?历史学家们对此已经争论了一个世纪了。人们长时间地研究警察局与法院的报告,认真对比了各类证词,上述研究工作的结果是,不管传说内容如何,加斯帕尔是一名十恶不赦的撒谎者。

通过魏希曼与贝克的证词,我们所了解到的加斯帕尔·豪泽尔到达尼恩贝格的经过很能说明问题。加斯帕尔自己声称,他刚学会走路不久,"腿部的动作还不能完全控制",他还说,他只从看守员那里学会认识几个字。可是,皮匠乔治·魏希曼却看见他"大步从一条陡坡街往下走,一边呼救,然后又用足够清楚的语言问新门街怎么走"。魏希曼对他回答说,他们得去向新门街的看守队的韦斯尼赫上尉打听。对此,加斯帕尔回答说:

"看守队?新门好像是刚刚建成的呀!"

然后,少年补充说,他来自雷根斯堡,这是第一次来尼恩贝格,这一切与他以后扮演的角色完全相悖。因为,他扮演的真正角色旨在使人相信,他年纪很小,刚刚进入现代生活。但是,这一角色有很多漏洞,他后来在各方面的飞快进步反而使他不能自圆其说。他后来说,当他在尼恩贝格监狱里时,他用了"三个星期"就从狱吏的小儿子那里学会了写字。第一点,他自己承认说,是黑面人教他学会看书写字的;第二点,只用三个星期时间,就能学会流利地写字吗?

加斯帕尔的信徒之一,德·费尔巴哈院长告诉我们,5月26日,加斯帕尔只会说十来个单词。然而,他同魏希曼和贝克使用的词可比这要多得多。后来,在不到6周的时间内,他居然能够添枝加叶地讲述他自己的经历了。

加斯帕尔的对手们毫不客气地提出了最明确的反对意见:一个孩子,被监禁那么多年,而且连最基本的卫生条件都不具备,肯定是无法生存下来的。

公元1834年,一位名叫默尔克的人作证说,加斯帕尔有一天曾对他说过,他从前每天都要上学!但是,加斯帕尔的支持者又轻易地找到5年前默尔克的另外一份证词,他在证词中断言,加斯帕尔一直拒绝回答他提出的问题。

使人感到迷惑不解的是,加斯帕尔说法中不足信之处丝毫没有妨碍碰见他的人对他深表同情。恰恰相反,这些人异口同声地说,加斯帕尔的真诚之情可以从他的脸色和目光、从他重新接触生活时的迟疑态度中反映出来。

在那些拒绝认为加斯帕尔是骗子的人当中,首称安斯帕赫城王家法院院长德·费尔巴哈骑士了,他是一位重要人物,因为德·费尔巴哈院长是当时誉满欧洲的最杰出的德国犯罪学家。的确,那些居心不良的人也断言,当他公布关于对加斯帕尔·豪泽尔调查的结果时,这位杰出的法官"已经患病,患了神经病,不久就因瘫痪而死去……"

德·费尔巴哈院长是如何论述的呢?他认为,加斯帕尔被监禁一事是毫无问题的。他想了解的是,人们关押一个孩子是出于什么原因。除非是这个孩子的存在本身就是一个严重的危险。因此,他可能是一个大家族的继承人,而且一定是一个政治大家族的继承人。要从物质上安排这样的监禁,需要一定的势力,这远非普通人所能做到的。

然而,医生们的意见又是十分肯定的:加斯帕尔大约出生在1811年到1813年之间。德·费尔巴哈按照逻辑,设法打听在这一时期,是否有欧洲某一王公家族丢失了一名年幼的孩子。他查看了《哥特年鉴》之后,就发现,当时在欧洲去世的唯一亲王是巴德·斯特法尼大公夫人的儿子。讣告说他是1812年10月16日夭折的。

*　　　　*　　　　*

自加斯帕尔·豪泽尔到达尼恩贝格引起轰动以来,15个月已经过去了。因为不能永远将他留在镇上,只好把他交给一名叫道默尔的教授。这一选择恰当吗?不一定。老学究只对磁学感兴趣,正如我们今天所说的,他的脑子里只有"异端邪说"。他声称,他一触摸梦游者的身体,"就感到一股磁力"和"一股气流"。不言而喻,把加斯帕尔带去触摸同一梦游者的身体之后,他也同样因气流与磁场而战栗。

无论怎么说,加斯帕尔的学习成绩优异。他学习进步很快,讲话非常流利。他甚至于还开始学音乐。他到达尼恩贝格一年之后,已经会弹羽管键琴了,而且弹得相当可以。

公元1826年10月17日,晚餐时分,道默尔教授等他的学生回家吃饭,可是久等不来。他感到奇怪,于是在院子的所有房间找他。加斯帕尔平常是很守时的,所以他的姗姗来迟使人感到意外。经过多番寻找,总算在地窖的台阶上找到了"欧洲孤儿":他躺在那里,几乎已经昏倒过去,头上鲜血淋漓。大家将他抬到床上。他断断续续地说:"人……黑面人……像锅烟一样黑……躲在地窖……"

普罗伊医生马上被人叫来,他发现孩子前额有一伤口,长约1法寸,伤势不重。当加斯帕尔能说话时,他叙述说,他想经过院子到藏衣室去。此时,他看见一个人溜进来,"他的脸黑乎乎的,像粘满黑烟"。他以为是烟囱修理工,所以没有在意。他刚一出门,突然发现陌生人站在他面前。那个人穿着一件新大衣,一条深色裤子,细长的皮靴并戴着黄色手表。加斯帕尔根本没有时间对他进行观察,在同一时间,他头上猛遭一击。他朝后倒下去,但却清楚地听见那个人讲了下面一句话:"必须在你离开尼恩贝格之前让你归天!"

加斯帕尔在惊骇之余,听出了那是黑面人的声音,那位在那么长的时间里那么残忍地监禁他的黑面人!后来,少年就在地窖的台阶上昏了过去。道默尔就是在这里发现他的。

这一事件轰动了尼恩贝格!加斯帕尔的支持者高呼胜利:过去怀疑论者们不相信有所谓黑面人的存在,现在这一点已经完全得到证实,而且,证实的方式又是多么有力!警察局马上进行调查,德·费尔巴哈院长亲自主持这一调查工作。巴伐利亚国王路易一世也插手此事,他颁布诏书说,将赏给"能提供情况和一般线索者"500弗罗林金币。于是对尼恩贝格的所有的烟囱修理工进行审问,找了好几百名证人,他们的证词均经过认真核对,汇集起来有八九本之多。可惜,没有一个人见过黑面人!没有一个人知道任何有关黑面人的情况。事情反而越来越神秘化了。

不过,德·费尔巴哈院长对此并不感到意外。他认为,事情毫无进展正好证实了他的意见:毫无疑问,"犯罪分子"势力极大。完全可以逃脱法律追捕。1813年,他以大无畏的精神发表一部小册子。他用法学家的夸张的文风写道:"民事司法部门的手并不能达到所有的高度与深度;但是,它有理由在这些地方的背后去寻找这一罪行的巨大罪犯,如果民事刑法部门想触及这一巨大罪犯,它必须拥有约韦亚①的军号,至少拥有奥伯龙②的号角。只有当这只号角吹响时,那些守卫在城堡大门口的、手执狼牙链锤的可怕巨人才会暂时无法动弹,因为他们的狼牙链锤一旦如雨般地挥舞起来,连阳光也透不过去的。"

译成白话,这句话的意思是:调查在一座王宫面前受阻。

公元1831年年底,一位叫斯坦霍普的勋爵突然对加斯帕尔大感兴趣。他坚信,那是一位贵族家庭的后裔。因此,他满腔热情地主动负责起加斯帕尔的教育问题。尼恩贝格市欣然同意,因为该市负责加斯帕尔的食宿费用已经有3年多了。斯坦霍普宣称,他将把加斯帕尔带到英国去并且很可能过继为他的儿子。后来,他又改变了主意,只是将他带到邻近城市安施帕赫。在那里,他把加斯帕尔送到一名叫麦耶尔的小学教员家寄养。

＊　　　　＊　　　　＊

两个月过去了。加斯帕尔似乎觉得美好时光已经一去不复返。德国已经把

---

① 约韦亚,希伯来人首领,根据《圣经》,他在同耶路撒冷国王作战时,曾成功地用号角命令太阳停止运转。

② 奥伯龙,中世纪的罗马天神,其号角拥有神力。

13 欧洲的孤儿豪泽尔

他忘记了。大家也不再过问他的事情了。斯坦霍普勋爵很少从英国写信。即使写信,也在信中对加斯帕尔的诚实也表示极大的怀疑。麦耶尔其人生性粗暴严厉,他对自己的学生毫不客气,并且毫不隐瞒地认为他是个骗子。警察中尉希克尔负责监视他,对他也不寄托任何幻想。他说:

"这家伙比那些著书立说的人知道的事情更多,只是不开尊口。"

加斯帕尔生活在怀疑与猜测之中,整天愁眉苦脸,食而无味,终日关在房间里睡大觉。他唯一的朋友是德·费尔巴哈骑士。不幸的是,老法官的健康突然恶化,他溘然长逝,留下了绝望的加斯帕尔。

公元 1833 年 12 月 14 日,星期六,豪泽尔在富尔曼教师的陪同下出门散步,他同牧师分开时,说他要去拜会一位夫人。过了一会儿,一些行人曾看见他独自一人走进王家城堡花园。当时是下午 3 点钟左右。花园的路被雪埋住,花园里空荡无人。

半小时之后,加斯帕尔在麦耶尔家里出现。他脸色苍白,呼吸困难。他用双手捂住胸口。一片血迹从胸口透出衣服,越来越大。他正在发抖。

"他杀我……"他气喘吁吁地说。

虽然他身体很弱,仍然愤怒地将麦耶尔拖到花园里,结结巴巴地解释说:

"在王家公园……一个男人……拿一把刀……送了钱袋……刺了一刀……我使劲跑……钱袋还留在那里,地上……"

他闭上了眼睛。麦耶尔将他抱在怀里,将他扶回自己家里,让他躺下。这一次,伤势似乎比较重。闻讯赶来的医生均流露出不安的神色。那一刀好像从心脏边上擦过。加斯帕尔又醒了过来。他的叙述如下:一个陌生人走近他,答应告诉他有关他父母的情况,并且约他黄昏时分在公园的一个角落见面。他答应在那里给他一些重要文件。

加斯帕尔毫无戒心地应约前去会见陌生人。陌生人已经在该地等他。陌生人身穿一件长斗篷,戴一顶高帽子,留有棕色的络腮胡子。他递给加斯帕尔一个用蓝色绳子拴着的钱袋,说:

"都在里边,你拿吧!"

钱袋掉在地上,加斯帕尔俯身去捡,这时,陌生人从侧面用短剑刺他,然后逃掉了。

麦耶尔听了这一段叙述,耸了耸肩。他连一个字也不相信。他认为,加斯帕尔因为自己不再是"新闻人物"而感到失望,因此,给了自己一剑,用苦肉计以重新唤起人们对他的关注。

一名警官马上到达公园。当然,他在那里没有发现任何人。然而,在一棵树下,他确实找到一个白里蓝缎子钱袋。在那里,有明显的两个脚印。但是,警官认为,那"似乎是同一个散步者的脚印,他大概来自城里,后来又回到城里去了"。

在钱袋里,有一张折起来的纸条,上面写的是:

"豪泽尔可以告诉你我是谁和我来自何方。为了不劳他的大驾,我就干脆对你直说,我从巴伐利亚的边境来……关于……我会告诉你姓名……"

"M·L·O"

* * *

加斯帕尔周围的人都竭力催促他说出真情。希克尔中尉不相信暗杀一事。富尔曼牧师请求少年要"恢复良心"。加斯帕尔的伤势恶化,他回答希克尔说:

"你知道,我不会自己伤害我自己的,这纯粹是你的想象。不久你就会改变看法。"

之后,他又对牧师说:

"我同谁有仇?我会自动饶恕他们的。但是,我不知道是谁刺伤了我。"

12月16日,他已经在说胡话了。他周围的人记下了他的几句话:

"啊!上帝!被迫在耻辱与轻蔑中逃走……当有好几只猫时,老鼠的死是迟早的事情……"

突然,他从床上坐起来,高喊:

"妈!妈,快来!"他还说。

"一位夫人,一位高贵的夫人!愿上帝可怜她!"

晚上10时左右,他的情绪似乎稳定了一些。他低声说:

"我疲倦了,很累,但是,我还有多么光荣的路程要走啊……"

他闭上了眼睛,好像睡着了。

他死了。

* * *

在他遇刺的地方,现今还能看见一个纪念碑,上面刻着:

"一名陌生人在这里被另一名陌生人杀死。"

陌生人?也许并非如此。

13 欧洲的孤儿豪泽尔

✶ ✶ ✶

加斯帕尔·豪泽尔死后,论战不断加剧。特别是在德国,出版了许多书籍、小册子和杂文集。但应该承认,这些出版物大都价值不大。

一些人认为,加斯帕尔是一名可怜的骗子,他好像"有什么不可告人的秘密",自己编了一整套故事并从中得到好处。其他人认为,加斯帕尔具备了神经病患者和癔病患者的全部症状。他的神经错乱,促使他瞎编故事。他胡编的结果,后来连他自己也信以为真了。还有一些人认为,加斯帕尔·豪泽尔可能是拿破仑一世的儿子,这种说法倒直截了当。不过,我们要说,最后一个假设是经不起任何考证的。

然而,通过某些历史学家们的发现,通过各种证词的对比和研讨,出现了另一论点,而且,这一论点看上去是严肃的。通过德国历史学家弗里茨·克勒博士和法国历史学家弗勒里伯爵与法国大使埃德蒙·巴斯特先生的研究,推断出另一可能性:加斯帕尔·豪泽尔很可能就是斯特法尼大公夫人的儿子。

埃德蒙·巴斯特先生在考证了大量史料、进行了精辟研究之后,断然得出了这方面的结论。奥克塔夫·奥布里①也发表了一份至关重要的证词。他说,"一名曾积极参与那个时代国际政治生活的欧洲妇女界高级人士曾向他透露一些情况"。

"关于上述情况,虽然有好几家王族矢口否认,虽然上一世纪的许多德国作家也收到有关禁令,但是,这些情况使我们对加斯帕尔·豪泽尔的血统关系不再有任何怀疑了。"

奥古塔夫·奥布里还补充说:"此人不允许我披露其姓名。此人在1914年大战之前,在访问中欧一座王宫时,看到了巴德大公夫人斯特法尼·博阿尔耐的《秘密回忆录》。此人在特殊的甚至于是悲惨的情况下——具体情况她将保留到某一天透露——拿到了一个小本子,它就像'洗衣女工的记事本'。拿破仑的过继女儿在这个小本子里,用她清秀的字体,记下了她动荡不安一生的主要经历。在笔记本里,大公夫人声称,她准确无误地认出,在安施帕赫被暗杀的不幸青年,就是她的儿子。"

我们应提出一个问题:当加斯帕尔·豪泽尔还活着时,斯特法尼大公夫人对他发生过兴趣吗?对此,可以作出肯定的回答。我们甚至还知道,她曾长时间地

---

① 奥克塔夫·奥布里(1881—1946),法国历史学家,法兰西科学院院士。

会见过斯坦霍普并就陌生少年一事向他提出了各种各样的问题。当她得知,有些人认为此少年是她的儿子时,她惊呼起来:

"但愿这是真的!"之后,她又悲哀地补充说:

"但是,这是不可能的。"

不过,她的脑子总是"被这个谜所困扰"。她回想起她儿子死时的情景。她想起来了,当时别人不让她去看孩子尸体……

同奥古塔夫·奥布里一样,埃德蒙·巴斯特也从一位"特殊"人士那里得到了秘密情况。此人也曾翻阅过大公夫人的回忆录。斯特法尼在回忆录里谈到了她秘密去安施帕赫旅行的悲惨遭遇。她同两个女儿一起在加斯帕尔·豪泽尔经过的路上等他,因为她知道,他每天在同一时间去霍夫加滕。当斯特法尼看见加斯帕尔时,"她突然昏厥了"。加斯帕尔的一切都使她想起了查理大公,"一样的身材,一样的骨骼,一样的头,一样的走路姿态。"

她回到家后十分激动,这使她周围的人对她此次旅行的目的有了猜疑。这之后不久,加斯帕尔就被人暗杀了。

几乎可以肯定,斯特法尼大公夫人认定加斯帕尔就是她的儿子。怀疑派对此表示反对:"她会不会弄错?"

有不少的资料对诈骗论十分有利。加斯帕尔平时胡说八道,他有极大的虚荣心,对于任何看法客观的人来说,他第一次"被谋杀"事件是一种粗劣的假造。但是,他的支持者却回答说,他被监禁时的恶劣条件使他的性格起了变化。谎言、隐瞒和虚伪绝不说明那就是诈骗行为。

他们还说明了李代桃僵是如何完成的。这一切全是霍赫贝格策划的。加斯帕尔是妨碍她的儿子们达到王座的障碍,所以她决心除掉他。她不愿毒死孩子,因为放毒总会留下痕迹。她更愿意用一名已经患病、肯定不久人世的孩子去顶替他。这样还有一个好处:伯爵夫人手中有了一名人质。如果斯特法尼不再生儿子,王位就归路易亲王了。此人正好是霍赫贝格的情夫,他已经答应永不结婚,好让这位伯爵夫人的儿子们顺利继承王位。让小亲王关在监狱里,这就是施加压力的最好手段。一旦路易想忘掉他的许诺,人们就可以威胁他说,将把"加斯帕尔"放出来,就像把魔鬼从宝盒里放出来一样。

但是,顶替小亲王名义死去的孩子是谁?在大公王储降生前3天,一名男婴在卡尔斯鲁赫诞生,孩子的父亲是一名穷工匠,名叫克里斯托夫·布洛赫曼。

这一男婴在耶稣教堂举行命名仪式，取名让·欧内斯特·夏尔。在该教堂的出生簿上写着："父亲：克里斯托夫·布洛赫曼，霍赫贝格神圣帝国伯爵夫人的手工场工人。"然而，布洛赫曼竟直接归霍赫贝格管辖，事情怪就怪在这里。

公元1812年10月15日夜里，大约八九点钟，伯爵夫人溜到小亲王的房间。前面已经说过，这一个房间从花园里走，很容易进去。伯爵夫人事先设法让奶妈服了一片安眠药。果然，奶妈约瑟法·申德勒什么也没有听见。

孩子的替换进展顺利。布洛赫曼的男婴后来死去。小亲王——这里我们按照埃德蒙·巴斯特先生的说法——被带到大公国南方的博根镇。后来，加斯帕尔曾画过一些徽章，因为"他在童年时，经常看到这些徽章"。经过反复考证，人们发现，这些徽章上画的兵器属于一个阿尔萨斯家族，即赖纳赫男爵家族，他们是博根镇条顿人骑士团封地的前主人。在博根，而且只有在博根，兵器才要进行雕刻。毫无疑问，加斯帕尔肯定是在博根看见这些兵器的。

在博根，加斯帕尔受到良好的待遇。他有一名保姆。当他6岁时，他被送到卡尔桑村的小学读书。公元1819年，路易大公登基后，对加斯帕尔的监视更严了。他的住处更换了。他在巴伐利亚的尼恩贝格东南40公里处的皮尔扎赫城堡时，一名叫里希特的人好像是他的看守员。

人们为加斯帕尔改造了一座小阁楼，当然，这谈不上舒适。但是，这也绝不是加斯帕尔津津乐道的和精心描绘的可怕的监禁与阴森的牢房。巴斯特先生说："加斯帕尔可以在城堡里和与城堡毗邻的花园里自由行动。因此，他可以看见里希特用步枪打鸟或其他猎物……加斯帕尔爱骑马，他的这一爱好也完全得到满足。在马厩里，就有5匹马，因为管理树林需要马。加斯帕尔特别喜欢其中一匹白马，他经常给白马喂饲料。"

城堡的主人几乎老是出门在外，因此对看守员里希特的诡计一无所知。1828年复活节时，他突然回来了。里希特着急了，将加斯帕尔关在一个地下室里。那是城堡过去遗留下来的牢房。他将加斯帕尔的腰部捆在钉进墙里的一个铁环上。加斯帕尔在这个牢房里呆了几个星期。人们现在知道，这一短暂的经历后来却孕育了加斯帕尔多么丰富的想象力。

城堡主人走了之后，里希特很害怕，发誓不再冒这样的风险。他决定摆脱加斯帕尔。于是他将加斯帕尔送到尼恩贝格去。后来发生的事情，我们都知道了。

※　　　　　※　　　　　※

　　麻烦的问题是,这一说法没有任何坚实的基础。这只是将许多假设拼凑起来,而且有些假设是很牵强附会的。人们是以加斯帕尔的说法为基础的。但是,他的话也时常变来变去,人们也以当地的传说为凭据。但是,人们也知道,在大多数情况下,传说的可靠程度如何。

　　只剩下斯特法尼的态度了。她的态度是否就足以证明加斯帕尔·豪泽尔的亲王身份?不过,至少有一点我们可以肯定,那就是人们对此还有怀疑。

　　这种怀疑,已从韦莱纳的诗句里表现出来:

　　我是文静的孤儿,

　　我依靠我唯一的财富——冷漠的双眼,

　　跻身于大城市居民的行列中间……

14 "天玛丽号"帆船漂流记

> 在汪洋大海之中,有一艘完好无损的帆船,它载着价值昂贵的货物,却在无人驾驶的情况下漂流。这便是海上最神奇的冒险故事之一的开端。

公元1872年12月12日晚上,戴维·里德·穆尔豪斯船长指挥的英国双桅帆船"代格拉茨亚号"从纽约起航来到直布罗陀港抛锚。第二天,即12月13日上午,另一艘帆船也来到同一港停泊,它的船名在船体上清晰可辨:"天玛丽号"。

那是一艘11年前建造的双桅横帆船,载重量为282吨,长约30米,有双层甲板,主横梁近8米,如果满载货物,吃水近3.5米。"天玛丽号"帆船由名叫奥利维尔·德沃的人指挥,他又名奥利。

不过,"代格拉茨亚号"的穆尔豪斯和"天玛丽号"的德沃一起来到港口总指挥处,叙述了如下奇遇:

11月11日,"代格拉茨亚号"满载鲸油与酒精离开了纽约港,驶向地中海。在航行的3周中,一切十分正常。1872年12月4日,"海面有浪,但仍可正常行驶"。当时,船的位置距葡萄牙海岸600海里,即位于从亚速群岛通向直布罗陀航线的北方。穆尔豪斯刚刚测定了方位：北纬 38°20′，西经 13°37′。

下午 1 时左右，"代格拉茨亚号"船上突然有人发现，在东北方向上有一艘帆船。使船长穆尔豪斯感到奇怪的是，人们所见的远方的船的"航线游移不定"。穆尔豪斯想到，"这肯定有点不对头"。他将船驶近陌生的帆船。当他驶到距离只有半海里时，穆尔豪斯用望远镜将甲板看得清清楚楚。他大吃一惊，舵柄与瞭望岗上均无人，也就是说，甲板上空无一人。

二桅帆船的帆都降下来了，只用后桅支索帆与前桅支索帆航行。"代格拉茨亚号"靠近了，船上的人喊："你们需要帮助吗？"

无人回答。穆尔豪斯看见那艘船的后壳上用白字写着不同寻常的船名："天玛丽号"。

船停了下来。穆尔豪斯下令二副奥利·德沃带上两个人，放下一只小艇下到海里。小艇靠上了"天玛丽号"，3 个人利用悬挂在船体上折断了的缆绳，登上了船。

德沃和他手下的人越来越感到惊奇，原来已经知道甲板上无人。于是他们

图三十三　天玛丽号帆船

14 "天玛丽号"帆船漂流记

进到船舱里面。在船员舱里,也没有人;在厨房里,也没有人。在货舱里,他们发现了1700桶酒精和能至少维持6个月的食物。

奥利·德沃以为自己是在做噩梦。这艘完好无损的船上的船员都上哪里去了?在"天玛丽号"上,到底发生了什么奇异的悲剧?

德沃是一名勤快的水手,他开始仔细搜寻二桅帆船的每一个小角落。由于美国海洋历史学家汉森·W·鲍德温曾查阅过"代格拉茨亚号"大副写的报告,我们才得知,德沃"首先"进行的是对油泵进行检查。油泵"情况正常"。但他发现,货舱里有一米深的水。德沃同时发现,"前舱盖与货舱盖已经被揭开(货舱盖乱七八糟地推在甲板上,放在原来盖住的入口处的旁边);罗经柜也挪动了地方,罗经也打碎了;在二层舱,有大量积水,前舱水已灌满,水一直漫到舱口围板。"

使德沃更感到惊讶的是,船尾宿舍的六面窗户"全部被帆布或木板封死了"。为了看清东西,大副只得撬开了一扇窗户。之后,他继续搜寻。没有任何混乱的迹象。但是,过些时候,他发现船尾宿舍里有"很深的水"。德沃作下记录:"水将大钟泡坏了。"然而,每件物品、家具、图表、书籍、衣服等,看上去仍在原地。

德沃在大副办公室里,发现了航海日志,在船长室里,发现了值班黑板。在航海日志上,"有一行字,写着11月24日;在值班黑板上,记着11月25日写的另一行字"。

另外一件物品也绝不是最不起眼的,那是一架类似簧风琴的木制"琴",它安静地靠在一块舱板上。在"天玛丽号"上,谁还弹簧风琴?显而易见,在一艘载满酒精的双桅横帆帆船上,发现这种乐器,这是绝无仅有的事情!

德沃继续按部就班地进行搜寻。他在四处发现了一些钱币、首饰,其中有一枚金质奖章,一柄全是黄锈的旧剑,剑柄上刻有一个"萨瓦[①]十字"。

相反,六分仪,船钟与航海书籍却不翼而飞。没有发现计程仪,"在船尾或其他地方"均没有找到它。我们想对那些不懂得航海的读者说明,计程仪是用来测量船的航行速度的。

"四处散落的物品后来都清点登记在案:两顶女人帽子,一件短睡衣,一顶蚊帐,一个洋娃娃,一把扇子,二颗首饰别针,一条有衬架的女裙……"

在船员专用的前舱,男人用的皮包,防水衣,皮靴甚至于烟斗,都原封未动。在绳子上还晒了几件内衣裤……

[①] 萨瓦,法国东南部省份。

淡水的储量相当丰富。盛水的桶虽然完好,但是,下面的垫木却挪动了位置,"好像是被一个大海浪冲乱了一样"。

德沃的搜寻到此为止。这一切均证明,船员们是在突然的、无法解释的意外情况下,离开"天玛丽号"的。既然整个船体完好无损,为什么要撤离呢?

在1914年—1918年大战以后,劳伦斯·基廷写过一本专门论述"天玛丽号"和它的秘密的著作,关于此书,我们下面将要谈到。书的作者声称,他曾在纽约、直布罗陀与利物浦进行过深入的调查,他发现还有更令人意外的情况,其中最令人感到惊异、最令人感到意外的是,德沃和他手下的人很快就有一个强烈的感觉:"天玛丽号"的船员刚刚离开船不久。一位法国的历史学家,研究了这一货真价实的幽灵船。他指出:"在厨房里,在仍然温热的铁锅里,正煮着一只鸡,在客厅,餐桌上的刀叉已摆好,桌上摆了好几盘菜、茶杯里斟了一半的茶水仍有余温;在贮藏室里,刚洗过的衣服还晾在绳子上。"

未凉的茶,炖着的鸡,未晒干的衣服以及消失得无影无踪的船员们,这一切太怪诞荒谬了!再说,"可能被用来撤退船员的两个小艇仍待在船员舱上的舱顶原处,缆绳系得很好。"

当奥利·德沃回到"代格拉茨亚号"时,将上述情况报告给穆尔豪斯船长,这位船长觉得自己听到的是海蛇猖獗荷兰、人会飞等等水手们之间流传的古老传说。不过,总得面对现实。怎么办?当然要把"天玛丽号"拖到安全地方。虽然那艘船看上去完好无缺,但是它已完全被船员抛弃,所以,严格地说它已成为残骸。海事法规定,残骸属于或至少部分地属于将它拖到安全地方的人。

"天玛丽号"上有1700桶酒精,这批货物价值36943美元,所以,穆尔豪斯对此毫不犹豫。他重新派德沃和另外两个人登上"天玛丽号",将帆缆索具整理好,驶向直布罗陀。

这一使命圆满地完成了,因为12月13日,穆尔豪斯和德沃同时向直布罗陀港口总指挥讲述了我们刚刚读过的怪事。

"天玛丽号"之谜从此开始……

＊ ＊ ＊

穆尔豪斯的船到达目的地之后,马上提出索取残骸的要求。海军法庭根据规定进行调查。调查交给J·索利·弗勒德先生主持。很少有人像他这样身兼多职和拥有众多的头衔:"御前海事委员会主席、女王派驻海军部检察长、直布罗

14 "天玛丽号"帆船漂流记

陀检察长。"

12月18日和20日，检察长索利·弗勒德长时间地询问了德沃和随他登上"天玛丽号"的水手们。23日，这位调查员登上神秘的帆船，陪同他前去的有一名负责查看船体水下部分的潜水员和一名航运督察。在后来几天里，人们又重新进行调查。调查越深入，就越令人失望。

他们所发现的全部情况是，在刻有萨瓦十字的剑柄上，有一些可疑的印迹。索利·弗勒德估计那是血迹，尤其是因为在前桅同一高度上和在艉楼上，也发现同样颜色的印迹。此外，还发现"斧头砍凿的痕迹"。

对印迹进行了化验，结果那只是铁锈斑点！

不过，初步勘查的结果，发现船的前部有一处比较严重的"损伤"。曾经仔细研究过"天玛丽号"之谜的美国专家洛克哈特具体说明："在船的残骸的两端，在水浮线上两三法尺的地方，在一船壳板的边缘，有一深10毫米、宽32毫米、长2米的裂口，而且是新的裂口……"

海运督察约翰·奥斯汀也证明，这一裂口"不可能由恶劣天气造成，似乎是由利器冲撞所致"。

索利·弗勒德检察长的结论是：那是有意的破坏。不过，也曾登上"天玛丽号"进行调查的美国少校沙费尔特认为，那是"海浪造成的裂痕"。这位沙费尔特还证实，船体"结实，完全可以航行"。约翰·奥斯汀和潜水员也作出了完全类似的结论。

但是，这一切并未使调查人员距离揭开谜底更近。"天玛丽号"的船员为什么和怎样一个不剩地撤离这只"完全适宜航行"的帆船？如果船员们并不是心甘情愿地放弃帆船的话，那么，他们离开之后又为什么未留下任何痕迹？

于是调查人员进一步认真研究航行日记。地图上的箭头已指到11月24日中午。但是，在黑板上，有几行草字，指明是第二天早晨8时。此时，亚速群岛的圣玛丽亚的东岸已经可以在西南偏南方向的6海里处看见。

这样说来，10天后"代格拉茨亚号"发现"天玛丽号"时，它距前一位置已达500至720海里了。索利·弗勒德根据这一推断说，按此逻辑，"这只帆船自11月25日后，在无人驾驶的情况下，连续航行了10天"。后来，其他的调查人员断言，"一只船在船上无人的情况下，航行这样远的距离，是不可能的，或者说可能性是极小的"。

在此期间，船主兼船长温切斯特到达直布罗陀，他带来了很宝贵的消息。他告诉调查人员，他拥有"天玛丽号"的部分所有权，另一位船东则是船长布里格斯。后者年方38岁，他是人们所说的"典型的老牌船长"。

温切斯特先生还说明，当"天玛丽号"在1872年11月4日从纽约港起航时，布里格斯船长带上了他的夫人萨拉和他的女儿索菲亚。布里格斯的大副是艾伯特·G·理查森，二副是安德鲁·吉林，船上有4名水手，他们分别是斯堪的纳维亚人或德国人，即沃尔克·洛伦岑、鲍斯·洛伦岑——他们是两兄弟，阿里昂·哈本斯和戈特利布·古德沙德，再加上一名厨师。

温切斯特船长还声明说，帆船上的一只小艇，原来放在前甲板上，在装货时，因索套折断而被压坏了，还没有来得及换上新艇就出发了。

检察长索利·弗勒德向商会提出报告的时间到了。他得出的结论会是什么呢？他首先提醒说，当"代格拉茨亚号"在海上发现"天玛丽号"时，那只船"没有故障，很结实，完全符合航行规定而且船身很平稳；船上的给养丰富，也没有遇上坏天气；船上没有任何痕迹说明发生过火灾或出现过火灾与爆炸的威胁，也未发现任何可以使人了解弃船而走的原因的线索"。

之后，他开始解谜："我个人的假设是，船员们都喝醉了，他们酒性大发时，将布里格斯船长杀了，还将他的妻子、孩子和大副杀了；然后他们故意弄破船体前部，以使人相信他们碰到了礁石或另一艘船，这样就可以迷惑收容他们的船长，即使这位船长在一定距离时发现了"天玛丽号"，也会误认为它不值得去援救；这样，船员们在11月25日至12月5日之间，搭上去北美或去南方或去安的列斯群岛的某一艘船逃之夭夭……"

索利·弗勒德检察长坚持自己的意见。但是，美国人沙费尔特对此强烈反对："我认为应排除火并的可能，因为在甲板上或在房间里，没有发现任何使用暴力的痕迹……"

"我个人认为，船长和船员是在没有道理的虚惊之下弃船而逃的。或者因为船突然遇到风暴，进了许多水……这促使大家弃船逃走。"

"我相信人们会再次谈起他们来的。如果船长仍然活着，他一定会对自己的轻率举动而感到后悔，如果今后没有任何人露面，我将认为他们全部在救生艇中丧生。那样一来，'天玛丽号'被抛弃一案将成为很有意思的，但又是令人悲哀的航海之谜了……"

14 "天玛丽号"帆船漂流记

确实如此,后来没有任何人重新露面。

公元1873年3月14日,直布罗陀海事法庭作出判决:判给"代格拉茨亚号"船长及两名水手1700英镑,以奖励"他们进行的援救工作,这一笔款将从救出的财产中扣出"。这一数字大约相当于帆船与货物总价值的1/5。

"天玛丽号"配备上新船员之后,又下海航行了,将它的谜也带走了。

从此,它在航行中再未发生问题。公元1885年1月,它触在海地海面的罗谢尔礁石上。事实证明,船长G·C·帕克将船从温特罗普"径直驶向礁石上,因为那天顺风,所有的帆都张开了"。人们指责他犯了失职罪并将他逮捕。他未等到审判就死去了。至于"天玛丽号",它只好"留在热带礁石上任凭海水冲刷了"。

就在1885年这一年,波士顿的记者威廉·克莱恩也像其他许多人一样,对于帆船上的船员的失踪感到蹊跷,发表了一部小说体报导,试图对此案进行解释。

从那时起,每一位海洋问题专家似乎均以自己的名声作为担保,竭力去解开这个谜。一些人支持索利·弗勒德先生的论点,认为是站得住脚的;另外一些人则去找德沃谈话。德沃表示:

"依我个人意见,船员们是害怕了。从我在油泵附近找到的探浮器就可以看出来。船员们发现船里水已经很深了,害怕船下沉,就弃船而走。"

到了公元1913年,谜还是未解开。伦敦的《浅滩杂志》出了一个很时髦的主意:请求好几名小说家,各人按自己的方式,解释"天玛丽号"船员失踪的原因。参加这一特殊竞赛的人有卡南·多伊尔,H·G·韦尔斯,莫利·罗伯茨等其他人。他们提供的"解释"至少证明,参赛者们的想象力是异常丰富的。这里选择了几篇,以飨读者,其中还增补了几项更为近期的"解决办法":

解释一:"天玛丽号"的厨师发疯了,将一种烈性毒药带到船上。他决定将船员一个一个地毒死。船长布里格斯在11月24日夜间第一个死去。因此,在航海日记上,从此再无其他记载。每当一个人死去,总是把尸体扔到海里。12月4日,加上发疯的厨师,船上只剩下3个活人。炉子上的鸡就是为他们炖的。这3个活人又洗了他们的3件衬衣,并且喝了茶。但是,厨师在茶里放了毒,厨师的两名同伴倒下去死了……厨师将他们扔到海里。他刚刚把尸体从船沿上扔下去,就发现了"代格拉茨亚号",那船显然正开足马力朝"天玛丽号"驶来……此时,厨师突然清醒过来,才明白自己犯下多么大的罪。于是,他也跳到海里。当二副德沃登上船时,船上已经无人。三杯茶水还未凉,三件衬衣还未晒干,一只鸡还在炉子上没有炖熟。

解释二：假设12月4日这一天，所有的船员都呆在"天玛丽号"的甲板上。只有船长布里格斯、他的妻子和女儿待在房间里。人们刚刚给他们端上了冒热气的茶水。突然从水中冒出一只巨型章鱼，即一只克拉肯章鱼。它的多只触腕从小帆船上一扫而过，男人们都被吸进怪物的嘴里去了。一刹那间，"天玛丽号"的甲板上就没有生命存在了。但是，布里格斯一家人听见了喊声与嘈杂声。3人一起冲出房间。他们刚在甲板上露面，也全被怪物弄走了。当二副德沃到达"天玛丽号"时，只剩3杯热茶，3件未晾干的衬衣和一只未炖熟的鸡。

解释三，"代格拉茨亚号"遇见"天玛丽号"几小时之前，"天玛丽号"在大西洋平静地行驶。突然，船身剧烈地摇晃起来。每个人都奔向甲板。人们发现"天玛丽号"已经搁浅了。不难理解，大家此时惊恐万分。在汪洋大海之中，突然冒出来一座沙岛，而"天玛丽号"正好搁浅在这座沙岛上。沙岛不知不觉地上升，海水渐渐退了下去。一个小时之后，"天玛丽号"已经孤零零地停在结实的、完全无水的地上。龙骨插进沙地里，使船体暂时维持住平衡。从布里格斯船长到厨师，大家都目瞪口呆。过了一会儿，有一个人出了一个主意，说可以下船到沙地上去。所有的船员马上采纳他的建议。在船上只剩下布里格斯、他的妻子和他的女儿，因为他们正在喝茶，这是一条神圣的习惯。他们喝完第一杯茶后，布里格斯夫人给他们倒上第二杯。但是，他们被好奇心所驱使，也下到沙岛上，丢下了倒满茶水的杯子。当每个人都在沙滩上玩耍时，突然听见轰隆一声。沙岛自己滑了下去，几秒钟之后，就完全被海水淹没，可怜的船员们也被卷入海底。此时，"天玛丽号"又回到水中，在风浪的推动下，随意漂流。当"代格拉茨亚号"发现它时，当二副德沃登上船时，船上只剩下3杯热茶，3件晾起来的衬衣和一只炖着的鸡。

注：这一解释被英国航海家、奥斯本船长1936年5月11日的奇异遭遇所证实。他在回忆录《帕特姑娘号船主》中叙述了此次遭遇：他正沿着法属西非洲海岸向南航行，目的地是达喀尔。"帕特姑娘号"的时速约14节。天黑了下来。奥斯本将航线从西朝西南偏了两度。当天完全黑下来时，他发现，在风力之下，船身已倾斜。10点钟，他扔下探浮器，水深8法尺。才8法尺？而船的吃水深度是10法尺！此时，奥斯本才发现，"帕特姑娘号"已经不动了，它搁浅了。不一会儿，所有的船员都来到甲板上。海水仍在往下退。30分钟后，"帕特姑娘号"完全

14 "天玛丽号"帆船漂流记

露出水面,但并不是横躺在地面上,而是直挺挺地立在那里,就好像是在干船坞里一样!第二天早晨,奥斯本与他的水手们才看见,船停在一座沙岛中间,沙岛的圆周约有1.5公里,高出海面不到1米。所有的人都走到沙地上并在沙地度过了白天。晚上,好几名水手想在"地上"过夜,奥斯本反对这一主意。算他有福气。清晨3时,他醒了,发现船在移动,水深已达8法尺。20分钟后,"帕特姑娘号"船身下的水深已达14法尺。那座岛就像它出现时那样,又突然消失了。

船长在书中表示,这一故事也可适用于"天玛丽号"。"这些出现后又消失的岛屿,当地的渔民对它们是很熟悉的,称它们为幽灵岛。一些科学家们认为,这些岛屿是由撒哈拉沙漠下面的二条地下巨河造成,它流到大西洋里60到100海里的地方。他们认为,地下河里的沙子慢慢堆积起来,逐渐将河道堵塞。当地下河的河水压力过于强大时,就将沙堆冲到海里,这样就形成了岛屿。但是,沙子一旦松散之后,岛也就消失了。

解释四,悲剧发生的那一天,天气晴朗。在亚速群岛的海面上,海水很热。二副向船长布里格斯建议下海游泳。于是两人跳下海里。海面上一丝风也没有。二副与布里格斯围着船游水玩。所有的船员都来到右舷的舷墙观看。两人比谁游得快。这时,完全意外地刮起了一阵风,那是一阵可怕的狂风。"天玛丽号"一下子就被吹倒。所有的人,毫无例外地掉进海里。风刮得更猛了,帆船被吹远了,谁也无法爬上船。

注:这一解释在当时据说是由一名水手提出的,这位水手是唯一生还的人。他在水中发现漂过来一个箱子,就紧紧抓住不放。第二天,一艘德国汽船将他救起。但是,这位水手好像是这一解释的作者凭空想象出来的。

解释五,这一解释是由J·L·霍尼布鲁尔在《议会报》上发表的:布里格斯和他手下的人被礁岛上的海盗捕获。

    *   *   *

事情一直停留在这一步。但是,1929年,出版了一部作品,名叫《"天玛丽号"帆船——大西洋上最大谜的最终揭示》。作者是劳伦斯·J·基廷。

此书轰动一时。这一次,基廷似乎进行了十分严格的调查。他查阅了官方文件,研究了"天玛丽号"被发现的海域的水流状况。他的信念坚定不移,布里格斯船长所记录的最后方位与"代格拉茨亚号"发现"天玛丽号"的地点相距500海里,双桅船是无法独自航行这么长的距离的。

这么一来，在证人中，会不会有人作了伪证？是不是应该否定陈述的问题本身？基廷到了纽约，他在那里找到了租船人的儿子，见到了经纪人和海事代理商。他了解到的情况使他震惊不已，"代格拉茨亚号"船长穆尔豪斯与"天玛丽号"船长布里格斯不但早就认识，而且是好朋友！

公元1872年9月，"天玛丽号"在纽约港停泊，"代格拉茨亚号"也在附近装货。基廷有把握认为，他已朝解开谜底前进了一大步。这之后不久，他又得知，在利物浦附近的一个村子里，住着一名叫约翰·彭伯顿的老水手。当有人在他面前谈起"天玛丽号"时，他只是冷笑。而且，他时而暗示，他对此深知底细，但永远不会说出去。

基廷毫不迟疑地采取行动。他叙述说，他立即去利物浦，到了彭伯顿家里。他费了很大的劲，才消除了老头的疑心。当基廷将自己的发现讲给他听时，他明白，这位作家马上就会了解到真情，才决心吐露隐秘。

现将劳伦斯·基廷所记录的水手的叙述要点转抄如下：

约翰·彭伯顿是"天玛丽号"的唯一幸存者，他是船上的厨师。他证明，布里格斯与穆尔豪斯确实是好朋友。再说，在起锚之前，这两位将按同一航线去欧洲的船长，约好在亚速群岛的圣米歇尔会面。为了补充船员，穆尔豪斯将在自己名下注册的3个人"借给"布里格斯。

航行最初阶段平安无事。然而大副强烈抗议布里格斯夫人弹簧风琴或微型钢琴的声音太响。他说，吵得他无法入睡。

另外，水手们也不太服从命令。气氛叫人担心。11月24日，布里格斯在航海日记上写下了几行字（后来人们对此争论不休）。突然，一股特别强劲的西北风吹到船上，船马上歪倒。二副使劲一摆舵，又使船正了过来。狂风过去之后，人们发现，钢琴已把绳子挣断，将布里格斯夫人打翻在地。钢琴几次滚过可怜女人的身体，她在夜里死去……

船长因过度悲伤而发了疯，闭门不出。大副试图劝慰他。他宣判钢琴死刑。于是人们将钢琴扔到海里。此时，布里格斯的神智越来越不清楚了，不停地咒骂钢琴……他回到自己的房间。第二天上午，大家发现他不见了，他失踪了……从这时起，男人们开始酗酒，大家很快都喝得酩酊大醉。一名水手指控大副杀了布里格斯夫人，淹死了船长。于是众人大打出手。结果是那位水手被打死，他的尸体被人从船舷扔到海里。

15 梅耶林惨案

> 我们遇到的总是上帝为我们准备好的事情……不管我做什么，我必将如我命中注定的那样死去，我知道我正在走向一个吓人的目标，是命运为我规定了这个目标。
>
> ——伊丽莎白

在1889年的维也纳，弗朗茨·克劳斯男爵作为警察首脑，既受人尊敬，又令人畏惧。他已入中年，蓄着胡子。

这一年1月28日星期一，一名少妇推开男爵办公室的门走进来，男爵接待她的礼数周到，恰如其分。来者拉利什伯爵夫人，闺名瓦勒里男爵小姐，本系巴伐利亚的路易公爵，即奥地利当今皇后伊丽莎白的亲弟弟的女儿。虽说爱搬弄是非的人免不了到处散播说伯爵夫人的生母出身寒微，婚约上规定她无权享受巴伐利亚公爵夫人应得的尊荣，警察局长克劳斯男爵对皇帝陛下的内侄女将要提供的机密理应恭听。

他等着对方开口。这位身材苗条、气度高雅的漂亮金发少妇却在犹豫。最后她下定决心，才用尴尬的口气开始她的叙述，克劳斯则以他那笔工整的小字用心记录："今天上午10点，她雇出租马车去接维茨拉男爵小姐。后者现年17岁，住在萨勒西亚奈加斯11号她母亲家里。随后她俩一起到科尔市场的洛台克商行去结清一笔账。伯爵夫人在商行门口的廊檐前下车,男爵小姐留在车上。过不久,伯爵夫人派一名店伙去对男爵小姐说,请她先到小装饰品铺子里去,待会儿再在那里碰头,这才发现男爵小姐已不在车上。车夫说她登上另一辆出租马车走了。伯爵夫人获悉此事,马上出来,在车上找到男爵小姐留下的一张便条,其中说到她有意自尽……"

此时此刻,正当拉利什伯爵夫人在克劳斯男爵面前提到玛丽·维茨拉的名字时,梅耶林别墅的悲剧刚刚开场。

*　　　　*　　　　*

1858年8月21日,弗朗茨·约瑟夫皇帝的妻子伊丽莎白皇后——人称茜茜公主——生下一个男孩。为了纪念12世纪创立哈布斯堡王朝的那位王子,这个孩子取名鲁道尔夫。

迷人的伊丽莎白性格复杂。她聪明、善感、有艺术才能,但同时她的神经质近乎病态。她系出维台尔巴赫家族,与巴伐利亚的路易二世同宗,维台尔巴赫家族的人常患遗传性精神病。如果说伊丽莎白的理智始终清醒,她却患有一种明显的精神衰弱症。

似乎她老想躲避自己。她周游欧洲列国,忙忙碌碌,不能老待在一个地方。她的骑术高超,经常策马狂奔,借以消耗体力。她爱读浪漫派诗人的作品并发表评论,在浪漫派诗句中寻找与自身的焦虑相呼应的内容。她自己也写作,但是她写下的文字流露出极其绝望的心情:"如果人死后至少有把握不再转世复活,这倒不坏!……我们遇到的总是上帝为我们准备好的事情……不管我做什么,我必将如我命中注定的那样死去……我知道我正在走向一个吓人的目标,是命运为我规定了这个目标!"

维台尔巴赫家族的遗传病史老使她提心吊胆。她的堂兄巴伐利亚的奥东是马克西米伦国王的次子,其健康尤其令人担心,继路易二世之后,他的神经似乎也不太正常。伊丽莎白的言谈举止经常流露她的恐惧心理。

只有子女们能带给她安慰。她对自己的儿子鲁道尔夫越来越偏爱。现在他已长成翩翩公子,才思敏捷,对生活充满兴致和好奇心,他好学不倦,以惊人的速度学会各种语言,教师们对他赞不绝口。任何学科都使他入迷:历史、地理、动物学、生物学、民族学。

伊丽莎白在一旁观察这个有朝一日将统治奥匈帝国的儿子。她试图了解他的性格,认为他坚毅、热情、快乐。但是鲁道尔夫另一些禀赋却使她担忧:她发现他"蔑视传统,憎恨奴役,在政治和宗教领域持极其大胆的见解"。其实鲁道尔夫在这些方面很像他母亲。

1878年,鲁道尔夫满20岁时,他父亲任命他为驻防布拉格的步兵第二十六团上校团长。对奥地利来说,这可不是一个闲差使,鲁道尔夫决心承担他的职位的全部责任。这一态度很快为他赢得同僚们的器重和友爱。

鲁道尔夫在这遥远的防地得以观察哈布斯堡王朝的庞大帝国。奥匈帝国无非是由众多不同民族凑成的大拼盘,一切都使他们离心离德。试问在德国人、匈牙利人、捷克人、斯洛伐克人、塞尔维亚人、克罗地亚人、斯洛文尼亚人、罗马尼亚人、波兰人、俄罗斯人、意大利人之间有什么共同点呢?诚然所有这些民族都服从皇帝的权威,但是这一局面又能维持多久呢?为了维持各民族融合的假象,迄今为止只有一个办法:君主专制。但是匈牙利已经起来反抗中央政权了。其他民族都认为自己遭受压迫,难道他们不会追随这一危险的榜样?这个严重的问题使鲁道尔夫寝食不安。

在布拉格,为了在帝国的3个主要民族之间保持平衡,他强迫自己学习捷克语和匈牙利语。这两门语言虽说难学,但他很快就能讲得很流利。

我们切莫认为他是一位专心做学问的王子、戴王冠的哲学家、奉行禁欲的理论家。鲁道尔夫似乎决心向生活索取它能提供的一切欢乐,他的风流艳闻层出不穷,越闹越凶,传到维也纳后有时会更夸张,讲究规矩的弗朗茨皇帝直皱眉头。皇帝认为,最好的办法是尽快让皇储成亲。1880年3月6日,欧洲获悉奥匈帝国皇太子鲁道尔夫亲王与比利时国王利奥波德二世和玛丽·昂里埃特王后的女儿斯苔芬妮公主订婚。玛丽·昂里埃特本是奥地利公主。未婚妻斯泰芬妮不满15岁,必须等她成年才能完婚。婚礼于是到1881年5月10日才举行。

对于鲁道尔夫,这门亲事不啻一项苦役,是他作为皇子应尽的义务的一部分。可怜的斯苔芬妮在他眼里不过是一个实体,其功能在于保证皇室的延续。两个王室之间缔结的这门婚事办得有点凄清。婚礼当晚,斯苔芬妮公主与丈夫一起前往拉克森堡。她写道:"我疲惫不堪,冻得浑身发僵,靠在马车垫子上。暮色苍茫中,我与一个刚认识的男子单独相处,不由感到一种不可名状的恐惧。这段时间似乎长得没有头。马车穿越辽阔的田野,在凄凉、丑陋的郊区一条僻静的公路上行驶。我们相对无言,形同陌路。我期待他说一句温柔或可亲的话,这会使我从忧郁中解脱出来,但他一言不发。我的疲劳、恐惧和孤独感很快变成一种沉重的绝望。滚烫的泪珠夺眶而出……我本希望在拉克森堡找到布置得漂漂亮亮、令人快乐的房间。当我们走进大门,一股寒冷的潮气扑面而来,几乎不容我们呼吸。房间里灯光暗淡,没有一棵绿色植物,一盆花为我们的到来增添些许欢快的气氛。什么都没有为我们准备,没有柔软的地毯,没有梳妆台,没有浴室,只有搁在三脚架上的一个脸盆。没有任何能提供最微小的舒适和方便的设施,没有任何赏心悦目的东西……这一夜,我差点没有死于绝望;要求我做出的牺牲似乎超过我的能力,我不断祷告,祈求主会赐给我恩宠以便忍受这一切……第二天中午我丈夫才来看我……"

这个婚姻开头固然惨淡,后来也未见改善。对于鲁道尔夫,会见这个强加给他的妻子是讨厌的义务,难以忍受的苦役,他对可怜的斯苔芬妮不是冷淡就是轻蔑。新娘一开始还怯生生地企图克服丈夫对她这种莫名其妙的厌恶,但毫无效果。她的自尊心受到挫伤,从此放弃任何努力。

至于他,又和结婚前一样寻花问柳。

*　　　　　*　　　　　*

皇位继承人的脑子里只有一个念头:政治。只有政治能引起他些许热情,使他激动。他逐渐形成自己的政治见解。他本能地同情自由派,如果说他原先采取的立场纯粹出于感情上的原因,现在他能用理性解释这些立场。

他不但不隐瞒自己的观点,甚至公开宣扬。在布达佩斯和维也纳的国会里,他在左翼议员中选择自己的朋友。破天荒第一次,自由派的记者、律师、教授成为大公爵[①]的座上客。

弗朗茨皇帝深感不安。鲁道尔夫究竟想达到什么目的?难道这些人适合与皇储来往吗?年轻的皇子因此受到严厉的责备和毫不客气的警告。

伊丽莎白倒是愿意听取儿子对她讲述自己的计划和梦想。她对鲁道尔夫特别宽容,但是她未必相信衰老的帝国能逃脱它不可抗拒的命运。她本人曾表达过如下看法:

"奥地利注定要毁于灾难,人力无法挽回。必须俯首忍受,哈布斯堡王朝显然被一种宿命力量牢牢掌握。"

1883年秋天,鲁道尔夫和斯苔芬妮在布拉格定居两年多之后,回到维也

---

① 奥匈帝国的皇子都封为大公爵。

纳，住在霍夫堡宫。斯苔芬妮刚生下一个女儿，鲁道尔夫已被提升为驻维也纳的步兵二十五师师长。

霍夫堡宫同样令斯苔芬妮大为反感："宫里没有洗澡间、抽水马桶和自来水管道，我用一个橡皮盆盥洗；放在一个架子上的两桶水权充淋浴设备。脏水当着大家的面通过走廊运出去……照明极差。煤油灯点不了几个钟头就熄灭，气味难闻。"

图三十四　哈布斯堡王子鲁道尔夫（1858—1889）

鲁道尔夫不计较居住环境。他对这个位于维也纳的住所期待甚多。很久以来，他一直认为当他住在父亲身边的时候，父亲就会征求他的意见。不久以前他给他以前的一名教师写信说："皇上有时在政治和军事上误入歧途，过几年后，当我取得一些经验、拥有一些权力之后，我将引导皇上返回正途……"

现实使他的幻想破灭。弗朗茨思想狭隘、墨守成规，尤其舍不得放弃自己的权力。他不让儿子享有任何特权，不给他任何负责的机会，使他的作用仅限于代表皇室参加一些仪式。

鲁道尔夫努力克制自己的不耐烦情绪。他相信自己总有一天能取得父亲的信任。他要求自己先在政治上做好准备。他与他的堂兄约翰·萨尔瓦多大公爵结成密友，后者以他的激进思想和彻底的虚无主义使宫廷惊骇不已。他也和一个犹太记者莫里斯·柴普斯交上朋友，佩服此人的才气。有一天他给莫里斯·柴普斯写了这封令人惊讶的信，完全披露自己的真实想法：

"我希望你，也希望我们大家将若干年如一日以不折不挠的毅力，战斗在为真理、文明、人道、进步而斗争的人们的最前列。共同的思想把你和我结合在一起。我们追求相同的目的。如果说当前的时势不利，如果说今天反动精神、宗教狂热、腐败的风俗和复古措施占据统治地位，我们相信未来将是美好的，我们为之服务的原则将取得胜利，因为进步是人性不可避免的法则。"

鲁道尔夫常做读书笔记，有的笔记同样令人吃惊。如他写道："君主政体已形存实亡，它在人民眼中威信扫地，人民对它只有冷漠或者轻蔑……当然它曾经建立功勋。过去人民都是驯顺的羊群，所以万事大吉。且不说事实上也不是没有问题！……但是今天人已经解放了，他不能容忍别人统治他，他要求自己管理自己。人终于变成'一个人'了，所以当今各君主国家无不衰落。这一伟大的解放应该归功于路德的宗教改革，尤其归功于法国大革命……新的人类诞生于1789年。"

另有一句话，出自这位哈布斯堡皇室成员的笔下实在出人意料："断头台周围堆积的成千上万具尸体催生了新的原则和新的理想，欧洲各国人民从而得到新生"。

对于天主教，鲁道尔夫也视作大敌。在他心目中天主教和反动是同义词。他厌恶普鲁士，认为这个国家代表他深恶痛绝的军事专制政体。相反他喜欢、钦佩法国，虽说1870年的失败使法国沦为二等国家。他在给莫里斯·柴普斯的信里写道:"我们大家都对法国,一切自由思想和自由制度的故乡负有巨大的债务。每当生活中出现一个伟大的思想,我们应该把眼睛转向法国……比起法国,德国又算什么呢?纯粹一个军人国家,专制政体和普鲁士大兵的练兵场……"

那么什么是奥地利的未来呢?鲁道尔夫乐意看到它变成美国式的联邦。

如果弗朗茨愿意如他儿子热切期望的那样和他交换见解,如果他不再迫使皇储碌碌无为,让他在政治上起到作用,他本可施展抱负。但是一切希望都落空了,皇帝仅限于召见他的儿子,表示他禁止这些记者、律师、犹太人出入霍夫堡宫,因为这种人不宜与皇位继承人来往。

* * *

岁月流逝,鲁道尔夫当年的热情什么也没有剩下。弗朗茨用他的韧性慢慢扼杀了年轻人的梦想。鲁道尔夫与熟人相处时不再议论政治,他已心灰意懒。他曾渴望担当重任,看来永远没有机会了。

于是他在酗酒,甚至在吗啡中寻求遗忘,但是他的烦恼依旧如故。一开始他只不过拈花惹草,后来他索性过起放荡生活来了。这种生活不能带来什么快乐,但是人们一旦滑进去,很快就会陷到底。他变着法子作乐,强迫斯苔芬妮陪他到他喜欢的下流场所去。她同意了,但只此一遭,发誓下不为例。"看到皇储毫不在乎地暴露自己的身份,我不能不表示惊讶。当我们一起光顾维也纳市内和城外各家音乐咖啡馆和其他暧昧场所时,我的惊愕有增无减。那些地方空气浑浊,大蒜、劣质猪油、酒和烟草的气味扑鼻,令人难以呼吸。我们面对油腻、不带任何装饰的家具,在桌子边上坐下来,一直呆到天亮;几名打牌、吹口哨、唱曲的出租马车夫与我们作伴。人们主要是跳舞。几名妓女跳到桌子上,翻来覆去唱一些庸俗的感伤歌曲,一支不高明的乐队为她们伴奏。我本想玩一下,但是这类下流酒馆太叫我反感;那里格调太低,而且令人厌烦。我不理解皇储能在那里得到什么乐趣。"

1886年2月,伊丽莎白皇后住在米拉玛尔,准备作一次海上旅行。突然她被召回维也纳:鲁道尔夫病重。原来是他从一个情妇——一名妓女——那里染上花柳病,危及性命。经过大剂量的药物,他恢复了健康,但是从此以后外表上显得十分疲惫,"皮肤发干,脸色苍白,双手颤抖,目光焦躁不安,莫名其妙地时而消沉、时而发怒,时而兴奋起来说话滔滔不绝、时而陷入痴呆麻木"。

病愈以后,他似乎更加沉溺于低级的享乐,真所谓积重难返。最近在维也纳克劳斯男爵的档案里发现警察局的眼线弗洛里安·梅斯奈尔的报告,其中有关于鲁道尔夫在花街柳巷活动的具体细节。他不再是传说中迷人的王子,整个是个病人。我们不便转述梅斯奈尔报告中列举的某些事实,只要说明,大公爵自觉精力不济,每次幽会前都需用药物"提神"。

梅斯奈尔在鲁道尔夫的许多情妇身边进行调查。他从漂亮的舞女米齐·卡斯帕尔那里获得重要情报:"殿下老挂着一个藏有毒药的颈饰……从1888年夏天起殿下老讲到自杀。"他曾建议米齐和他一起在骠骑兵的圣殿里自杀。这里指的是一家位于摩德林的酒馆,常有维也纳人光顾。米齐置之一笑。

1888年一整年中,鲁道尔夫的朋友们确实为他担心,因为他经常讲到死亡。他自称毫无恐惧地等待死去,甚至希望死去。他赞扬自杀,认真地表示他佩服自杀者的勇气,肯定他们敢于把自己对生活的厌恶转化为行动,敢于"抛弃自己的灵魂"。

眼看丈夫头脑里这个病态的想法越来越发展,斯苔芬妮被吓坏了。她见到鲁道尔夫往往彻夜不眠,在霍夫堡宫的各套房间里转悠,神色紧张,口袋里揣着手枪。有好几次她听到他瞪着眼睛反复说,他要杀死她,然后在她身边自杀。

1888年10月,斯苔芬妮再也不能不把丈夫的病情告诉公公了,她认为情况严重。弗朗茨回答说:

"是你的想象力在捕风捉影……鲁道尔夫身体很好……我同意你说的他有点累。他的精力消耗过多,他总是出门旅行……他应该经常待在你身边……不,你不必担心。"

皇帝吻一下斯苔芬妮,就把她打发走了,这位少妇日后说,她当时已不再怀疑:鲁道尔夫"悲惨的命运从此注定,他死前将历尽比死亡本身更可怕的煎熬"。

* * *

忽然间,鲁道尔夫的朋友们纳闷,大公爵的生活里遇上什么事情了?他显得不那么紧张、消沉了。他的唇间又浮现出曾使他的弟妹,科堡的路易莎着迷的微笑:"鲁道尔夫的微笑带有斯芬克斯的神秘,与他母亲的微笑相似。此外,他讲话富有感染力,好像在披露心曲,把自己神秘的个性毫无保留地交给对方。他为自己奇特、有魅力的性格感到骄傲。"同一位科堡的路易莎也观察到鲁道尔夫有"抚爱的目光",这道目光"可以突然射出仇恨,而仇恨转瞬又变成温柔。这双眼睛显示一个多姿多彩的、高雅的灵魂"。

15 梅耶林惨案

那么到底发生什么事情了？原来鲁道尔夫又一次堕入情网。他遇见一位少女，玛丽·维茨拉，确信自己爱上她了。

玛丽·维茨拉这个名字今天仍充满传奇色彩。达尼埃尔·达里欧和多米尼克·勃郎沙在舞台上扮演这个角色异常成功，以至今天初登台的年轻女演员莫不以扮演同一个角色为荣。不过我们且看现实生活中的玛丽·维茨拉。她年方十七，姿容动人，属于那种相当典型的东方美人类型。她的身材娇小玲珑，但是臀部曲线丰满，一头天然卷曲的褐色长发带有浅黄褐色的反光；目光极美，顾盼生辉，蓝绿色的眼珠上覆盖着浓密的黑色睫毛。她的肤色苍白，激动时两颊微呈粉红色。坚实的双唇不施当时流行的唇膏，天生嫣红。

维茨拉家族出身希腊的小贵族。玛丽的母亲维茨拉男爵夫人已入中年，开始发胖，她当外交官的丈夫已经去世，娘家是靠经商致富的。不过她眼看剩下的家产越来越少，不由犯愁。

虽然她有贵族头衔，却未被引荐进宫。哈布斯堡皇室可以向外交官的遗孀敞开大门，但不能接见商人的女儿。维茨拉夫人聊以自慰的是她把自己的寓所布置得十分优雅悦人，维也纳的贵族之间争夺她的请帖。

她有两个女儿：长女汉娜谈不上什么姿色，相反玛丽就与众不同。

玛丽的性格混合两种成分：这位十七岁的少女富于幻想，同时又很有头脑。前一年她似乎有过一段情史，结局对她不利。一个时期以来，人们常把她的名字和勃拉岗斯亲王的名字联在一起。男爵夫人对此尽可能不予过问，因为勃拉岗斯是一个好求婚对象。也有人说列支敦士登的亨利亲王对玛丽有意思。

然而有一天，这位少女从远处看到鲁道尔夫大公爵。她觉得他那么美，那么名声显赫，顿时芳心难以自持。于是她给他写了一封信。由于她的朋友，也是鲁道尔夫的表妹拉利什伯爵夫人帮忙，不久他们就有机会见面了。

1888年11月，玛丽首次到霍夫堡宫作客。当天晚上，少女给她从前的教师，现在的朋友埃尔米妮写信："今天你将收到一封充满快乐的信，因为我到他那里去了。玛丽亚·拉利什先来找我，我们一起去照相——当然是为了他。然后我们来到大饭店后面，勃拉特非希（大公爵的车夫）早就等在那里了。他飞快地把我们带到霍夫堡宫。一名仆人在一扇侧门口迎接我们，引导我们穿过几座幽暗的楼梯……"

"正当他为我们打开一道门的时候，一头黑色的鸟，大概是乌鸦，飞到我头顶上打转。然后我们听到一个声音：'请走过来，夫人们，我在这里。'我们走进去，我被介绍给他，我们之间的交谈很活跃。然后他把玛丽亚带到另一个房间去谈话。等他们的工夫，我打量他办公桌上的陈设，其中有一具骷髅。我把骷髅拿在手里，仔细审视。突然他回来了，把我抱在怀里。我对他说我不怕时，他笑了。他亲自领我们穿过一个黑暗的大厅直到一座楼梯口上，然后他对玛丽亚说：'我请你过不久再带她来。'"

这封信的结尾部分如果出自另一个人笔下，会让人感到过于天真，自作多情："你得向我起誓不向任何人透露这封信的内容，对汉娜和妈妈也不能说，因为她们中如有一人知道这件事，我除了自杀没有别的出路。"

玛丽博得大公爵的欢心。他被她的青春美貌打动，愿意再次见到她。玛丽利用拉利什伯爵夫人的马车去见鲁道尔夫。伯爵夫人在大饭店租下的套房经常借给这一对年轻人使用。皇后的侄女居然扮演这种角色。

次年1月中，玛丽的女友收到一封信："亲爱的埃尔米妮，今天我要对你坦白的事一定会使你生气。昨天7点到9点我在他那里，我俩都冲昏了头脑，现在我们在肉体和灵魂上都结合了！"

几天以后，玛丽送给鲁道尔夫一个金制的烟盒。盒盖上刻着一行字："1月13日，天意玉成。"

鲁道尔夫的朋友们以为这不过是一段露水姻缘。大公爵以往的艳遇确实都长不了，这次却不同，他越来越眷恋这个天真地、全心全意地，像爱一名大学生那样爱着他的女孩子。

他拿她和郁郁寡欢的斯苔芬妮相比，却忘了正因为他对她冷淡，斯苔芬妮才郁郁寡欢。他对玛丽的爱情逐渐发展成不顾一切的激情，两人在一起度过似痴如醉的时刻。大公爵甚至向玛丽许诺，他将请求梵蒂冈解除他的婚姻，这样他就可以把整个生命都奉献给她……当晚玛丽在日记中写道："我刚度过一生最美好的日子。"

两天后，鲁道尔夫送给玛丽一枚铁戒指。镶在戒指上的碎钻石组成一组字母，意为"此情至死不渝"。

但是，这里同样需要用事实来取代传说。如果说鲁道尔夫真心爱着玛丽，他并不因此放弃他多年形成的习惯。上文引用过的警察局眼线梅斯奈尔给克劳斯男爵的报告透露，鲁道尔夫在与玛丽山盟海誓期间，同时保留好几个情妇。1888年底，人们传说阿格拉亚·奥威尔斯贝格公主与鲁道尔夫有段佳话。维也纳人甚至拿这件事寻开心。在郊游或打猎时他们做回声游戏，有人喊：

"鲁道尔夫爱不爱阿格拉亚？"

回声回答：

"亚(是的)！"

"他爱不爱维茨拉？"

"拉(维也纳方言，意为"也")！"

"他爱不爱斯苔芬妮？"

回声回答：

"妮(绝不)！"

鲁道尔夫同时与舞女米齐·卡斯帕尔保持关系，为她买了一套家具。调查表明，这套家具的钱还没有付清……梅斯奈尔在报告中还说："最近殿下与在阿巴齐亚开旅馆的库兰达的老婆试图说服'母狼'（一个以出租幽会房间为业的女人）为他们提供方便。'母狼'拒绝了。"他又说，"殿下可能与卡尔剧腙的合唱队员格拉赛有染，送给她一枚价值两千弗洛林的钻戒。"

人们若把鲁道尔夫和玛丽看做小说中的情侣，特里斯丹和伊瑟[①]的故事在现代维也纳的再版，那么这些事情又该怎样解释呢？其实鲁道尔夫与别的女人绸缪无损于他对玛丽的爱情的真挚。他属于这一种男子类型，对他们来说与萍水相逢的女子寻欢一时与他们对自己的妻子或情妇的真诚眷恋不相排斥。

＊　　　　＊　　　　＊

1月27日星期天，鲁道尔夫出于挑战心理，竟然陪玛丽和她母亲去参加德国大使惹斯亲王举办的舞会，斯苔芬妮也应邀出席。整个晚上，"维茨拉小姐"的目光没有离开过鲁道尔夫。后者的一位朋友霍约斯伯爵后来评论说："当时她好比全身着了火。"

斯苔芬妮大公爵夫人穿过大厅，礼仪要求在场的妇女都在她面前俯身低头，唯独玛丽仍旧昂着头。这一举动实属大不敬，维茨拉男爵夫人吓得脸色都变了，一把揪住女儿的胳膊，强迫她低头。

鲁道尔夫冷眼观察这一场面，他必定懂得，在斯苔芬妮眼里是可忍孰不可忍了。这一几乎是精心策划的冒犯行为只会产生最坏的后果。但是不管对方会

[①] 中世纪凯尔特传说，骑士特里斯丹和王后伊瑟相爱，因不能结合，双双殉情而死。

做出什么决定,总不会比纠缠鲁道尔夫本人的那个想法更糟吧。用一句话来说,他已横下心去死了。

舞会结束后,维茨拉男爵夫人和女儿回家。鲁道尔夫又到哪里去摆脱自己的烦恼呢?一刻钟后,他推开漂亮的米齐·卡斯帕尔的房门。这位舞女一向很能理解他的心情。那天晚上他对她说了些什么,她又说了什么话?警察局的眼线梅斯奈尔确实是个人才,他提供的报告和平时一样十分精确:"1889 年 1 月 28 日,殿下在米齐家里呆到凌晨 3 点,他喝了许多香槟酒,给了门房两个弗洛林的小费。临别时,他在米齐的前额上画了一个十字,这可不是他的习惯。他从那里出发去梅耶林。"报告后面说:"1889 年 1 月 29 日,当他跟她说他将用一颗子弹在梅耶林结束自己的生命时,米齐并不相信。"

＊　　　＊　　　＊

克劳斯的有关文件 1955 年在维也纳公开发表,我们从中看到警察首脑在拉利什伯爵夫人走后深感不安。伯爵夫人在出租马车里找到的便条说得很清楚:"我活不下去了。今天我赢得一些时间。在你找到我之前,我已经在多瑙河里了。玛丽。"

这不过是一个没头脑的少女的一时戏言,还是经过认真考虑的行动?不容置疑的是 1889 年 1 月 28 日星期一上午 10 点到 10 点半之间,"维茨拉小姐"与皇后的侄女不告而别。

拉利什伯爵夫人踏进克劳斯的办公室时,后者刚接到一名眼线发来的电报:鲁道尔夫于 11 点 50 分离开维也纳,他的马车全速向索恩勃伦方向驶去。

梅耶林位于通往索恩勃伦的路上。

1 月 28 日上午鲁道尔夫是否见过他父亲?有些作者认为父子俩上午 10 点见过面。克劳斯男爵的文件表明,大公爵离开维也纳的时间为 11 点 50 分,与上述说法不矛盾。

另一些作者认为这次会面的时间为 27 日。现在我们通过梅斯奈尔掌握了鲁道尔夫在 27 号到 28 号夜间的活动以及他对米齐说的话——"我将用一颗子弹在梅耶林结束自己的生命"——我们应该接受这一种说法。因此是在 27 日,惹斯亲王的舞会之前,弗朗茨皇帝召见他的儿子。他暴跳如雷,使劲挥动手里捏着的一封信。原来是鲁道尔夫向梵蒂冈请求解除婚姻后,教皇雷翁十三世不给他答复,却把此事告知弗朗茨皇帝。

图三十五　弗朗茨·约瑟夫皇帝(1830—1916)

一开始皇帝就粗暴地命令鲁道尔夫立即与玛丽·维茨拉断绝关系。他补充说：

"否则我剥夺你的继承权！"

欧琴妮皇后①根据伊丽莎白告诉她的贴心话记述如下："皇帝怒不可遏，大公爵吓坏了，不得不同意与情妇分手，他请求父亲允许他与她见上最后一面，以示诀别。"弗朗茨此时已安静下来，他起初有点犹豫，最后还是同意了。

"那就明天吧！从此以后，你不能再和她见面。别忘了你以贵族的身份向我作出的保证！"

事情就此定局。弗朗茨没有想过，为什么他轻而易举就得到鲁道尔夫的承

---

① 拿破仑三世的妻子，法兰西第二帝国覆灭后侨居国外。

诺。如果皇帝见到他儿子向大饭店走去，他可能会发抖的。玛丽·维茨拉正在拉利什伯爵夫人的套房里等待鲁道尔夫。

他俩说了些什么？交换了什么盟誓？悲剧机器的第一组齿轮可能就是在这个时候啮合的。

这以后，玛丽在德国大使馆的舞会上与鲁道尔夫汇合。现在不必处处留心了，因为他们已经约定第二天在梅耶林碰头。

鲁道尔夫喜欢梅耶林。他爱打猎，常在这块皇家领地上与密友们会面。那天他与科堡的菲利浦亲王和霍约斯伯爵有约。

梅耶林是一座乡村风格的城堡，没有什么特色，位于距维也纳40公里，通往巴登的大路上。到那里去有两种走法：或者坐40分钟火车直到巴登，然后从巴登雇一辆马车，一小时内可抵达，或者走通往萨台尔巴赫、巴登和摩德林的大路，普通马车需4小时，套上快马则需3小时。

城堡只有两层，周围是马棚、车库、狗厩和仆人住的下房。正面有一个冷冷清清的花园，时值一月，灰色的天空衬出光秃的树枝。

矮树林中响起几下枪声。霍约斯伯爵和科堡亲王大清早就在打猎，鲁道尔夫应该来和他们汇合，却一直没有露面。

傍晚他们返回城堡时，发现大公爵已在那里。后者解释说，他偶感不适，所以不能践约与他们一起打猎。他知道科堡亲王今晚应回维也纳，便请亲王代为在皇帝跟前致歉，因为他不能出席隆重的皇族晚餐仪式。

科堡表示同意。他辞别主人，与霍约斯约定第二天一早再来打猎，便返回维也纳。

70年后，我们在克劳斯男爵的档案里找到这份记录："首相塔夫伯爵说，皇族晚餐如期举行，皇储迟迟不到。一名仆人想撤掉皇储的刀叉，但是皇上不同意，他说皇储会来的。全体皇子到齐时，科堡亲王赶到，声称皇储在去梅耶林的路上着了凉，不能出席晚餐，请大家原谅。"

生性严厉、沉默寡言的霍约斯伯爵一个人在梅耶林宽敞的饭厅里用餐，他面前的大壁炉里烧着大块的木柴。他不知道此时鲁道尔夫正在自己的房间里与玛丽·维茨拉作伴。

第二天，科堡亲王如约与霍约斯汇合，一起行猎。大公爵与前一天一样不参加他们的活动，请他们原谅。晚餐桌上只有亲王与伯爵面对面用餐。

15 梅耶林惨案

关于鲁道尔夫与玛丽单独相处的这两天,各家作者写过不少文章。事实上,人们什么也不知道。人们只能想象这两个人的激昂兴奋,他们孤独无助、悲壮地面对鲁道尔夫作出的承诺。在命运的天平上,一端是大公爵以名誉及贵族身份保证与情妇分手,另一端是镶嵌在玛丽须臾不离身的戒指上的铭文:"此情至死不渝。"

这期间,玛丽家的人——她母亲和她的舅舅们——心急如焚。克劳斯男爵1月28日星期一晚上回家时,发现玛丽亚·拉利什和玛丽·维茨拉的一位舅舅,亚历山大·巴尔塔齐,在客厅里等他。那位舅舅的态度特别强硬:他说他确信外甥女和大公爵一起逃到梅耶林去了,要求警察局予以证实。克劳斯回答说梅耶林城堡是皇室领地,警方无权进入。

第二天星期二,维茨拉男爵夫人本人前来恳求克劳斯找到她的孩子。她的神经已濒于崩溃,屡次说她要求觐见皇上。克劳斯男爵出于职业的习惯表面上不动声色,心里已隐约感到不安。

他认为有责任把事情通报塔夫伯爵。首相安慰他说:"您不必为这个维茨拉小姐担心!"

但是同一天下午五点,塔夫伯爵却不能避而不见维茨拉男爵夫人。可怜的女人尽管哭泣、哀求,首相的回答干脆就是侮辱:"夫人,我在想您有什么理由认为这是皇子殿下干的。难道不会是别的人吗?"

"您指的是谁?"男爵夫人惊呆了,反问说。

"我不知道。随便什么人,比如说,亨利·列支敦士登公爵。"

克劳斯男爵在他的笔记里写道:"上流社会传闻亨利公爵曾拜倒在维茨拉小姐的裙下,大公爵得到她时已非完璧。"

塔夫伯爵虽然自信,男爵夫人的来访还是使他的想法开始动摇。29日星期三晚上他命令克劳斯在梅耶林进行调查,以便知道玛丽·维茨拉是否真的在那里。

克劳斯以服从为天职,立即召来茹尔卡探长,要他第二天,1889年1月30日,派一名"有经验的侦探"乘头班火车到梅耶林去。克劳斯这一天累得够呛,做出这个决定后才回家休息。

同一时刻,在梅耶林,鲁道尔夫和玛丽在大公爵的套房里亲昵地共进晚餐。他们把马车夫勃拉特非希叫来,玛丽喜欢听他用农民浑厚的嗓门唱他熟悉的乡土歌曲。勃拉特非希还有一项才能：他吹口哨模仿鸟叫惟妙惟肖。半夜过后，马车夫演完全套节目，离开房间。城堡在寂静中睡去。

※　　　　　※　　　　　※

1889年1月30日星期三上午6点半，仆人洛歇克遵照大公爵的命令把他唤醒。大公爵步出卧室，站在房门口与洛歇克交谈片刻，命令仆人准备好马车以便出发打猎，然后到8点钟再来叫他。说完，鲁道尔夫转身回去，房门又关上了。

科堡和霍约斯全副猎装等在楼下。至少这一次大公爵要陪他们一起打猎了。

8点整，洛歇克完成任务，准时前来敲大公爵的房门。无人答理。他又敲了好几次，一次比一次响，仍旧一片寂静。他转动门上的把手，门锁着。仆人感到奇怪，有点不安，赶忙去告诉科堡和霍约斯。这两位朋友与他一起敲门、喊叫，里面仍无动静。于是洛歇克向他们透露，是维茨拉小姐陪大公爵到梅耶林来的，前两夜他们睡在一起。霍约斯和科堡闻言顿时色变，同一个想法闪过他们的头脑。他们不再迟疑，关照洛歇克马上去找一把斧子，门被劈开了。三个人踏进前厅。只有洛歇克走进内室，内室的门没有锁上。

几秒钟后他走出来，神色慌张：他在半明半暗的光线中看到两具尸体，鲁道尔夫和玛丽的尸体。克劳斯保存的报告以冷漠的笔调指出，"维茨拉仅在太阳穴部位有一小伤口，容貌没有毁坏，相反，枪弹"打烂皇子的脸"，头盖骨"裂成碎片，脑浆四溢"。

科堡和霍约斯起先不知所措，随即冷静下来。科堡亲王采取必要措施保护现场，霍约斯伯爵则急匆匆赶回维也纳，两小时后，他来到霍夫堡宫。

他先去见皇帝的侍卫长帕尔伯爵，然后去见皇后的总管诺普察男爵。这两位官员闻讯大骇，商量对策。诺普察建议通知伊丽莎白皇后，并自告奋勇担当这一艰巨任务，其他人点头赞同。

听诺普察结结巴巴告诉她，她亲爱的儿子刚刚死去时，皇后脸上纹丝不动，只有她搁在安乐椅扶手上的双手略见抽搐。突然她的眼泪夺眶而出，哭出声来。然后她又恢复镇定。她转过去对她的侍读伊达·斐伦齐伯爵夫人说：

"伊达，刚才您不是说施拉特小姐在您那儿吗？"

"是的，夫人，我想她还没有走开。"

施拉特小姐是位姿色迷人的女伶,维也纳人说她是皇上的"曼德侬夫人"①。伊丽莎白不但不吃醋,反而把她正式引见给丈夫。从此三个人住在一起,和睦相处。

施拉特小姐闻讯大惊,赶紧过来。两个女人相拥而哭,然后一起去见皇帝。

伊丽莎白向弗朗茨宣告鲁道尔夫死亡时,那语调平静得令人害怕。

皇帝直眼瞪着她看,他的胡子在颤动。他似乎什么也没听见,什么也不理解,哑着嗓子低声说:

"皇后说什么了?我听不懂。她说什么?……"

回答他的只有沉默。

于是他支撑不住了。他把脑袋埋在手里,肩膀上下掀动。人们听见他抽抽噎噎地说:

"鲁道尔夫为什么要这样对我?"

*   *   *

以上是关于梅耶林的惨剧我们确切掌握的材料。

那么谜是怎样产生的?在什么时候?为什么?

事实上,一切起源于弗朗茨的犹豫。两个重大的考虑使他一时糊涂,措置失当。首先,他要不惜一切代价避免提到"自杀"。其次,必须绝对隐瞒玛丽·维茨拉当时也在梅耶林。

1月30日下午5点,官方的《维也纳日报》出号外发布如下公告:

> 帝国皇储鲁道尔夫大公爵殿下前天决定赴梅耶林行猎并邀请几名友人,如科堡的菲利普亲王和霍约斯伯爵前往。今天早晨,殿下的友人集合时发现主人不在。他们悲痛地获悉噩耗:皇储殿下因患栓塞溘然逝去。

因此,官方的说法是死于栓塞,不幸的是,在丧事开头的忙乱之中人们有时忘了遵守这个口径,于是出现自相矛盾的说法。皇帝本人在致欧洲各国君主的信中不提栓塞,说是中风。教皇雷翁十三世仅被告知鲁道尔夫是"猝死"。

1月31日,由于大公爵的私人医生维德霍裴尔博士拒绝签署虚假的尸体

---

① 法国国王路易十四的情妇,权倾朝野。

剖检报告,塔夫伯爵不得不发表一个新的官方声明,声称大公爵因精神错乱而自杀:"皇储无疑朝自己头部开了一枪,随即死去……死者脑组织的紊乱表明他生前精神失常,因此可以断定他在失去理智时自杀致死。"

所谓失去理智云云,谎话编得很不高明,不过为了获得教会同意举行宗教葬礼,不能不装门面①。

由于官方的说法闪烁其词、自相矛盾,在维也纳和其他地方,人们就充分发挥想象了。

克劳斯的文件记载了当时在维也纳公众间传播的流言。有一种说法在宫廷和政界特别流行,侦探 x·y·报告如下:"今天直到深夜我都在共济会圈子里活动,人们讲述的事情听起来像小说。据说阿道尔夫·奥威尔斯贝格亲王曾于1888年8月觐见皇帝陛下,诉说皇储勾引他的妹妹,也是瓦莱莉女大公爵的女友和游伴阿格拉亚,并且导致她怀孕。皇储为此使用过暴力。皇上于是把儿子召来,对他说他作为帝国第一名贵族有义务根据荣誉法则与奥威尔斯贝格亲王了结此事。鲁道尔夫置若罔闻。他认为事情不难解决,阿格拉亚可以秘密分娩等等。但是奥威尔斯贝格坚持用体面的解决办法洗刷对他家庭的侮辱,皇上表示同意。最后双方同意进行美国式决斗②。鲁道尔夫摸到黑球,应在六个月后自杀,即不能晚于1月底。正是由于这个悲惨的前景,皇上不愿庆祝他的登基四十周年纪念。1月30日鲁道尔夫自尽,他把科堡和霍约斯带到梅耶林去做证人……"

老百姓偏爱另一种版本:皇储死于报复。据说勃莱登福斯皇家猎场的看守人发现皇储和他妻子睡在一起。"盛怒之下,猎场看守把皇储砍得血肉模糊,然后开枪打死他妻子,接着自杀。人们发现皇储躺在血泊里,于是把他运回梅耶林。科堡到维也纳去请医生,此时鲁道尔夫因不能忍受痛苦,设法把周围的人支开后即朝自己脑袋开了一枪。这一说法公众普遍相信。"

梅斯奈尔探员无所不晓,他打给克劳斯的报告中提到"据称梅耶林的猎人埃贝尔陶威尔曾直接或通过别人威胁皇储:如皇储继续纠缠他妻子,他会要他的命。"

---

① 基督教教义,自杀者不得按宗教仪式下葬。
② 当时在维也纳流行"美国式决斗",其规则极为简单:侮辱者和受辱者摸球决定命运。有一个白球,一个黑球;摸到黑球者必须在一定期限内自杀。

15 梅耶林惨案

皇帝的副官阿尔培·德·马盖蒂伯爵关于鲁道尔夫的死留下不详细的记载，他的说法似乎来源于上述传闻。据他说，大公爵对维茨拉小姐感到厌倦，决定与她断绝关系，何况他已用自己的名誉在皇帝面前作出保证。鲁道尔夫新近与一位名叫鲍威尔的森林督察官的妻子有染，足见他已经决心与维茨拉分手（注意"鲍威尔"与"埃贝尔陶威尔"两个名字的结尾相同。）大公爵约这位太太在梅耶林的树林中幽会。正当两情绸缪时，她的丈夫赶到。鲍威尔怒不可遏，当下用斧子砍死鲁道尔夫。人们把他的尸体抬回梅耶林后，玛丽服毒自杀。

请注意在这个记载中第一次出现玛丽的名字，这是因为马盖蒂伯爵的版本形成的时间大大晚于事件本身，当时已尽人皆知玛丽死在鲁道尔夫身边。相反，最初民间全凭想象提出各种解释时，根本不知道玛丽·维茨拉与大公爵同在梅耶林。克劳斯的文件里还包括当时在民间用心搜罗到的其他"解释"。其中有个说法是一位荷兰伯爵与鲁道尔夫争风吃醋，从城堡的窗外向后者开枪。

这以后还有许多人提出别的解释。拉福里男爵声称他的材料来自科堡的菲利普亲王的儿子利奥波德……据说玛丽出于嫉妒，趁情人熟睡时毁伤他的肢体。拉福里说他记下利奥波德的原话："她把他的皮肉割下来。"鲁道尔夫从痛苦中醒来，还有力气抓住玛丽，把她掐死。然后他抄起猎枪，对准自己的嘴开了一枪。

另有一位"历史学家"阿道尔夫·阿德勒1895年写道，玛丽与鲁道尔夫死于一场没有节制的宴会。与宴的除了他们，还有霍约斯、瓦尔斯坦因伯爵、巴尔塔齐父子。巴尔塔齐醉后用酒瓶砸烂鲁道尔夫的头盖骨，玛丽则被一发流弹击中。

比较严肃的人相信这是政治谋杀，人们已经指出鲁道尔夫的自由主义在某些专制主义政治家眼里具有颠覆性，也曾说明他与他父亲的政见对立极其深刻、严重。当然不能说鲁道尔夫是弗朗茨害死的，但是为了维护帝国的利益，皇帝的某几位顾问难道不会比皇帝本人走得更远？

另一个出人意料的说法来自苏古夫男爵夫人。她自信有把握肯定鲁道尔夫和玛丽没有死在梅耶林。鲁道尔夫为了遵守诺言，决定销声匿迹。他设法搞到两具尸体，伪装成他本人和玛丽的样子。然后他俩逃到希腊，在那里度过多年幸福的岁月，生下许多子女。苏古夫男爵夫人遇见这对传奇情侣的一个儿子，从他那里获悉事情的真相。

一位奥地利历史学家彼得·波契奈提出的看法更加出人意料，这位作者不排除自杀，但另有解释：促使梅耶林的情侣双双自杀的原因不只是弗朗茨命令鲁道尔夫与玛丽分手，而是因为他们刚刚获悉自己是亲兄妹！

彼得·波契奈声称玛丽的母亲海伦·维茨拉从1868年起便是弗朗茨的情妇。1871年3月19日玛丽出生时，维茨拉男爵夫人有10个月12天——如此精确的计算令人佩服——未与丈夫同房。

我们可以接受玛丽不是他父亲的亲生女儿这个说法，但是再进一步就有点匪夷所思了。至于说鲁道尔夫和玛丽长得很像，似乎只有这位作者持此古怪的见解。

有必要到那么远的地方去寻找梅耶林发生的事件的真相吗？

不容怀疑他俩是自杀的，克劳斯的文件足资证明。鲁道尔夫病态的趣味、他不止一次对自杀——尤其是双双自杀表示的向往，玛丽给她母亲的信、鲁道尔夫对米齐·卡斯帕尔说的知心话，还有这一对悲惨的情侣在一起写的信：这一切都证明他们早就准备殉情，公众间流传的各种说法无一成立。

在梅耶林的卧室里找到玛丽写的三封信，后来交给维茨拉男爵夫人。三封信装在同一个信封里，信封上的地址是鲁道尔夫的笔迹。

玛丽给母亲的信写道："亲爱的妈妈，原谅我做的事情。我不能抵抗死亡。我们愿意并肩安息在阿兰德公墓。我死了比活着更幸福。"

玛丽给她妹妹的信："我俩很高兴出发到另一个世界去。请你有时想起我。祝你幸福，只嫁给你爱的人。我不能这么做，由于我无法抗拒自己的爱情，我就与他一起走了。不要为我伤心。"

信末附言，玛丽请求她妹妹每年1月13日在她坟头献上一束栀子花。她首次委身于鲁道尔夫的日期正是1889年1月13日。

最后一封信写给她的小弟弟："永别了，我将在另一个世界照应你，因为我很爱你。"

鲁道尔夫给他妻子——无精打采的斯苔芬妮，写了一封信。干巴巴的几句话表示他祝她"以自己的方式得到幸福"。他声称决意去死，因为"只有死亡能挽救他的名誉"。

他给母亲写的信较动感情。我们从前法国皇后欧琴妮的《谈话录》里得到这份证词。欧琴妮向法国大使莫里斯·帕雷奥洛格转述伊丽莎白皇后告诉她的心腹话。她说：

15 梅耶林惨案

"我了解梅耶林惨剧的真相,我敢说我比任何人更知道内情,因为我是直接从伊丽莎白皇后那里了解的情况。皇后上次在马丁角小住时亲口告诉我……"

欧琴妮的记忆力是有名的。她对法国大使说,鲁道尔夫用名誉和贵族身份对他父亲作出承诺以后,就把玛丽叫到梅耶林来。等到他与情人单独相处时,他马上告诉她,他不得不作出保证,否则将被剥夺继承权。玛丽冷冷地回答说:

"我也有事情告诉你,我怀孕了。"

于是他们决定一起去死。这以前他们曾经常谈论这个可能性,不感任何抵触。

鲁道尔夫在极度兴奋之际拿起手枪,对玛丽胸部开了致命的一枪。然后他脱掉她的衣服,虔诚地把她抱到床上。屋里陈设着几束玫瑰花,大公爵用花朵覆盖死者。然后他给母亲写一封长信,用这句话开头:"我的母亲,我没有权利活下去了!我杀了人……"皇帝和皇后从这封信知道惨剧的原委①。

我们掌握的第二个证词时间更晚,来自弗朗茨的枢密顾问官希洛梅基男爵。他根据皇帝的医生维德霍斐尔对他的叙述,确认双双自杀的说法。医生本人曾应洛歇克之召赶往出事地点,这位男爵写道:

"皇帝获悉大公爵死亡的真正原因后,其反应令人害怕。他一下子被压垮了,失去自制。他的激动难以描述。他绝对不能接受自己的儿子竟然自杀,自寻短见!他说:'只要能隐瞒自杀,我愿交出帝国的两个省!'"

他确实设法掩盖真相。是他无意中制造了疑案,也是他无意中把儿子的行为归咎于"精神错乱",因而使伊丽莎白陷于绝望。皇后号啕大哭说:"是我把维台尔巴赫家的血统带给我儿子的!他的死亡应该由我负责!……皇上当初为什么要认识我,他为什么认识我?……"

* * *

塔夫伯爵给克劳斯的指令:

"现在需要把第二具尸体悄悄挪出城堡,不必遵守例行手续即运到某一地点。"

玛丽一丝不挂、血迹未干的遗体被搬到储藏室的白木桌子上,然后人们细

---

① 应该认为这个证词勾出了惨剧的大致轮廓,但在细节上还可以商榷。决定不是 28 日在梅耶林,而是 27 日在维也纳做出的。玛丽的"怀孕"未必可信,既然她是 1 月 13 日失身,她不太可能 28 日就确信这一点。不过可以肯定,伊丽莎白皇后确认他们是双双自杀的。——原注

心地关妥屋门。

克劳斯为完成塔夫伯爵下达的任务,制订了一个周密的计划。

31日下午4点,在哈勃德拉探长带领下,玛丽的两个舅舅亚历山大·巴尔塔齐和斯托科伯爵秘密来到梅耶林。人们草草地给死者擦了一下身子。尸体还没有完全僵硬,脑袋不时前后左右晃动。为了让尸体保持"看得过去"的姿势,人们在它背后支撑好一根棍子,再用一根穿过乳房下面的绳子和一条系在前额上的带子绑住这根棍子。然后人们给尸体穿衣服:衬衫、连衣裙、袜子、鞋子,再给这具可怜的人体模型披上一件宽大的水獭皮大衣。一切都如塔夫伯爵的要求"悄悄地"进行。

这时已是晚上10点,巴尔塔齐和斯托科把尸体带到停在门外的一辆马车上。他们一边搀住死者腋下,一边还跟她说话,好像他们在搀扶一个病人走路。

与此同时,哈勃德拉探长前往邻近梅耶林的西都会修道院。他向修道院长出示盖有御玺的信件,命令院长"当夜即在修道院的墓地里掩埋一位因精神错乱在梅耶林附近自杀的贵妇人"。

哈勃德拉在黑暗里,冒着倾盆大雨守在公路边,等待来自梅耶林的车队。我们还是引用他的报告的原话吧。这份报告酷如爱伦·坡①的笔调,此外任何评论都与之相形见绌,并且有夸张之嫌。

"我们终于看到车队在黑暗中驶来。斯托科伯爵和亚历山大·巴尔塔齐先生坐在第一辆马车里,他们把男爵小姐的尸体夹在中间,扶住她的胳膊……我吩咐车队不在修道院停留,径直驶往墓地。雨横风暴,车辆前进甚慢。马蹄在高低不平、冰冻的路面上打滑,斯托科伯爵的车夫不得不为马掌拧上防滑尖钉。我们抵达墓地大门时,教堂的钟正敲半夜。"

"斯托科伯爵、巴尔塔齐先生、戈洛普探长和我合力把尸体拽出车厢,然后把它搬到小礼拜堂里,放进一口简陋的用四块木板做成的棺材。由于天气太坏,影响工作,墓穴尚未挖好。戈洛普费尽口舌未能使两名掘墓人加快进度。挖掘过程中墓壁曾几度倒塌,这两名工人出于迷信,认为这是不祥之兆,拒绝挖下去。我们只得回到修道院,留下几名警察看管尸体,禁止任何人靠近。"

"早晨7点墓穴总算完工。我们返回墓地,钉死棺材,格隆包希神甫念过下葬经以后,斯托科伯爵、巴尔塔齐先生、戈洛普探长和我就把棺材抬到墓地。暴

---

① 爱伦·坡(1809—1849),美国作家,善写恐怖故事。

15 梅耶林惨案

风雨使我们几乎迈不开步。掘墓者不停地画十字,没完没了地提出各种责难,虽说神甫给死者的祝福本应使他们安心。终于他们开始在棺材盖上扬土。我们离开墓地时已是9点半。"

有人写过,这是"哈布斯堡家族史中很不光彩的一页"。

若干年后,弗朗茨只有一次对他的亲信重提梅耶林旧事。他喃喃说:

"如果当年让大公爵多担负一点责任……"

一位证人写道:"皇帝略略俯身,双手捧住脑袋,好像不胜疲倦。他呆呆地望着前方出神,流露出深感内疚的神情……"

(施康强译)

16 神秘失踪的大公

> 约翰·萨尔瓦多大公是梅耶林的第三名受害者

梅耶林的悲剧无疑敲响了奥匈帝国的丧钟，就像当初"项链事件"①是法国革命的先声一样。

有一个人，他的一生因梅耶林的两人死亡事件而完全变了样。如果说，那次悲剧还造成了第三名受害者，的确一点也不过分。

此人名叫约翰·萨尔瓦多，是托斯卡纳的亲王，奥地利大公。他是大公利奥波德二世②和西西里的玛格丽特公主的儿子。在巧合所造就的各种命运中，很少有比他的命运更奇特、更怪诞、更扑朔迷离的了。他在奥地利的宫廷里长大，是只新的雏鹰。当他的父亲被迫从托斯卡纳王位上隐退以后，他很快就表现出超人的智商，人们毫无讽刺意思

---

① 项链事件，1785年在法国发生的丑闻。拉莫特伯爵夫人与失宠的红衣主教罗昂串通，用伪造王后安托瓦内特签字的办法，将一枚价值160万镑的项链买回送给王后。事情败露后，全国大哗。舆论界谴责王后奢侈。后来法院只好判拉莫特夫人与红衣主教无罪。这一事件使王朝威信扫地。

② 利奥波德二世（1835—1909），比利时国王。

16 神秘失踪的大公

地说,他的聪明在哈普斯堡家族是一例外。

曾担任过法国大使,认识所有欧洲执政王族的莫里斯·帕雷奥洛格对他是这样描写的:"个子高大而灵活,身材瘦削,面部轮廓坚毅,嗓音热情而颤抖,很少做手势。总之,在所有方面都显得潇洒而高雅。"此外,"他酷爱文学、艺术和音乐,愿意与人交谈,同朋友来往;喜欢打猎。当然,他也同样乐意追逐女性。"虽然他的风流韵事很多,有时几件艳遇同时发生,但是,每次"都显得那么美好动人,那么神秘而又富有诗意"。

他对艺术也是内行,他把他在萨尔茨康迈尔古特的奥尔特城堡变成了一座私人博物馆。在那里,人们每走一步,就可以欣赏到稀世宝物,如古画、塑像、雕刻、青铜器皿、奖章、陶瓷、珠宝、银器、铁饰品、兵器、盔甲、绸缎、家具等。

这位与众不同的大公又是一位杰出的音乐家,他曾经成功地在维也纳歌剧院指挥芭蕾舞剧"杀人犯"。

他24岁时已经是上校,29岁就当上了将军。显然,他能如此平步青云,他的出身带来的"权利"比他个人的能力更重要……而这恰恰是约翰·萨尔瓦多的内心隐痛所在,因为他感到自己有力量和毅力去得到最高一级的职务,因此一想到他的级别是因他的大公头衔才获得,他就火冒三丈。

他最讨厌特权与优待。当他看到在军队里,在他周围的人中,错误地将某些领导官职位交给一些不称职的人时,他更是怒不可遏。他实在无法再忍耐下去,决定抛出一颗炸弹。

当第二兵团司令、托斯卡纳大公约翰·萨尔瓦多将军的小册子《烦恼还是教育》公开出售时,这也在维也纳成了前所未有的丑闻!一名王族的亲王居然敢批评军队的组织机构,称高级指挥部"傲慢无礼";他竟敢透露说,公布的有关数字是假的,指责防御工事已经陈旧过时,批评后勤部门无人过问;最后他还攻击了"敬爱的首长们"。

在霍夫堡,弗朗茨瓦·约瑟夫老皇帝因激动和气愤差点昏了过去!对约翰·萨尔瓦多来说,后果马上见分晓:他的小册子被人竞相抢购,但他本人则被放逐到林茨。

他的情妇、漂亮的卢德·米拉·施图贝尔是歌剧院的可爱的舞蹈演员,她也随同前往。他是在1885年秋天认识她的。当时她才16岁,是皇家歌剧院的芭蕾舞演员。评论家们早已称赞她很有天赋。约翰·萨尔瓦多第一次见到她,就觉

图三十六　大公利奥波德二世(1835—1909)

16 神秘失踪的大公

得她有倾城之貌。这一判断也是不言而喻的。当时的人很欣赏她的瓜子脸蛋,大而深邃的眼睛,又长又黑的秀发,白皙的皮肤,瘦长的身材,长而有力的小腿。她的一位熟人居然说她"像希腊雕塑一样美丽"。

他们的邂逅是一则优美的故事。"米莉"不正是因为他是一名普通的工程师才委身于他的吗?这证明她的爱情是多么纯洁真诚。

在林茨,心爱的米莉的陪伴也无法消除约翰·萨尔瓦多心中的积恨:弗朗索瓦·约瑟夫不但不考虑他的批评意见,而且还借此机会排挤他、污辱他。约翰·萨尔瓦多开始策划,他毫不隐瞒他的目标:迫使老朽的弗朗索瓦·约瑟夫下台,逼他让位于他的儿子鲁道尔夫。

约翰·萨尔瓦多将此计划告知鲁道尔夫。后者毫无拒绝之意。两位堂兄弟碰头,策划,提出宏伟目标。他们交换意见时,言词与思想同样激烈。他们毫无戒心地通过邮局互寄宪法草案和公开表达革命思想的信件。这太不谨慎了,信件全部被查收,阴谋全部败露。

鲁道尔夫倒霉了。约翰·萨尔瓦多也倒霉了。前者是王位继承人,从此被排斥在任何权力之外,被人看守监视起来。对于约翰·萨尔瓦多来说,顷刻间他的一切全成了泡影,军衔、荣誉、爵位,这一切全因"损害帝国安全"而被取消。

约翰·萨尔瓦多感到失望、沮丧,带着米莉躲进奥尔特城堡,他开始出门远游。有一天,传来可怕的消息,鲁道尔夫在梅耶林自杀身亡。约翰·萨尔瓦多心里不是不知道,对于他的死,自己也有责任。不正是他的阴谋计划泄露出去后,才使得鲁道尔夫无法活下去的吗?

托斯卡纳的约翰对此的反应,早已为我们所知。他不断地重复:"我不应该,也不能够也无法继续像现在这样生活下去了……我再不愿当大公了,我再不愿当殿下了。也就是说,再不愿当一名自命不凡的傀儡,一名过时的模特儿。我愿作一个人,我愿只凭良心行事,我行我素,自由自在地思考,随心所欲地行动……我的新生活的首要条件是放弃我的特权,不再过那种我的大公同僚们津津乐道的游手好闲、豪华浮夸、纸醉金迷的生活。我将只靠我个人的微薄财产的收入过活,不再领取帝国金库的一个弗洛林或一个克烈采①……"

他很快得出以下符合逻辑的结论:"我将按照最有礼貌的方式向皇帝表示,哈布斯堡家族的王朝体制不适用于我,我不再属于皇族。以此推论,我放弃

---

① 弗洛林、克烈采均为当时奥匈帝国的货币。

我的地位、称号、特权和所有大公享有的特殊待遇，我今后只是一名普通人，用的是普通市民的名字约翰·奥尔特……"

他的母亲和兄弟最先知道约翰·萨尔瓦多的最新决定，他们恳求他打消这一念头，不要让哈布斯堡-托斯卡纳家族蒙受这一奇耻大辱，但毫无结果。约翰·萨尔瓦多将请求送给弗朗索瓦·约瑟夫。显而易见，皇帝欣然同意。他很快就回信接受请求这一事实就说明了这一点。但是，他不仅仅是同意约翰·萨尔瓦多的请求，更有甚者，他用取消大公的奥地利公民资格作为回敬。这说明积怨多么深。这样一来，约翰·萨尔瓦多就无权在皇帝管辖的各州居住了。这个不可逆转的决定于1889年10月16日正式颁布。

这意外的最后一击打得约翰·萨尔多瓦晕头转向，打击太大了。这样一来，约翰·萨尔瓦多在自己的祖国倒成了外国人了！

但是，当他从最初自然产生的沮丧情绪中摆脱出来以后，这位前大公的决心更坚定了。

※ ※ ※

公元1890年3月26日，船长索迪赫驾驶的双桅帆船"圣玛格丽特号"离开了朴次茅斯港。

"圣玛格丽特号"上载了一名乘客，这名乘客同时又是船东，他是奥地利人，名叫约翰·奥尔特。约翰·萨尔瓦多严格遵照自己拟定的计划，改换了姓名，这样他同时就取得了新的人格。什么亲王、大公，统统结束了。现在，他是航海家约翰·奥尔特，他前面的航道已通行无阻了。

那么卢德·米拉·施图贝尔呢？约翰·奥尔特1890年从奥地利出发时，首先把她带到苏黎世，然后又带到伦敦。毫无疑问，米莉也陪同情夫上了"圣玛格丽特号"船。在维也纳，在霍夫堡或在上层人士中间，人们谈论他们，或者不如说是私下议论他们。

那艘双桅帆船渡过了大西洋，抵达布宜诺斯艾利斯。1890年7月10日，约翰·奥尔特给他在维也纳的朋友、记者保罗·海因里希写了一封信。他在信中对他第一次航行表示满意。他计划再次出发去探索火地岛和好望角地区。他还补充说，他很惋惜地将船长索迪赫留在岸上，因为他病倒了。"我就自己驾驶'圣玛格丽特号'。"同一天，他离开了布宜诺斯艾利斯。

之后，就是谜了……

16 神秘失踪的大公

因为，从那时起，再也没有人见到"圣玛格丽特号"。约翰·奥尔特消失得无影无踪。

在风浪之角（好望角）一带，人们从未发现可以使人猜出船舶出事的任何船舶的残骸。

官方讣告反复宣布"托斯卡纳—霍夫堡的约翰·萨尔瓦多大公已于1890年7月，在霍恩角触礁身亡。"弗朗索瓦·约瑟夫皇帝本人也正式承认了这一死讯。

真是这样吗？

但是，约翰·奥尔特的母亲、托斯卡纳的老大公夫人玛格丽特并没有身着丧服。

奥地利当局进行了调查，人们在好望角四周寻找触礁的痕迹，但是什么也没有发现。另外，令人奇怪的是，"圣玛格丽特号"上的水手家属也没有提出任何申诉。

只有某些迹象表明，"圣玛格丽特号"曾于1890年12月在拉普拉塔停泊。约翰·奥尔特给海因里希的最后一封信也是从那里发出的。从7月到12月，约翰·奥尔特大概在阿根廷呆过，不过没有留下任何线索。对此问题写过一部优秀著作的乔治·德拉马尔指出："这是很奇怪的，因为在研究其他假设时，我们将会发现，阿根廷的警察局对于外国人一直是非常警惕的"。

上述不正常现象自然引起了一场争论。

当人们突然得知，一位维也纳旅行家声称他在西班牙见过大公后，争论就更加激烈了。这位旅行家被人穷追不舍地问及此事时，很痛快地具体说明，他在"离托莱多不远的一座修道院里，清清楚楚地看见大公穿着道士长袍"。此事发生在圣周①。这位维也纳人被获准参加耶稣苦难纪念三日大课。他呆在小教堂一座门附近，当仪式接近尾声时，他虔诚地观看修士们列队走过。使他大吃一惊的是，他在修士中，认出了托斯卡纳亲王，当时，他的风帽只盖住一半头部。是他，绝对没有错！他在维也纳见他的次数太多了，所以是不会弄错的。不过，大公一闪而过。第二天，旅行家急忙赶到寺院长老那里，求他讲出实情，因为有那么多的奥地利人渴望了解真实情况。长老摇了摇头，说：

"迈过我们门槛的基督教徒已脱离红尘，只有上帝才知道他们。"

绝妙的故事！不过，旅行家似乎有点想入非非。在宗教方面，大公不信神是

---

① 圣周，指复活节前一周。

众所周知的,有些人甚至说他是无神论者。他突然皈依,并且立即大彻大悟,太离奇了,所以不能成立。

再说,就在同一时期,一位南极探险家断言,他在格雷厄姆地附近的若因维利岛上同一个人谈过话,此人的公文皮包"丢在房间的桌上",皮包上有奥地利王室的凸起盾形纹章。毫无疑问,此人就是大公。

另一位奥地利商人的叙述显得更可取一些。他曾于1899年经过阿根廷、玻利维亚和巴拉圭三国之间的大查科草原。他同一名叫菲德烈·奥滕的德国人取得了联系。德国人在阿根廷与智利之间有争议的地区的沙漠中买了一座庄园,它离最近的人家也有20公里。这位商人也认为自己认出了约翰·奥尔特。这使人感到困惑,但是不说明问题。

只是到了后来一年,人们才搜集到一些准确的消息。1900年11月,一名乌拉圭议员欧金尼奥·加尔佐内参议员对约翰·萨尔瓦多大公失踪的传说发生了兴趣,决心解开这个谜。他的调查结果已载入他的著作《约翰·奥尔特》中,此书已有法文译本在法国出版。

他先去了拉普拉塔。他查阅了商船的登记册,询问了一些目击者。他很快就坚信,"圣玛格丽特号"曾停泊在那里,只是到了1890年12月才离开。

这之后,他回到了布宜诺斯艾利斯。他得到内阁批准,查阅了警察局档案。一开始,毫无线索,没有任何关于同前大公的外表相似或大致相似的外国人的消息。首都警察局绝对没有给一名叫约翰·奥尔特的奥地利人发过居留证。

但是,欧金尼奥·加尔佐内并不因此罢休。他成功地使一位高级官员对"他的问题"发生兴趣。这位官员被牵连进来之后,向"中、小城市的警察分局"发了一个通知,要求各地官员提供外表与约翰·萨尔瓦多相似的人的所有情况。结果令人失望,人们说见过许多外国人,甚至见过一些奥地利人,即使拥有人类最强烈的意愿,他们中的任何人均不能被认为是大公,因为总有某一个细节不符。欧金尼奥·加尔佐内也好,那位高级官员也好,他们均不气馁,他们的劲头反而更大。乌拉圭恩特雷里奥斯省边境城市孔科尔迪亚的警察局长总算送来一份使人震惊的报告:

"在去年(1899年)年底,我手下的人注意到一名住在普通旅馆的外国人。我手下的一名工作人员找到旅馆老板,向他询问了情况。老板说,他的房客单身独居,西班牙语说得不好,有日耳曼语口音。他神情忧郁,不去那些游乐场所,

16 神秘失踪的大公

也不与任何人来往。"

"在谈话中,旅馆老板向这名工作人员说,一名负责打扫这位外国人房间的女工,趁他不在房间时,在桌子上拾到一枚挂在授带上的十字形勋章。"

"我了解到上述情况,并且弄清楚他尚未按照有关国土安全的法令,在我手下的机关登记姓名职业之后,就向他发了一张传票,因为我想亲自见他,"

"他痛快地应召前来,我接待了他。他的高雅的风度给我留下很深的印象。我见到的是一位50岁上下的男人,中等身材,头发稀疏,胡须均已花白,眼珠呈蓝色,举止像军人。他讲西班牙语时口音很重。在回答我的问题时,外国人自称是约翰·奥尔特,是奥地利人……"

真是戏剧性的变化!欧金尼奥·加尔佐内已经一劳永逸地使真相大白了吗?在他的再三追问下,警察局长进一步说明,约翰·奥尔特曾在孔科尔迪亚住过一段时间。之后,他与一位恩特雷里奥斯省的农场主接上了关系,并且在那里定居,饲养马匹。

参议员急于得到其他细节。约翰·奥尔特此刻在何处?他在干什么?警察局长的最后一封信简单明了地使欧金尼奥·加尔佐内的幻想破灭了。他写道:"此人已去日本。"

乌拉圭参议员这下子只得死心了,这也可以理解。他不能因为对历史秘密的癖好,也去日本一趟。

事情到了亚洲。奇怪的是,在拉里什伯爵夫人的《回忆录》里,也谈到了这一大陆。当然,玩弄阴谋诡计的女人的回忆录总是靠不住的。人们经常轻易地发现作者自觉或不自觉地犯下错误。但是,在伯爵夫人的叙述中,并不全是虚假的。让我们来研究一下她的叙述。

拉里什伯爵夫人写道:"奥地利宫廷知道得清清楚楚,在什么地方可以找到已经湮没无闻的前大公,而且实际上一直掌握这一情报。然而,K公主的姐姐却费了九牛二虎之力才了解到约翰·奥尔特的藏身之处,因为人们对此守口如瓶。再说,前大公本人也极为巧妙地故意搞乱了线索。"

"汉斯·维尔切克伯爵同时为托斯卡纳的约翰和克龙普株茨·鲁道尔夫两人的好友。他过去曾经常在奥匈帝国舰队的船籍港波拉见到前大公。维尔切克是极地探险家,对航海问题兴趣浓厚,对于海洋方面知识广博。他认为,声称在布宜诺斯艾利斯附近触礁,只不过是像托斯卡纳的约翰这样有经验的军事战略家的一种金蝉脱壳之计。前大公考虑十分周密,他甚至于带上不同报纸与船上证件,好让任何人也不会怀疑他的船是'玛格丽特号'。他首先在奥地利雇佣了一批船员,但是,在第一次停泊时,他又将所有船员解雇了。之后,大公又略施小计,将他的船改头换面。他做得非常成功,谁也没有认出它来。维尔切克从一位海军军官那里得到了其他细节。他过去在前大公手下的人中间,曾见过这位军官。"

"'玛格丽特号'改名之后,航遍了世界各大洋,遇到过多次风暴。在一次大风暴中,约翰·奥尔特冒着自己的生命危险,救了一位船员。船员名叫本奇尔,是一位瘦瘦的棕色皮肤的东方人,他整天愁眉苦脸,但又举止高傲。约翰·奥尔特曾多次发现,这位年轻的海军下士与其他的老水手完全不一样。"

"本奇尔被救之后,他的茫然的目光投向约翰·奥尔特,向他鞠躬并且说:

'……你救了我的命,船长。请允许我随时留心保护你,也许有一天,我也会救你一命!'"

"他说完之后就转过身去,继续干活,好像什么事情也没有发生。"

"几个星期之后,约翰·奥尔特还是出于扰乱线索的考虑,又换了船员,航行时用第三本航海日记,在所有的船员中间,他只留下了本奇尔。他还为他的游艇取了个新名:'伊纳塔号',即陌生者的意想。他沿长江而上,最后在唐古拉山脚下定居。在那里,他在米莉·施图贝尔和他的私人侍从本奇尔的陪伴下,过着平静的日子。"

多么动人的"奥德赛"!

我们应该简单地说明,关于在布宜诺斯艾利斯附近触礁的说法纯系臆造;船名也不是"玛格丽特号",而是"圣玛格丽特号";船员也不是在奥地利而是在朴茨茅斯雇佣的。

但是,拉里什伯爵夫人并未到此却步。传闻一位奥地利工程师在上海郊区见到了大公。一名"为K公主的姐姐效劳的"侦探得知了工程师的秘密。他马上出发去寻找大公。但是,他却"突然死去"。而那位奥地利工程师也"自杀了",因为"他为自己背叛了过去的领袖而受到良心的谴责"。

之后,K公主本人也急忙赶到远东,来到中国,来到唐古拉山。她在那里听说,一名叫乔瓦尼·奥尔特罗的意大利人和他的年轻妻子曾在该地定居。她赶到他家里,结果"正好面对面地碰上大公"。

16 神秘失踪的大公

"殿下,感谢上帝,总算把你找到了!"

男人摇了摇头,说:

"实在抱歉,夫人",他用意大利语说,说完之后还作了一个漂亮的敬礼姿势,"很遗憾,你说的语言我听不懂"。

K公主只得退了出去,心中万分沮丧。

拉里什伯爵夫人是"通过另外的途径"才了解到大公故事的下文的。乔瓦尼·奥尔特罗见到公主后的第二天,对他的妻子和本奇尔说:

"我们的宁静被人偷走了。我们应尽快离开此地。本奇尔,现在我全靠你了。把船准备好,雇佣好船员,我们好继续出发远游。"

戏剧性的变化发生了!本奇尔这才透露,他原是亲王,出生在波斯,是穆扎维尔·埃德·德辛国王的侄子,因为政治原因被放逐。他刚刚得到特赦,因此,他"邀请约翰·奥尔特去他的祖国作客"。

拉里什伯爵夫人最后说:

"约翰·奥尔特就这样上溯波斯湾,在喀什米尔国的著名的玫瑰谷定居下来。当维尔切克伯爵给我讲述这段故事时,他仍住在那里。我曾答应伯爵说,只要他还活着,我就不能将他对我透露的消息散布出去。但是,他于1920年去世。这样我就不再受誓言的约束了。

正如乔治·德拉马尔所指出的那样,喀什米尔并不在波斯,而是在印度……这一切讲完之后,只有请读者自己去判断这位维也纳伯爵夫人的说法是否可靠……

*   *   *

莫里斯·帕雷奥洛格的小册子出版以前,争论的情况就是这样。这本小册子于1959年发表,题目是《大公约翰·奥尔特的奇特命运》。

约翰·萨尔瓦多失踪后整整70年,谜底好像最终被揭开了!为此,我们应感谢莫里斯·帕雷奥洛格和感谢出版商为我们出版了这部遗著。

莫里斯·帕雷奥洛格的幸运之处在于,他不仅搜集了"据说"和那些自相矛盾的传闻,而且掌握了一份无可辩驳的证词,即法国人让·德利尼埃的证词。

让·德利尼埃自1900年以来一直定居阿根廷。他是旅行家,又是探险家,他曾长时间地访问过安第斯山最难攀登的地区。经过几年探险生活之后,他在该国南部别德马湖不远的地方定居下来。当时,那里还十分荒凉,最近的城市圣克鲁斯小港,离那里还有450公里!

公元1907年10月的某一天,他骑马经过菲茨罗伊火山口下面的地段。此时,他看见在沙漠中有一大窝棚,一个敞棚和一座帐篷,周围还有一些马,几只牛。

一名男人出现在窝棚的门槛上,"他大约50岁,个子高而身材瘦,胸脯挺直,头发灰白,胡子剪短,五官清秀"。他身穿皮衣,脚穿高统皮靴。

这位男人很有礼貌地用西班牙语向他问候。又出来两个男人。第一个男人向让·德利尼埃介绍另外两人:

"这是我的两位伙伴……两位朋友……尼科尔森是英国人,赞德·杰克是德国人。"

两个牧场之间建立了频繁的关系,两者之间相距约80公里。第三次见面时,那人终于下决心德向利尼埃作自我介绍:

"我叫费雷德·奥滕……奥地利人。"

费雷德·奥滕!人们还记得起,这正是一名奥地利商人1889年通过大查科草原时所见到的那位"德国人"。他当时认为,这位德国人就是约翰·奥尔特。

也许,德利尼埃并不知道他的假定的身份。但是,"通过赞德·杰克和尼科尔森或明或暗的影射,通过他们对牧场主的毕恭毕敬的态度,通过他在密切的共同生活中所观察到的种种细节",德利尼埃终于明白,他遇见的是托斯卡纳·哈布斯堡家族的约翰·萨尔瓦多。

终于有一天,费雷德·奥滕自己也承认他就是约翰·奥尔特!

他失踪后的遭遇如何?他通过断断续续的谈话,通过简单的三言两语,叙述了自己的经历。首先,并不像人们所想的那样,漂亮的卢德·米拉并没有陪他到布宜诺斯艾利斯。他们在伦敦就分手了。一部罗曼史宣布结束。

"圣玛格丽特号"于1890年7月10日从布宜诺斯艾利斯出发之后,一直驶向巴塔哥尼亚。约翰·奥尔特在那里居住过,而且住了很长时间。然后,他又在麦哲伦海峡两岸所有荒凉的地区进行探险。这种生活虽然艰苦,但却振奋人心。他这样生活了许多年头。这位隐世的大公最后在菲茨罗伊火山脚下定居下来。1907年,德利尼埃就是在那里找到他的。

这就是这位法国人的说法。这一说法具有决定性意义。不过,它似乎也有一些缺陷。既然那位奥地利商人于1899年在大查科草原与大公邂逅,他又怎

16 神秘失踪的大公

么从麦哲伦海峡直接去了菲茨罗伊？看来，约翰·奥尔特可能在阿根廷北部某地待过一段时间。

还有，人们在孔科尔迪亚所遇见的也是同一个外国人吗？为什么大家说他去了日本？

公元1909年12月中旬，德利尼埃回到法国去谈一桩生意。1910年年底，他又回到圣克鲁斯。他听说，"费雷德·奥滕"已经在前一年的冬天去世。

这位神秘的大公永远安息在安第斯山的脚下了。

17 末代沙俄公主的悲惨岁月

> 罗曼诺夫家族的最后几个人在同一天夜里死在叶卡捷琳恩堡的地窖里。但是……

公元1920年2月的柏林,那是一个又潮湿又寒冷的黑夜。沿着边界运河,稀少的行人竖起衣领,手插在口袋里,匆匆忙忙赶路。可以猜想到,在石头栏杆下面,是黑色的、肮脏的河水。水面上不时闪烁着煤气灯的光亮。

突然,在本德勒桥附近,发出一声惨叫。然后,传来钉有铁掌的皮鞋在石板路上奔跑的声音,接着又是一声口哨。最后,便听见有人往水里跳。

过了一会儿,一个男人从水面钻出来。他浑身湿淋淋的,手上抱着一位昏迷了的妇女。这位男人是一名警察班长。那个女人,就是2月17日这天晚上想"自尽"的人。

她是谁?人们将她送到最近的警察局去。她醒了过来。她在别人扔给她的被子下面发抖,瞪眼看着警察们。但是,她对他们又好像视而不见。她显然比较年轻,眼珠发亮。脸呈三角形,头发因泡了水,直挺挺地分成了几绺。

人们询问她的姓名和住址，她不说话。人们感到奇怪，继续问她。她还是不说话。警察们的任何一个问题均未得到答复。人们搜寻堆在地板上直淌水的破烂衣服，也没有找到任何身份证件，也找不到任何可以帮助人们了解这位绝望的女人是谁和她为什么不想活下去的线索。

如何处置这个陌生女人？警察们决定将她送到伊丽莎白医院去。在那里，她对医生和医务人员也同样拒不开口。对于人们对她说的一切，大家对她表示同情或表示友好的话，她只是脾气烦躁地用通俗带有外国口音的德语回答一两个字。一位医生为了"讨好"她，问她是否应该把她的未婚夫叫来，她高声说：

"大夫，你肯定不了解情况吧！"

3月27日，医生宣布她患有"忧郁症"。不言而喻，如果将她放了，她会再次自杀的。

3月30日，她被转送到达尔德夫精神病院。5月30日，一位精神病科医生给她看病后，估计她年纪约26岁至30岁。他设法与她交谈，但未能使她从令人奇怪的缄默中解脱出来。她是谁？她拒绝说出这一点。

她就这样在达尔德夫精神病院住了下来。她在那里一呆就是几周，几个月，以至好几年。她整天坐在一个椅子上，或者躺在床上。当她躺下时，她总是用被子盖住脸。

有一位见证人是这样概括医生与医务人员对这个陌生女人的看法的：

"女病人有时间与空间的概念，给人的印象是惶恐不安……毫无疑问，她对生活是厌倦了，因此拒绝进食，只有强迫她吃东西。她讨厌同陌生人接触……不过，她待人总是客客气气，给人以受过良好教育、很有修养的印象……"

如果有人想给她照相，她马上就惊醒过来，拼命挣扎，故意扭过身子，只有强迫她在镜头前不动。

不过，她好像也慢慢驯服了。她也能对医院的修女说几句话了，当然说的是德语。一位女病人博得了她的信任，她就是第四病房、第二科的同房女病友，名叫玛丽·科拉尔·普塞尔特。陌生女人同这位病友进行了名符其实的谈话，当然，谈话仍用德语。普塞尔特小姐在俄国革命前曾在俄国当过裁缝，是被迫害妄想症患者。不过，她的病情痊愈已指日可待。

10月底的一天，两位病友在房间里闲聊。一位护士借给她们一本《柏林画

图三十七　末代沙皇尼古拉二世

报》。陌生女人开始翻阅画报。突然,她被吸引住了。她用异常的目光注视着俄国三位大公女儿的照片。图解说:"这是大公女儿们被押期间所拍摄的最后一张照片。左为大公女儿安娜斯塔西娅,传闻她在皇帝家族被屠杀时逃走,目前住在巴黎。"

就在这一时刻,普塞尔特小姐越过伙伴的肩看过去。她大吃一惊,因为她从来没有见过年轻的妇人对任何事情有过这样大的兴趣。普塞尔特小姐马上惊叫起来:

"我知道你是谁了!"

女病人吓坏了,将一根手指塞进她的嘴里,说:

"别吱声!别吱声!"

但是,普塞尔特小姐无法不吱声了。她认为已经不再有怀疑:陌生女人不

17 末代沙俄公主的悲惨岁月

是别人,就是俄国大公女儿之一,就是俄国末代沙皇尼古拉二世的死里逃生的女儿。使她坚信这一点的是,她发现她的病友与三位大公女儿中的一个长得酷似,这位大公女儿的照片就登在《柏林画报》上,那是场可怕的悲剧发生前的最后留影。

＊　　　　＊　　　　＊

1918年7月16日至17日夜里,在乌拉尔小城叶卡捷琳恩堡,俄国皇帝一家呆在专门为他们设置的监狱里,即商人伊帕基耶夫家里。

尼古拉二世退位后不久,在1917年3月15日,皇帝一家被关押在察伊科耶塞洛。5个月之后,人们又将这些犯人解送到托博尔斯克。1918年5月,又将他们送到叶卡捷琳恩堡。

时间慢慢过去,显得那么漫长,压抑得使人痛苦不堪。这种状况一直持续到7月16日,在这一天夜里,在半夜12点至凌晨1点之间,一队武装人员突然冲进了伊帕耶夫家里。他们的头领是尤罗夫斯基政委,他是看守这幢房子的警察与士兵们的头头。

图三十八　末代沙皇全家合影

他们命令这所房子里的人下到地下室一小房子里去。过了一会儿，11个人就全挤在一个小地窖里，又冷又怕。他们是：怀里抱着儿子的沙皇；皇后；4位大公的女儿：奥尔加、塔吉扬娜、玛丽亚、安娜斯塔西娅；沙皇的医生布特金；女佣人德米多娃和两名忠实的仆人。

人们一点也不耽搁，尤罗夫斯基将手枪对准尼古拉二世。他高叫：

"你手下的人想救你出去，但是没有成功。我们只好枪决你。"

他已经扣动了扳机，尼古拉二世倒下去死了。在可怕的尖叫声中，枪响了20多下。之后，是死一般的寂静……地下的血流了一大片，11具尸体横七竖八地躺着。

尸体尚有余温，就被扔到一辆卡车里，运到城外25公里的科帕基树林里。卫兵们在一处林中空地上，将尸体切割成块，将硫酸泼在切割开的四肢上，之后倒上汽油，点火烧了。

烧剩下的部分则扔进灌满水的废矿井里。衣服也烧了。烧衣服留下的灰烬也扔进井里。

几天之后，白俄又夺回了叶卡捷琳恩堡。索科洛夫法官负责对尼古拉二世和他的家属之死进行调查。他收集了大量的证词与资料，证实了我们刚刚叙述的无可辩驳的事实经过。

另外有两人也参加了调查，他们是驻俄国的英国《泰晤士报》记者罗伯特·威尔斯顿和前沙皇儿子的家庭教师皮埃尔·吉亚尔。从他们从整个叙述中，可以得出下列明确结论：安娜斯塔西娅没有在扫射中死去。罗伯特·威尔斯顿后来发表的士兵雅米科夫的证词说："在沙皇一家人中，只有安娜斯塔西娅是被刺刀扎死的。"皮埃尔·吉亚尔则写道："安娜斯塔西娅·尼古拉耶芙娜只是受了伤，凶手走近时，她高声尖叫，结果被刺刀捅死。"

但是，索科洛夫在那可怕的井里进行了挖掘。他在井里发现了两个女拖鞋扣环，上面镶有宝石，还发现了别针、撅钮、13枚珍珠、两枚小金环和一些黄玉块。最后，还有6个妇女胸衣撑和6个裙撑。然而，在伊帕基耶夫的地窖里，确实有6具女尸：皇后，4名大公女儿和他们的女佣人德米多娃。

上述细节对普塞尔特小姐并不重要，她已经认出了她的那位大公女儿，她觉得这已足够了。不过，安娜斯塔西娅事件也从她这里开始了。事实上，普塞尔特小姐是在1922年1月20日离开达尔德夫的。没有几周，她在柏林的俄罗斯教堂碰见了施瓦贝上尉,他是俄国移民,原来属于皇太后重骑兵团的。她同他谈到与她住在达尔德夫精神病院同一房间的那个陌生女人,他对她发现的相似之处发生了极大的兴趣。

施瓦贝先生十分感动,于3月8日到了达尔德夫。4天后,他又带了4名俄国移民回来,其中有泽奈德·托尔斯泰夫人和她的女儿。陌生女人见他们进来,想把脑袋藏起来。托尔斯泰母女温和友好地向她提出问题,她拒不回答,而且她哭了起来。她哭哭啼啼……结果没有问出任何情况。

在此次见面之后,托尔斯泰夫人和她的女儿宣称她们认出了大公女儿塔佳纳。其他俄国移民也蜂拥而至,纷纷来到达尔德夫精神病院。在柏林的俄国人当中,人们越来越气愤:能将这位可能是末代沙皇的女儿扔在精神病院不管吗?原俄国的县警察局长克莱斯特要求将陌生女人接到他家里去住。他得到批准,于是少妇于1922年3月22日离开了精神病院。

克莱斯特男爵渐渐取得了这位神秘少妇的信任。首先。他设法让她说明了自己的身份,因为一些俄国移民根本不认识她,另一些俄国移民认为她是塔吉扬娜或者是安娜斯塔西娅。克莱斯特在一张纸上写了两个名字:塔吉扬娜和安娜斯塔西娅,他要求少妇指出哪一个是她的名字。她的手指放在安娜斯塔西娅上。

后来,少妇终于对克莱斯特讲述了下列经过:

"在叶卡捷琳恩堡的伊帕基耶夫家里,当屠杀开始时,我就躲在姐姐塔吉扬娜的背后,她当场被打死。之后,我也受了伤,失去知觉。当我醒来时,我躺在一名士兵家里。是他救了我的命。他名叫亚历山大·察伊科夫斯基。我同他一起到了布加勒斯特。1918年末,我有了一个儿子,我同亚历山大·察伊科夫斯基1919年1月18日正式结婚。当年8月,我的丈夫在布加勒斯特的一条街上遭到枪击,3天后死去。"

少妇还说,可以通过她留在婆家的她那带有缩写字母的内衣和她那被子弹打透了的外衣来证明她的身份。

后来,她又提供了其他细节。她是同察伊科夫斯基全家——父母和两兄弟——一起逃出俄国的。她在布加勒斯特生的儿子叫阿列克塞。因为将珠宝缝在她的衣服里带出来,她与察伊科夫斯基一家人才能在罗马尼亚活下来。

丈夫死后,她决定去柏林,因为她的姑妈和她的教母、普鲁士的伊雷妮公主就住在柏林。她同内兄弟谢尔盖·柴柯夫斯基一起出发。到达德国首都后,她突然自惭形秽,不敢去见姑妈伊雷妮,因为她身为俄国公主,却被一名普通士兵破了身子,又有一个私生子……一天晚上,她同谢尔盖一起离开了旅馆。她漫无目标地向前走去,她沿着一条运河踽踽而行。黑色的河水不可抗拒地吸引了她,她跳进河里。

察伊科夫斯基夫人——报纸上这样称呼她——的故事在整个欧洲迅速传开了。她说的是真话吗?其中是否有诈?诈骗者肯定对罗曼诺夫家族的财产垂涎已久,因为人们传说这笔财产存在英格兰银行里。也许,这个女人只是一位精神病患者?世界各地的人都提出了这一问题。

大家极为关注的这个人是一位可怜的长期病号。因患有骨结核,她被迫不断进行治疗、疗养和动手术。1925年,一位俄国籍的巴尔干女难民拉特赫列芙对她寄予同情。她认为这个女病号绝对诚实可靠,因此对她关怀备至。与此同时,她又搜集她所保护的女人身份的有关资料。后来,她出版了一本巨著,名叫《安娜斯塔西娅?关于尼古拉二世沙皇的最年幼女儿的生死调查》。拉特赫列芙夫人的结论毫不含糊:察伊科夫斯基夫人无疑就是阿纳斯塔西娅大公女儿。

但是,当此书发表时,"假定人"到美国已经一年多了。俄国的克谢尼娅公主——后来成了利兹夫人——邀请她前去美国。察伊科夫斯基夫人在美国起了一个美国人好念的名字:安德森夫人。但是,这位女病号仍保留了她那不合群的性格。后来同利兹夫人闹翻了,于1931年回到了德国。

在德国,她住在扎克斯——阿尔滕堡亲王为她提供的在黑森的一处房子里。她住的这所房子四周有高耸的围墙,围墙上有铁丝网,还有狼狗日夜巡逻。1968年,发生了戏剧性的变化:她再次去美国,在那里,她也许找到了个人幸福:她结婚了。安德森夫人的美国丈夫从年龄讲可以当她的儿子。但他坚信自己娶的是一位大公女儿。

二次世界大战后,这一事件重新成为热门话。人们又写了不少关于她的文章。但时常是乱写一气,有时甚至是胡说八道。

然而,这一事件可以归结为赞成与反对这两大类的论据,这些论据就构成了"安娜斯塔西娅案件"。

论战时,人们常常将这些论据歪曲了。所以,我们在下边叙述时,仅仅重述了严格的史实,去掉了所有修饰部分。

显然,首先应了解,大公女儿安娜斯塔西娅从屠杀中幸存下来的客观可能

17 末代沙俄公主的悲惨岁月

图三十九 安娜斯塔西娅公主　　　图四十　末代沙皇的五个子女(从左至右)：
塔吉扬娜，安娜斯塔西娅，阿列克谢，玛丽亚，奥尔加

性如何。

按官方说法，沙皇一家人在叶卡捷琳恩堡屠杀中全部丧生，但是，也绝不排除，沙皇的其中一个女儿可能会死里逃生。根据可靠的资料，在沙皇的女儿中间，只有安娜斯塔西娅是被刺刀扎死的。人们曾举例说，有这样一种情况：一些人被枪决，人们以为他们死了，可是后来他们又活了下来。我本人就认识一位巴黎治安警察，他在解放时期被德国人枪决，但他还一直活着。钢琴家阿兰·罗曼也有同样的遭遇。但是，在此情况下，"死里逃生者"身上不可避免地要留下枪伤。有两位证人告诉我们，安娜斯塔西娅是被刺刀捅死的。因此，安德森夫人应表明她身上留有刺刀的伤痕才对。在当时，此案的情况十分特殊，责任十分重大，无法想象，执刑的人不把事情干完就草草收兵。然而，实际情况是怎么回事？

安德森夫人作过好几次身体检查。对此，伯诺埃费尔教授可以作证：在头骨上，没有发现任何严重的外伤痕迹。在右耳后面，有一条2至3公分的狭长伤口，下面的骨头上似乎也有一道与伤痕相吻合的痕迹。在用手抚摸头上的有头发的部位，没有发现任何变形之处或任何说明头骨过去受过重创的特征。拍 X 光片的结果，也未发现头骨受过伤害。

诺贝尔大夫也证明：她的左筛骨、左臼齿与左蝶骨有阴影；缝间骨似乎稍稍变形；右耳道上方有阴影；上颌骨和下颌骨有缺陷；缺了几颗牙齿。

艾特尔夫人也证实：她左手中指偏向食指的部位有一长道伤痕，约2公分

长,这是来自儿童时代的伤疤,使这个手指不能弯曲。右耳后,可以看见一条表皮伤痕。右脚大脚趾严重变形。

作为有可能被刺刀刺伤的痕迹,安德森夫人身上只有两处,一处是右耳后面,另一处是左手中指,每处伤痕只有2至3公分长。而且,关于手指上的伤疤,安德森夫人自己解释说,那是在俄国时,她的手被汽车门挤压造成的。也就是说,她自己承认这一伤疤不是在叶卡捷琳恩堡留下的。我们只能这样设想:执行者为了杀死她,只用刺刀在她右耳后轻轻一划。如今,安德森夫人的支持者们举出她身上某些伤疤,特别是肘部的伤疤,声称那就是屠杀后留下的。其实,那只是她在德国期间作骨结核手术时留下的伤疤。对此,格雷夫医生的手术报告已经无可辩驳地证明了这一点。

那些所谓被枪托打掉的牙齿,实际上是陌生女人在达尔德夫精神病院时,应她本人的要求,医生给她拔下来的。再说,当时留下的陌生女人的颌骨草图也表明,牙齿缺少的情况是不整齐的,即每隔两颗牙缺一颗或每隔三颗牙缺两颗牙。要造成这一结果,执刑者必须用特别小的枪托,甚至是玩具枪的枪托去揍她,而且揍的时候,又得像牙外科医生那样小心准确。

我们已经知道,安德森夫人在达尔德夫时为什么要拔掉一些好牙。她向一名护理人员透露,她想使自己"让人认不出来"(详见达尔德夫病院病人病历)。

第二个问题:安德森夫人是不是存心骗人?对此,可以给予否定的答复。甚至连这位"假定人"的反对派也承认她是诚实的。阿纳斯塔西娅的姑妈奥尔加大公夫人在1927年写道:"她给我的印象是,她真正觉得自己就是安娜斯塔西娅。"沙皇尼古拉二世的孩子们的家庭教师皮埃尔·吉亚尔是威斯巴登诉讼案件的主要"反对派",他也承认:"我们似乎觉得,察伊科夫斯基夫人(对她,我们深表同情)的确认为,自己就是安娜斯塔西娅。"

好几位医生与神经科医生为安德森夫人看过病。他们的绪论可以概括如下:她的病情说明,她没有任何故意说谎的症状。洛塔尔·诺贝尔医生断言:"从心理学的角度讲,一个人故意装成另一个人时,像这位女病人现在这样的表现,即几乎不采取任何主动去完成预定计划,这是很难令人置信的。"(见1926年报告)。萨阿特霍夫医生也在1927年12月表示坚信,这个陌生女人故意去装成另一个人是不可能的。伯诺埃费尔教授的意见也是如此,即她不可能去故意骗人。艾特尔医生也认为,"未发现她有癔病,欺骗症或记忆丧失症的病。"

安德森夫人的支持者们指出,"柏林陌生女人"一案与过去的典型骗子不一样,例如,同那些假路易十七就不一样。他们在某一天公开露面,就立即高喊:"我是路易十七!"这里情况绝然不同。是一些外国人,一些白俄人得到了普塞尔特夫人的消息后,来到达尔德夫精神病院,希望能认出俄国的大公女儿。陌生女人从未声称自己是大公女儿。当别人同她讲话时,她只是躲在一边哭泣。在很长的时间里,她拒绝回答向她提出的任何问题。只是到了后来,克莱斯特男爵取得了她的信任之后,她才终于"承认"她的名字叫安娜斯塔西娅,后来又接着承认她是尼古拉二世的女儿。支持者们指出,"这一过程与通常骗子的作法完全矛盾"。

安德森夫人的反对者们反驳说,事情一开始就显得怪谲,这正好说明她是"故意骗人"。有一天,达尔德夫的女病人看见一些她不认识的人走进她的房间,而且他们显得十分激动。一份报告说明了事情的经过:"两位夫人哭泣着向她出示了一些小圣像,一些照片,在她耳朵边说了几个人的名字。女病人什么话也没有说,看上去十分激动,痛哭流涕。安德烈耶夫斯基向她讲话时,称她为殿下,这好像使她感到特别吃惊……"

这样,就造成了一种环境,一种气氛。在后来的探视过程中,有些人向女病人直说她就是安娜斯塔西娅或塔佳纳,奇迹般地从屠杀中幸存下来。反对派们解释说,于是这在她的脑子里渐渐形成了概念。这位遗忘症患者把自己的身份"扔"在边界堡垒运河里去了,此刻她又找到了自己的身份。帷幕揭开了,她就是安娜斯塔西娅·尼古拉耶芙娜!她那可怜的大脑就开始胡编了。因为一开始,在同情者去向她大发慈悲,帮助她"找回记忆"之前,她所说的一切都是假的或者几乎都是假的!例如,1918年3月,她仍同父母住在一起,她怎么可能在1918年12月5日,即9个月之后,突然生下了她的救命恩人察伊科夫斯基的儿子?士兵察伊科夫斯基最早也只能在7月下半月"利用她的昏迷状态"对她作了手脚。

另外,在安娜斯塔西娅的姑妈、罗马尼亚王后玛丽的支持之下,进行了十分缜密的调查,旨在发现这位"假定人"在布加勒斯特的足迹。人们又去寻找亚历山大·察伊科夫斯基丧命的巷战地点。在那个时期,事实上没有发生过任何巷战。关于陌生女人的儿子,小阿列克塞的命名仪式,人们又询问了所有的教士,结果还是一样:没有任何人记得,也没有任何线索。

最后，当沙皇全家都被剥光衣服，而且安娜斯塔西娅的胸衣也被扔进科帕基树林的废矿井里之后，安娜斯塔西娅又怎么可能带走她在叶卡捷琳恩堡之夜穿的衣服？我们要提醒注意，索科洛夫法官在矿井里发现了6件胸衣撑，这说明在叶卡捷琳恩堡的地窖里，有6名女人。

如果要接受安娜斯塔西娅被人救走的说法，就要承认下列假设：在人们把尸体扔到卡车上，把尸体的衣服脱下来之后，在将尸体切割成数段、烧掉之前，一位陌生朋友将尸体换过了。也就是说，他要在15名红军士兵的眼皮底下，在那个红军来回巡逻的狭小地方，将裸体尸首用另一具尸首对换过来。还要提醒的是，安德森夫人说，她与她的救命恩人是靠变卖缝在她衣服里的珠宝才活下来的。

那么，陌生女人讲的语言又是怎么一回事呢？

在圣彼得堡，大公女儿的俄语说得很好，那是她的母语，英文说得不坏，法语则说得蹩脚，只会说几句德语。人们通过皮埃尔·吉亚尔透露的情况得知，安娜斯塔西娅和大公女儿们向克莱因贝格学习德文。皮埃尔·吉亚尔叙述说："克莱因贝格同我在教外语时，遇到很大困难，因为大公女儿们除了我们上课之外，没有其他机会讲德语与法语，因此，她们从不讲德语，讲法语时也是结结巴巴。"

布克霍埃弗登男爵夫人是宫中女官，从1913年到1918年一直陪伴沙皇一家人，只是在叶卡捷琳恩堡屠杀前6个星期，才离开他们。关于安娜斯塔西娅，她指出："她只会讲几句德语，而且说起来时，又带上浓重的俄国口音。宫中仆人沃尔科夫的证词也是如此。然而，当陌生女人于1920年到达达尔德夫精神病院时，她虽然有外国口音，但德语讲得相当流利。例如，她说：'大夫，你也许不了解情况。'然而，按照她自己的说法，她到柏林也才有几天时间。这以前，即出逃之后，她一直同察伊科夫斯基一家人生活，而这一家人是讲俄语或者讲波兰语的。她在哪里、在何时学会了讲如此流利的德语的？"

陌生女人的支持者们在1925年声称，他们的"假定人"是在呆在柏林的病院与医院的长时间的过程中学会德语的。但是，他们没有考虑到一个基本事实：她一到达尔德夫时，她就能听懂德文，能讲德文，也能看懂德文。人们一般认为，从严格意义上来说，像叶卡捷琳恩堡屠杀这样大的刺激，会导致记忆力丧失症。但是，不幸的是，记忆力丧失症只会导致忘掉某种语言；无论如何，记忆力丧失症不会让人学会原来不懂的语言。

关于俄文,在20世纪20年代,陌生女人似乎能听懂,但不能讲。"她似乎既不懂法文,又不懂英文",尤索波夫亲王的证词就是这样说的。艾特尔医生在1926年也证明:"女病人现在自己要求学习英文。"现在,她能听懂并能流利地讲上述语言。差不多50年过去了,记者维克·范斯先生于1960年11月遇见她,她用英文同他讲话。他自然地记下了下列感想:"那是她脱口而出的话,而且是用英文说的,声音很低。英文已经成了她说的第一语言,也是她唯一会说的语言。"人们就是这样来编写历史的。

*　　　　　*　　　　　*

面对这一事件,人们的脑子里马上会出现一个念头:从1918年安娜斯塔西娅失踪到1920年陌生女人的出现,中间差不多有两年的时间。大公女儿童年时代的许多见证人,在十月革命之后仍然活着。在如此重要的争论中,去征求他们的意见,将是正常的、必要的和具有决定性意义的。这样做之后,问题也许会得到解决,而且是彻底的解决。人们为什么不这样去做呢?

人们当然这样做了。

但是,争论并未因此而结束。因为一部分证人支持察伊科夫斯基—安德森夫人的身份,另一部分人则指责这是骗局。

让我们首先谈谈反对派。普鲁士的公主伊雷妮是安娜斯塔西娅的姑妈与教母,也就是察伊科夫斯基夫人声称想去柏林寻找的但又无颜相见的人。她于1922年8月在格隆贝医生家里见到了陌生女人。她离开时,"坚信这个陌生女人不是她的侄女"。她在后来的证书上也是这么措词的。

俄国大公夫人奥尔加是她的另一位姑妈,她于1925年10月末在蒙森疗养院拜访了察伊科夫斯基夫人。她是大公女儿们最喜欢的姑妈。1927年2月28日,她在证词中写道:"无论从身体外表,声音和性格方面讲,我均未发现她与我侄女安娜斯塔西娅有相似之处。"然而,奥尔加大公夫人绝不是事先就怀有敌意。见面的3个月之前,她还恳求皮埃尔·吉亚尔去看看陌生女人:"如果她真是那可怜的孩子呢?只有上帝知道!如果让她一个人生活在贫困之中,而这一切又全是真实的话,那将是极大的犯罪……求求你,尽早去看一看。"对于大公夫人奥尔加来说,结果使她非常失望。这样,她的不利的证词就更有分量了。

前面我们曾提到,宫中女官布克霍埃弗登只是在叶卡捷琳恩堡惨案前6个星期才离开沙皇一家人的。她也于1922年3月12日到达尔德夫来探望陌生女人,也就是说,那时距她最后见到大公女儿安娜斯塔西娅才刚刚4年。她发现女病人与大公女儿之间的"外形没有任何相似之处"。她还具体说明:"她的眼睛与额头与大公女儿塔佳纳·尼古拉耶芙娜稍微有点相像。但是,一旦她的脸不再蒙上,这种相像之处就马上消失了。"

皇后原来的仆人沃尔科夫于1925年6月2日与3日见到了陌生女人。当年,他一直陪同沙皇一家人到叶卡捷琳恩堡。他发表的声明也是毫无余地的:"她不可能是大公女儿安娜斯塔西娅。"

持此意见的还有尼古拉二世的前侍卫官萨布林上尉与莫尔德维诺夫上校,菲利克斯·尤索波夫亲王,特别是皮埃尔·吉亚尔和他的妻子。我前面已经提到皮埃尔·吉亚尔这个名字,他是沙皇女儿的家庭教师,他从1905年秋天到1918年5月,一直同沙皇一家人共同生活。第一次大战之后,他与大公女儿们的女监护人亚历山德拉·特格雷娃结婚。大公女儿们亲切地称呼特格雷娃为"舒拉"。他们两人于1925年7月27日去"假定人"家中。他们一看,除了眼珠的颜色外,发现她与他们过去的女学生毫无相似之处。

察伊科夫斯基夫人也没有认出她原来的老师和皮埃尔·吉亚尔夫人,还错把后者认成是"她的"姑妈奥尔加。人们指着舒拉再三问她:"她是谁?她是谁?"她只是低语:"她是我父亲最年幼的妹妹。"就在大约相同的时期,人们曾告诉她,"她的"姑妈奥尔加要来看她。所以,她既没有分辨出舒拉,也分辨不出姑妈。

皮埃尔·吉亚尔先用法语,后用英语,最后用俄语同她讲话。但是,这位女病人似乎一点听不懂。讲话只好用德语进行,而这恰好是安娜斯塔西娅小时候一直不愿学的语言。没有任何事情能比这次谈话更让人失望的了。但是,吉亚尔夫妇一直努力不流露出任何敌意,他们竭力取得陌生女人的信任。

皮埃尔·吉亚尔和他的夫人向察伊科夫斯基夫人提出一连串的问题,却没有得到任何答复。这位前家庭教师说:"女病人连一个问题也答不上来。"

几年之后,即1929年,这次见面的结果发表了。那是一本证据确凿的书:《冒名的安娜斯塔西娅,自称是俄国大公女儿的女人之故事》。皮埃尔·吉亚尔在书中同前彼得格勒重罪法院院长康斯坦丁·萨维奇合作,试图揭穿这一骗局。

罗曼诺夫家族的成员几乎一致地拒绝承认安德森夫人。首先,安娜斯塔西娅的祖母玛丽·菲奥多罗芙娜太后就持此态度。这个家族声称完全相信普鲁士的伊雷妮公主、奥尔加、亚历山德·罗芙娜大公夫人、布克霍埃弗登男爵夫人以及皮埃尔·吉亚尔先生和夫人的证词，因为他们曾同大公女儿安娜斯塔西娅朝夕相处。对于沙皇的孩子们的牙科医生科斯特里茨基先生的证词，沙皇家人也十分重视，这位医生于1918年在托博尔斯克为安娜斯塔西娅进行了最后一次诊断，他还保存了安德森夫人的上、下颌骨的石膏模子。他证实，根据这些模印可以断定，"这些牙齿的模印和颚骨的形状，与大公女儿安娜斯塔西娅·尼古拉耶芙娜的牙齿与颚骨结构毫无相似之处"。

当然，俄国的克谢尼娅公主承认了安德森夫人，而且还于1928年在美国接待了她。应该说明，克谢尼娅是1914年春天，即她本人10岁半时离开俄国的，当时安娜斯塔西娅也就11岁半。当然，俄国安德烈大公也承认了安德森夫人，而且这一承认已经被人充分地加以利用。但是，大公未见本人之前，就宣布相信她，因此，他所采取的立场能有多大的价值呢？再说，大公本人也是在第一次大战前就离开了俄国。他后来同一位著名的舞女的婚事未得到承认，所以，他同沙皇家人的来往实际很少。他自1926年11月起，就相信此事为真。但是，仅仅到了1928年1月31日，他才见到安德森夫人本人。他写道，是因为"某些情况"使他"坚信"这一点。但那是一些异乎寻常的证据，因为大公曾声称他是"通灵术"的忠实信徒。而且，安德烈大公去世之前，曾写信给大公夫人奥尔加，说他不再相信安德森夫人就是阿纳斯塔西娅了。公正地说，克谢尼娅公主和安德烈大公的证词没有任何价值，无论是法律界还是历史学家均不能以此为凭。

因此，可以这样说，安德森夫人没有得到安娜斯塔西娅的家人中任何一位有资格成员的承认，这一点是非常重要的。当然，安德森夫人的支持者指责沙皇家人居心叵测、变幻无常、讳莫如深等等，他们的目的是竭力防止安德森夫人被正式承认为沙皇的女儿，从而夺走末代沙皇存在英格兰银行的巨额资产。尼古拉二世真的拥有这些存款吗？最近，安德森夫人的最狂热的一位支持者格列巴·布特金写道，他有证据证明"沙皇确实在英格兰银行拥有存款，而且数目达1000万美元"。这完全是虚假的证据。人们现今已经知道，沙皇存在外国的款子已于第一次大战初期提回国内了。最近，一位俄国人士对我说，沙皇的行动出于爱国之心，后来好几家俄国贵族还以他为榜样。沙皇在国外只有一小笔存款，不到100万旧法郎，目前这笔钱存在德国，早被人民政权"冻结"了。

察伊科夫斯基夫人反对者们的观点就回顾到这里，它们是很能说明问题的。现在，应该去了解一下她的支持者的观点。

虽然女病人患的全身性结核病使她身体十分虚弱，并且医生也证实她患有记忆力丧失症，但是，她仍然能回忆起某些往事。有好几次，她援引一些准确的简单的事实，使同她谈话的人相信，他们面前的女人就是真正的俄国大公女儿安娜斯塔西娅。

有一天，来访者奥斯滕·萨肯男爵当着她的面用烟嘴抽烟。他使用的烟嘴样子很怪，就像一个小烟斗。陌生女人突然激动起来，她好像认出那是他父亲尼古拉二世的烟嘴。来访者被问及此事时，透露说，这个异乎寻常的烟嘴是圣彼得堡一家商店为他专门制作的，而这家商店同时又制作了另一个同样的烟嘴上贡给沙皇。

还有一件回忆：俄国医生鲁德涅夫教授于1914年宣战的那一天，陪同他的有一位同事沿着莫斯科的宫殿墙根往前走。突然，他接到一个纸团，那个纸团是从皇宫的一扇窗户扔下来的。后来，鲁德涅夫见到了陌生女人，就问她，宣战那一天她在干什么？察伊科夫斯基夫人笑了起来，说：

"哦！说起来真叫人不好意思！我和我姐姐在干傻事：我们向行人扔纸团！"

某些俄国移民在安德森夫人身上发现了某些相似的性格，所以毫不犹豫地承认了她。例如，沙皇的医生布特金大夫的女儿，梅尔尼克·布特金——布特金本人也同沙皇全家一道在叶卡捷琳恩堡被杀害——就庄严地声明，她认出了安娜斯塔西娅的五官，特别是眼睛、眉毛和耳朵以及身材和个头。梅尔尼克·布特金女士曾有机会在皇宫，特别是在儿童舞会上，见过大公女儿玛丽和安娜斯塔西娅。

毫无疑问，在承认她的人中，给人印象最深的是原皇家卫队龙骑兵团的上尉菲利克斯·达塞尔。1958年，威斯巴登的法院详细地听取了他的证词。他的证词催人泪下。达塞尔先生患有急性哮喘症，他费了九牛二虎之力才将事实告诉给法官们。

他叙述说，他于1927年去探望陌生女人，当时她住在洛伊希滕贝格公爵城堡，他本想去揭露她的骗局。因为他本人于1916年在加利西亚战场受伤，后来被送到察尔科耶塞洛医院治疗，而恰恰是大公女儿们负责照管这一医院。关于阿纳斯塔西娅的情况，他记忆犹新，他表示愿意将这些回忆说出来让其发挥作

17 末代沙俄公主的悲惨岁月

图四十一 俄国末代四位公主(从左至右):安娜斯塔西娅,塔吉扬娜,玛丽亚,奥尔加

图四十二 公主们的合影(从左至右):塔吉扬娜(立者),安娜斯塔西娅,玛丽亚

用。洛伊希滕贝格公爵在接待他时,对他说:

"我将女病人接到我家里来,因为一切均证明她的确是大公女儿安娜斯塔西娅。她小的时候,我只匆匆见过她两三次,所以,对于我的客人是否真与大公女儿相似或者说对于她的真实身份,我无法作出判断。但是,我知道,她属于整个社会。"公爵特别强调上面这一句话。"她身体很弱,左臂患有结核症,经常发烧。但是,即使发烧,她还是同一副模样。我的朋友以及我本人对她进行了详细观察,但从来没有想过,这个饱经忧患的可怜女人会给我们耍花招。这是不可能的……她很难伺候,有时真叫人受不了,甚至很粗暴。但是,她的态度明显地想表示:'我是超越一切之上的人',我只能来自我所来的地方,在那里,对于沙皇的每天任何一项小小的敕令,均不得有任何违抗。"

达塞尔在得到洛伊希滕贝格公爵的同意之后,制定了下列作法:

"我拟定一项计划,同公爵讨论之后,将马上付诸实施:我用纸条记下我回忆起来的医院生活细节,之后将纸条放在信封里贴好,内容不给任何人看,最后交给公爵封存。在接待几次来访之后,再将我所写的与女病人的说法相比较。这样,我们就拥有一种检查办法,并且利用这一方法,可以了解事情的真相。当然,从严格的法律观点讲,这种方法也是无懈可击的。"

但是,要等待女病人的病情稍稍好转一点才行。终于,有一天下午,达塞尔得知察伊科夫斯基夫人"将很高兴"在下午接见他与公爵,但是,她身体不太好,不能离开病床。因此,会见只能有几分钟。让我们再看菲利克斯·达塞尔是怎么写的:"一个女人躺在沙发上,被子一直盖到下颌,她用手绢捂着嘴。公爵用热情友好的语调对她说:

'亲爱的孩子,我给你带来一名原来的龙骑兵。你不用起来,我们过一会儿就走。'"

"我出于一种本能的驱使,向病床走了一步,一跺靴底立正,向她作自我介绍:'殿下,龙骑兵团上校……'"

"是的,我试图作自我介绍,但是,我只能低声念叨一些听不清的词句,无法说完一个句子,因为一只发抖的小手抬起来:她像过去一样,用同样的姿态打断介绍,那姿态也像过去那样充满权威性。我的目光朝她的眼睛看去,她盈眶的泪水,不自主地流到手绢上。"

"我的面前是一张陌生的瘦削的脸,因神经质的抽搐而发抖,泪水涔涔而下。她的眼睛只有细微的皱纹……我看不见她的嘴,因为她那长长的白皙手指拿着手绢捂在嘴上。这两只手,这些手指……"

"一股强大的激情通过她的全身。从躺着女人或者说躺着一个直视我的影子的沙发上,发出一股神秘的力量……"

"我一句话也说不出来。这张脸对我来说是陌生的,但是……这两只手,这些手指……从某种意义上讲,它们在向我倾诉,它们想抓住我不放。我离开了房间,在外面漫步了几个小时。到了晚上,我才回到自己房间,试着看几页书……"

具有决定意义的会见是在两天后进行的。这一次,达塞尔下了决心,一定要弄个水落石出。他故意同陌生女人谈到一些不准确的事实,以诱使她上当。

此次女病人感觉好多了,也不那么紧张了,也可以说话了。洛伊希滕贝格公爵故意把话题引到察尔科耶塞洛医院。达塞尔谈到伤员可以打台球以消磨时间。他故意说这张台球桌放在"楼上的一间房子里"。

女病人微弱的声音打断他的讲话,

"不对!不在楼上,台球桌放在楼下,你记不起来了吗?"

公爵与达塞尔两人面面相觑。之后,他们又不露声色地谈起大公女儿们几乎每天来医院探视。达塞尔声称沙皇儿子阿列克塞总是跟着姐姐们一起去。她

再一次打断讲话,而且口气更坚决:

"唉!你全忘了!我们每周只能去两三次,而且阿廖沙从来不跟我们一起去。"

"是这样!"达塞尔回答,他心中十分激动。

此时,他有一种奇怪的感觉,但他一点也不流露出来。他将一些照片给女病人看。她的目光落在一张照片上,说:"他是谢尔盖耶夫上校,是我喜欢的那个性格开朗的谢尔盖耶夫上校,因为他太恨拉斯普金,才倒了霉。"女病人迅速地看了我一眼,我正要开口说话,她突然咯咯地笑起来,她的笑声一直在我的耳边回响。那笑声有点沉闷,有点断断续续,但是,同过去的笑声一模一样……我再也坐不住了,我站了起来,抓住椅子靠背。

"他是手插在口袋里的男人",在我身边因发笑而颤抖的女人这样说,"我看见了——我的眼睛突然亮起来——我看见了安娜斯塔西娅的高兴而调皮的眼睛,她是全家的'小祖宗'。她的眼睛很像亚历山大三世,当她咧嘴笑时,眼睛里总闪烁着火花。"

"'手插在口袋里的男人'……对了,对了,当时人们是给他起了这个外号。自然,我早就忘得一干二净了。正是安娜斯塔西娅给他起的外号。因为当时前线的战士都容易感情冲动,而且直来直去,从不装模作样。他们在同大公女儿们讲话时,往往忘掉自己的身份,把手插在口袋里。"

"这个外号使大公女儿们十分开心,因为她们每天所见的,全是军人的生硬姿势和宫廷侍从人员及群众的奴颜婢膝。虽然安娜斯塔西娅在叫外号时嬉皮笑脸,玛丽亚仍不准年幼的妹妹使用这一外号。不过,她在讲话时,不时漏嘴,继续使用这一外号。"

"我突然认出她来,我对此深信无疑。"

*　　　　*　　　　*

在此类案子即确定身份的案子中,只是列举各种人的证词是不够的,还应衡量一下每一份证词的分量。格列巴·布特金——继他之后还有其他安德森夫人的支持者——曾对皮埃尔·吉亚尔先生和夫人等人提出严重的指控,指责他们同安娜斯塔西娅的两位姑妈串通一气。但是,对于这一严重指控,他们又拿不出任何证据来。人们在此之前已经看到,发现安娜斯塔西娅的德文练习簿一事本来应彻底挫败皮埃尔·吉亚尔,结果也不了了之。因为这位家庭教师本人

在他的那本著作里也谈到,安娜斯塔西娅曾向克莱因贝格学习过德文。反过来,吉亚尔先生也毫不客气地驳斥布特金的证词:

"梅尔尼克·布特金女士很少到皇宫里来,她遇见大公女儿们的机会微乎其微。要证明这一点,只要读一读她于1921年(察伊科夫斯基夫人出现之前)出版的回忆录就行了。在托博尔斯克,她与沙皇一家人完全隔离,同他们毫无接触。"

吉亚尔先生还补充说:

"我所说的梅尔尼克女士的情况,对她的哥哥格列巴·布特金更适用。他自诩为大公女儿们的'牌友'。是他在美国创建"俄国阿纳斯塔西娅大公司"将安娜斯塔西娅之谜变成了'商业手段'。公司的宗旨是收回沙皇可能存在英格兰银行的几十亿存款。人们现今已知道,这笔存款根本不存在。"

安德森夫人的支持者们伪造了几封皮埃尔·吉亚尔夫妇给拉特赫列芙夫人的信。这些信并未抱有敌意,甚至可以说十分友好。例如信中说:"她在柏林的情况如何?她守规矩吗?"或者是:"是那只讨厌的猫吉吉把东西全吃光了吗?"或者说:"请告诉她,没有一天我不想念她,没有一天不为她祝福。"或者是:"我们将尽力帮助你完成任务,因为我们充分意识到我们的责任,我们的义务与我们的良心。我们的责任太重大了,所以不能采取其他作法。"事实上,这些信是一些好心人写的,他们不放过任何可乘之机。他们诚心诚意地希望安德森夫人真是安娜斯塔西娅。这些冒名信并没有击倒吉亚尔夫妇,相反,却证明他们是完全诚实的。此时,陌生女人周围的人却在从事一项奇特的工作。皮埃尔·吉亚尔对此为我们作了描述,"一开始,我犯了一个大错误:所有寄给我的报告,我均将其中的错误改正过来。几个月后我发现——这是与我通信的柏林朋友告诉我的——人们在柏林城里散发女病人透露的所谓消息。这些消息发表时,不是按寄给我时原来的样子,而是根据我的批示而重新校阅和修改过了!"虽然上述人不守信用,吉亚尔夫妇仍自始至终想从拉特赫列芙夫人那里得到有关陌生女人的能说明问题的细节或答复。这一任务十分艰巨。不能过分明显地表现出对拉特赫列芙夫人的不信任情绪,否则,她就会中断通信。1926年1月29日,拉特赫列芙夫人给皮埃尔·吉亚尔写道:"你们的信任使我感到吃惊,因为你们同时对女病人抱有很大戒心……你们为什么总是从否定的观点出发!"最后,4月23日,她又写道:"如果你们想向女病人表示致意,你们单独给她写信好了,因为你们的信只能引起怀疑与猜测。"他们之间的通信于1926年6月中断,

17 末代沙俄公主的悲惨岁月

这是迟早要发生的事情。

※ ※ ※

应该请专家们出面吗？1927年，指控一方拿出一件武器，这件武器后来发挥了巨大威力：洛桑警察局化验室主任比朔夫教授的鉴定。法医们认为，继指纹之后，耳朵是鉴定人的身份的最可靠手段。比朔夫教授对大公女儿安娜斯塔西娅和安德森夫人的耳朵的照片进行了对比之后，声称他鉴定的两名对象的耳朵没有任何共同之处。安娜斯塔西娅的耳朵是黑森族人的耳朵，即上耳边很小，而陌生女人则相反，上耳边下垂严重。比朔夫医生毫不犹豫地得出以下结论："察伊科夫斯基夫人与大公女儿安娜斯塔西娅·尼古拉耶芙娜不可能是一个人。"

在差不多50年中，这份鉴定对安德森夫人的支持者们大为不利。对他们来说，这太令人讨厌了。陌生女人的支持者们终于抬出了德国教授雷歇的报告。雷歇教授声称，安娜斯塔西娅的耳朵与安德森夫人的耳朵不能再相像了。雷歇教授在汉堡法院详尽地阐述了他的结论，但该法院没有接受他的结论。

能否确定陌生女人的年龄？如果她真是大公女儿安娜斯塔西娅，她应是1901年6月5日出生，到1920年5月30日，她大约19岁。因为她的外貌特征是这一天在达尔德夫医院记录下来的。然而，根据记录，她似乎是26岁到30岁之间。艾特尔医生指出，当她1926年6月25日进入奥伯斯特多夫疗养院时，"她看上去大于25岁"。

※ ※ ※

1928年，侦探马廷·克诺普特应黑森家族的要求，进行一项调查：了解察伊科夫斯基夫人的真实祖籍。他首先设法了解1920年初在柏林有哪些女人失踪。他十分幸运，发现了一份由波兰女工弗兰齐卡·山岑科夫斯基填写的警察申报表，表上的字迹与察伊科夫斯基—安德森夫人的笔迹相似。1920年之前，这位女工曾两次被关进精神病院。人们很快发现，弗兰齐卡1920年正好住在柏林并于同年2月15日失踪。

无独有偶，弗兰齐卡·山岑科夫斯基正好是在1922年夏天在温根德尔家中重新露面的，即陌生女人从达尔德夫精神病院离开后不久。当时，她好像被人追捕，所以要求人们为她更换衣服。

令人吃惊之处在于，8月12日，陌生女人从克莱斯特男爵家中逃走，克莱斯特男爵当天就报告了警察。3天之后，人们在许曼施特拉斯街上找到了少妇。这一点也不奇怪，因为普塞尔特小姐就住这条街的1号。而温根德尔一家人却是住在这条街的10号。

温根德尔夫妇声称，1920年2月15日，弗兰齐卡失踪时，她"脚上穿了一双黑色高腰系带皮鞋，身穿黑呢裙"，肩上披着"大黑头巾"。她将自己的身份证件均留在收留她的人的家里了。根据1920年2月17日警察局填写的报告，当天晚上在边界运河中捞上了一位陌生女人。报告还说，陌生女人身上没有任何证件，只穿了一条黑裙，戴了一条大黑头巾，脚穿一双高腰黑皮鞋。

机智的马廷·克诺普特还要找到一个决定性的证据：找到山岑科夫斯基的家里人。克诺普特在东波美拉尼亚的许根多夫小村子里，找到了她的家里人。具体情况是：山岑科夫斯基寡妇即弗兰齐卡的母亲患有骨结核，她同儿子和另外两个女儿住在一起，她们是格特露德和玛丽。将陌生女人的照片给她们看时，母亲和两个女儿齐声高叫她就是弗兰齐卡。她们证实，弗兰齐卡于1920年2月失踪。

现将君士坦丁·萨维奇根据山岑科夫斯基母女和温根德尔夫人的声明而确认的具体事实重述如下：

"一、弗兰齐卡在某次洗碗时，将手指头割了一道大口子，人们曾担心那根手指会因此变硬。恰好，医生也证明，陌生女人的左手中指偏向食指方向，有一道近2公分长的伤疤，这个老伤疤使那根手指僵硬。陌生女人说，这个伤疤是汽车门夹的，根据已经搜集的情况，并不是陌生女人所冒充的大公女儿安娜斯塔西娅的手指被汽车门压了，而是她的姐姐玛丽·尼古拉耶芙娜的手被汽车门挤压了。"

"二、弗兰齐卡的脚却变形，这使她的脚经常疼痛。人们知道，医生也在陌生女人的脚上发现同样的问题。"

"1916年，弗兰齐卡在通用电气公司下属的一家手榴弹工厂工作。8月29日，她在一次手榴弹爆炸事件中头部受轻伤。而陌生女人恰好在右耳后有一道表皮伤口。"

"见证人还说明，山岑科夫斯基姑娘性情高傲，说话拖声拖气，表情不自然，爱说大话，自以为高人一等。在女病人的所有病历中，这些特点均记录在案。贝格教授和其他人认为，这种高人一等的表现恰好证明陌生女人出身高贵。但是，同沙皇的女儿们很熟的沙皇的侍卫官莫尔德维诺夫上校声明,陌生女人不是沙皇的女儿,主要原因是'她太像大公女儿了',她并没有沙皇女儿们的那种平易近人的作风。所有认识大公女儿安娜斯塔西娅的见证人都指出,她天生平易近人。"

"调查还证明,山岑科夫斯基姑娘曾于1916年和1917年,先后在柏林——舍讷贝格和新鲁平两次住进精神病院而且被认为患了不治之症。她住进新鲁平精神病院时,拒绝说出自己的姓名职业和年龄,拒绝提供笔迹式样。人们还记得,陌生女人一直是这样行动的。"

"根据温根德尔母亲的证词,弗兰齐卡有时一连几个钟头在窗前发呆,不回答任何人的问题。陌生女人住在伊丽莎白医院时,病人记录上对她也有过同样的描写。在最后一段时间里,弗兰齐卡在柏林附近的腓特烈肯霍夫产业公司工作。她住进达尔德夫医院时,说自己是女工。"

最后,让我们对几个日期进行一下比较。弗兰齐卡生于1896年11月16日,所以,1920年5月,她差不多有24岁。当时达尔德夫的医生们估计她在"26岁到30岁之间。"

1920年5月,大公女儿只有19岁。

现在,只剩下将陌生女人同失踪女人的好朋友罗莎·温根德尔进行对质了。这一工作在洛伊希滕贝格城堡进行。结果如何?君士坦丁·萨维奇断言,罗莎马上认出她的好朋友弗兰齐卡。察伊科夫斯基夫人情绪激动,高叫:

"把她给我弄走!"

洛伊希滕贝格公爵是陌生女人的支持者,也是这次对质的见证人。他认为,这次对质不能绝对说明问题。不过,罗莎·温根德尔在40年后仍坚持自己的说法。她还在汉堡法院上作证,说明她对自己的看法坚信不疑:安德森夫人就是她过去的好朋友弗兰齐卡·山岑科夫斯基。

安德森夫人的支持者们总想抹杀罗莎·温根德尔证词的作用。他们就下列不可否认的事实大做文章:报纸在发表罗莎·温根德尔的证词后给了罗莎·温根德尔一笔酬金。不过,还有另外一个情况,其重要性也不容忽视,即在马廷,科诺普夫进行调查的过程中,罗莎·温根德尔居然——拿出了弗兰齐卡1922年8月出逃时留在温根德尔家中的"连衣裙,大衣,皮鞋,带有A·R字母的裤子,几顶帽子和一张有俄国沙皇一家人画像的明信片。"

后来，将这些东西拿给曾收容陌生女人的克莱斯特男爵夫妇看，他们毫不迟疑地认出，"所有上述物品均属于陌生女人"。但是，一件白衬衣和一件粉红色胸衣除外。而那两件衣服恰恰是侦探故意混进其他衣物里去的。克莱斯特男爵补充说，那件大衣还是他本人去"以色列商店"买来送给陌生女人的。男爵夫人也说，"裤子上面的字母 A·R——即阿纳斯塔西娅·罗曼诺娃的缩写——是她绣上去的"。除非怀疑克莱斯特男爵的诚实正直——这未免太过份了，但也不排除安德森夫人的某些支持者会这样做——人们在这里似乎拥有一个能证实山岑科夫斯基-安德森夫人身份的很有说服力的证据。我们还要补充说明，温根德尔夫妇在安德森夫人的衣橱里，又找到了他们当年送给弗兰齐卡女工的那些衣物。这至少证明他们的用意是善良的。

还要说明一点，1961 年 5 月 15 日汉堡法院对此案的判决书里也提到弗兰齐卡·山岑科夫斯基的一位妹妹与安德森夫人的血型一样。如果人们还记得，当时陌生女人能听懂俄语但不能讲俄语，那么，现在这一点可以得到解释了，因为大部分波兰人均是如此。

＊　　　　＊　　　　＊

安娜斯塔西娅案件就这样开始，这样结束了。也许读者已有自己的见解，也许，读者想知道我们的意见。

毋庸置疑，如果人们衡量一下双方的论据，显然是反对一方占了上风。安娜斯塔西娅的亲朋好友，她的两位姑妈，她的家庭教师，她的女监护人，她母亲的仆人和陪伴女官，均不承认察伊科夫斯基夫人。俄国皇太后玛丽·菲奥多罗芙娜以及俄罗斯家族的 17 名大公与亲王签署了一份声明，他们在声明中明确表示："那位名叫察伊科夫斯基夫人的女人不是大公女儿安娜斯塔西娅·尼古拉耶芙娜。"

回过头来看，承认她的人显得多么苍白无力：格列巴·布特金，梅尔尼克夫人，1914 年从大公女儿窗下经过的一名医生，一位使用同尼古拉二世相同式样烟嘴的军官。

当然，还有菲利克斯·达塞尔。他的证词是所有支持论据中给人印象最深刻的，最可靠的，也是最能让人产生信念的。无论如何，菲利克斯·达塞尔的善良愿望是不应该受到怀疑的。

安娜斯塔西娅问题可以归结为一个简单的公式：菲利克斯·达塞尔独自一

人能够与大公女儿安娜斯塔西娅几乎所有的亲朋好友抗衡吗？他一个人能够完全否定有那么多的材料证实了的山岑科夫斯基的身份吗？

我这里谨向读者说明一点，即在很长时间里，菲利克斯·达塞尔的证词对我来说一直是某种信念的绊脚石。我对安娜斯塔西娅事件的"探索"也正是从阅读达塞尔的证词开始的。在当时，这一证词曾使我信服过。在一次电视节目里，我甚至说过这一点。但是，对事件进行长时间的研究之后，我的信念完全改过来了。一切都说明那是骗局。但是，达塞尔的证词又怎么解释呢？

我实在不明白。

突然，1958 年 5 月 23 日，一切迎刃而解。这一天，克莱斯特男爵夫人在汉堡法院出庭作证。她偶然谈到菲利克斯·达塞尔时说：

"他去过我们家。他在我们家谈到了察尔科耶塞洛医院……那是察伊科夫斯基夫人去西昂的洛伊希滕贝格公爵家几年之前的事情。"

真相大白了。如果在西昂会见之前好几年，达塞尔已经见过陌生女人的一些朋友，如果他向陌生女人的朋友们谈起过——看来这是肯定无疑的了——他对"手插在口袋里的男人"的回忆，这就同让陌生女人知道"野孩子"这一词的情况一样了。大公夫人奥尔加听说陌生女人声称，她的一位姑妈过去叫她"野孩子"时，大吃一惊。因为当时奥尔加确实就是这样称呼安娜斯塔西娅的。奥尔加急忙赶到柏林，但是一点也没有认出陌生女人，而这位陌生女人也一点没有认出她来。后来大家才知道，是奥尔加大公夫人的一位熟人布特金在好几年前，将此轶事告诉给收容陌生女人的那一家人的。于是陌生女人便将此"轶事"细心地铭刻在自己的记忆里，以便到时候作为证据抛出来。

菲利克斯·达塞尔在认出陌生女人之前好几年，就曾去过收容陌生女人的人的家里。克莱斯特男爵夫人在透露这一点时，对安娜斯塔西娅的朋友们 40 年以年来所拼凑起来的脆弱的大厦，给予了致命的一击。

图书在版编目(CIP)数据

世界历史 17 大谜/(法)阿兰·德科著;孙昆山,林学芬译.
－2 版.－南昌:江西人民出版社,2011.2
ISBN 978－7－210－04636－3

Ⅰ.①世… Ⅱ.①阿… ②孙… ③林… Ⅲ.①世界史—通俗读物 Ⅳ.①K109

中国版本图书馆 CIP 数据核字(2010)第 214455 号

书名:世界历史 17 大谜
作者:[法]阿兰·德科著 孙昆山 林学芬 译
责任编缉:游道勤
封面设计:蒋劭羽
出版:江西人民出版社
发行:各地新华书店
地址:江西省南昌市三经路 47 号附 1 号
编辑部电话:0791－6898825
发行部电话:0791－6898801
邮编:330006
网址:www.jxpph.com
E－mail:jxpph@tom.com web@jxpph.com
2011 年 2 月第 2 版 2011 年 2 月第 1 次印刷
开本:787 毫米×1092 毫米 1/16
印张:18.25
字数:280 千字
ISBN 978－7－210－04636－3
赣版权登字—01—2010—125
版权所有 侵权必究
定价:28.00 元
承印厂:南昌市印刷九厂
赣人版图书凡属印刷、装订错误,请随时向承印厂调换